高职高专汽车制造类立体化创新教材

汽车试验技术

（配任务工单）

主 编 张 宇 董俊红 陈卫东
参 编 肖 波 秦效辉 王 霞
　　　 白 果 冉 洪

机械工业出版社

本教材是"全国职业院校装备制造类示范专业"项目建设中"高职高专汽车制造类立体化创新教材"开发与建设项目的核心成果。本教材基于工程实践，贯穿"理实一体化"的教学理念，采用项目教学法而整合开发，具有情景导入，项目引领，任务驱动，图文并茂的特点。本教材以汽车试验相关理论知识和试验设备为基础，分为基本理论、整车试验、子系统试验和零部件试验四个学习模块，共设计了16个学习（工作）项目。每一个项目为一个学习单元，每一个学习单元又包含对应的试验任务。为了便于师生的教学和学习，本教材配备了相关的授课课件、微课视频。本教材的编者依照《国家职业教育改革实施方案》建设要求编写，注重实用性，以学生为主体，以真实试验过程为载体，以实训为手段的内容体系进行编写，体现教学内容的实用性、先进性和前瞻性。

本教材可作为应用型本科、职业本科、高职高专汽车制造与试验技术及相关专业的教材，也可供从事燃油汽车研发、制造、生产和管理等方面的工程技术人员参考。

图书在版编目（CIP）数据

汽车试验技术：配任务工单 / 张宇，董俊红，陈卫东主编 . —北京：机械工业出版社，2024.5（2025.2 重印）
高职高专汽车制造类立体化创新教材
ISBN 978-7-111-75619-4

Ⅰ.①汽⋯ Ⅱ.①张⋯②董⋯③陈⋯ Ⅲ.①汽车试验—高等职业教育—教材 Ⅳ.①U467

中国国家版本馆 CIP 数据核字（2024）第 076065 号

机械工业出版社（北京市百万庄大街 22 号　邮政编码 100037）
策划编辑：李　军　　　　　　　　责任编辑：李　军　丁　锋
责任校对：高凯月　李可意　景　飞　封面设计：马精明
责任印制：郜　敏
北京富资园科技发展有限公司印刷
2025 年 2 月第 1 版第 4 次印刷
184mm×260mm ・13.5 印张・334 千字
标准书号：ISBN 978-7-111-75619-4
定价：59.90 元（含任务工单）

电话服务　　　　　　网络服务
客服电话：010-88361066　机 工 官 网：www.cmpbook.com
　　　　　010-88379833　机 工 官 博：weibo.com/cmp1952
　　　　　010-68326294　金 书 网：www.golden-book.com
封底无防伪标均为盗版　　机工教育服务网：www.cmpedu.com

编委会

主　任：张俊峰（重庆电子科技职业大学）
副主任：翟候军（重庆长安汽车股份有限公司）
　　　　陈红鹰（上汽依维柯红岩商用车有限公司）
　　　　罗永前（重庆电子科技职业大学）
编　委：陈心赤（重庆电子科技职业大学）
　　　　王　勇（重庆电子科技职业大学）
　　　　李　慧（重庆电子科技职业大学）
　　　　邓　璘（重庆电子科技职业大学）
　　　　刘云云（重庆电子科技职业大学）
　　　　徐　计（重庆电子科技职业大学）
　　　　于星胜（哈尔滨职业技术学院）
　　　　杨正荣（贵州装备制造职业学院）
　　　　张书诚（安徽职业技术学院）
　　　　林　波（重庆科创职业学院）
　　　　张　敏（哈尔滨职业技术学院）
　　　　吴厚廷（贵州装备制造职业学院）
　　　　于志刚（成都工业职业技术学院）
　　　　刘阳勇（重庆交通职业学院）
　　　　黄再霖（贵州装备制造职业学院）
　　　　杨　谋（重庆电讯职业学院）
　　　　张玉平（重庆工业职业学院）
　　　　林铸辉（贵州装备制造职业学院）
　　　　张洪书（重庆电讯职业学院）
　　　　张谢源（贵州装备制造职业学院）
　　　　陈廷稳（贵州装备制造职业学院）
　　　　陈　旭（重庆长安汽车股份有限公司）
　　　　张桂乾（重庆长安汽车股份有限公司）
　　　　曹怀宾（重庆长安汽车股份有限公司）
　　　　李　成（重庆电子科技职业大学）
　　　　徐跃进（重庆电子科技职业大学）
　　　　刘竞一（重庆电子科技职业大学）
　　　　谢吉祥（重庆电子科技职业大学）
　　　　陈卫东（重庆电子科技职业大学）
　　　　魏健东（重庆电子科技职业大学）
　　　　赵　军（重庆电子科技职业大学）
　　　　陈双霜（重庆电子科技职业大学）
　　　　姚晶晶（重庆电子科技职业大学）
　　　　刘红玉（重庆电子科技职业大学）
　　　　祖松涛（重庆电子科技职业大学）
　　　　李穗平（重庆电子科技职业大学）
　　　　马良琳（重庆电子科技职业大学）
　　　　李　蕊（重庆电子科技职业大学）
　　　　邓家彬（重庆电子科技职业大学）
　　　　周　均（重庆电子科技职业大学）
　　　　徐凤娇（重庆电子科技职业大学）

丛书序

2019年1月，国务院颁发《国家职业教育改革实施方案》，推进职业教育领域"三全育人"综合改革试点工作，使各类课程与思想政治理论课同向同行，努力实现职业技能和职业精神培养高度融合。建设一大批校企"双元"合作开发的国家规划教材，倡导使用新型活页式、工作手册式教材并配套开发信息化资源。2019年12月，教育部、财政部公布《中国特色高水平高职学校和专业建设计划建设单位名单》后，为了满足重庆电子科技职业大学等双高建设院校的建设要求，我们依托全国职业院校装备制造类示范专业点——重庆电子科技职业大学汽车制造与装配技术专业，联合重庆长安汽车股份有限公司等大型汽车制造企业加快了本系列丛书的开发进度。

本丛书结合汽车整车制造企业的生产全过程，以汽车车身制造技术、汽车整车装配与调试、汽车检测技术和汽车综合故障诊断等课程为主线，以汽车构造、汽车电控系统诊断与调试、汽车制造工艺技术、汽车生产质量管理、汽车制造安全技术和汽车制造物流技术等课程为辅助，以汽车三维设计、汽车数据采集与处理和汽车试验技术等课程为拓展，全面介绍汽车制造过程的冲压、焊接、涂装、总装四大工艺，以及下线检测、整车调试、生产安全、生产技术、质量管控、生产物流等制造知识，同时拓展学生在汽车设计、逆向工程、数据处理和汽车试验等方面的应用知识，为学生今后从事汽车制造中的设计、调试、试验和管理等相关工作打下良好基础。

本丛书主要特色如下：

1. 知识的全面性

在制定本丛书各教材的知识框架时，就将写作的重心放在体现知识的全面性上，因此从各教材提纲的制定到内容的编写都力求将课程所涉及的专业知识全面囊括。

2. 知识的实用性

本丛书由高职院校具有丰富教学经验的教师和汽车制造企业具有丰富工作经验的一线技术人员及管理人员共同编写而成，具有很强的实用性。此外，每个项目中均会根据知识点安排若干个工作过程，让学生从汽车制造实际出发，通过书中的知识点，解决现实中遇到的问题。

3. 知识的灵活性

本丛书中各教材的每一个知识点都匹配了相应的学习任务，学生可以通过不同类型的学习任务，来学习并掌握书中的知识。

4. 知识的直观性

本丛书中各教材的每一类知识点均录制了各种形式的微课视频，学生通过扫描二维码即可观看生动的视频资源来学习相关知识内容。

本丛书根据汽车制造领域（即汽车前市场）的设计、生产、工艺、试验和管理等岗位需求搭建人才培养体系，有效融入了课程思政的育人理念，可作为高职高专院校、应用技术型本科院校、中等职业学校、技工学校的教材，也可作为企业的培训教材，推动汽车制造全产业链的应用技术人才培养。

由于编写经验有限，本丛书难免存在疏漏，欢迎读者提出宝贵意见，以便我们在今后进行补充和改进。

编　者

前 言

随着汽车试验技术的发展，除了需要高素质的学术型、研发型人才，还需要大量工作在试验一线的高素质职业技能人才。这类高素质职业技能人才应掌握汽车试验技术的基本理论知识，了解当前各类汽车试验的常用设备，同时还应初步具备设计各类汽车试验方案的能力，能够承担各类汽车试验工作任务。

为此，针对汽车试验工程师、汽车试验测试员、汽车试验设备管理员和汽车试验设备销售员等岗位对职业院校毕业生的技能要求，本教材从基本理论模块、整车试验模块、子系统试验模块和零部件试验模块四个方面详细介绍试验技术在汽车工程中的应用。每个模块包含若干个项目，每个项目重点介绍基本原理、试验方法、试验设备、试验方案等，注重培养学生的试验方案创新设计能力。

本教材具有以下特色：

1）编写要求明确。本教材以岗位要求为课程目标，以技能等级标准为课程内容，以新技术为视野，以技术能力为课程核心编写。

2）内容设置合理。本教材内容设置贴合企业一线试验测试工作岗位技能需求，可以为汽车试验测试一线工程师提供参考。

3）任务驱动教学。本教材以汽车企业真实试验项目、典型工作任务等为背景，以大量的真实案例为载体，实训过程与汽车试验测试岗位对接。根据汽车试验测试岗位的需要，以任务驱动教学，把学生以往被动听变成现在主动参与实践操作，体现了以培养能力为本位的教学指导思想。

4）突出职业教育特色。采用项目导向、任务驱动的编写思路。以汽车的典型试验测试案例展开项目，以工作过程为导向，明确学习目标，给学生提供针对性较强的专业性指导和训练。体现了职业教育的特色，突出即学即用的特点，满足对高素质职业技能人才培养的要求。

编 者

2024 年 1 月

目录

丛书序
前言

项目1　汽车试验概述 1

1.1　案例育人 1
1.2　项目目标 2
  1.2.1　技能目标 2
  1.2.2　项目内容 2
1.3　相关知识 2
  1.3.1　汽车试验的概念和分类 2
  1.3.2　汽车试验的意义 3
  1.3.3　汽车试验技术的发展 7
  1.3.4　汽车试验标准概况 8

项目2　试验数据采集与处理 14

2.1　案例育人 14
2.2　项目目标 15
  2.2.1　技能目标 15
  2.2.2　项目内容 15
2.3　相关知识 15
  2.3.1　模拟信号与数字信号 15
  2.3.2　时域信号与频域信号 16
  2.3.3　试验数据处理常用术语 18

项目 3　整车刚度强度试验 ……………………………………………… 23

3.1　案例育人 …………………………………………………………… 23
3.2　项目目标 …………………………………………………………… 24
  3.2.1　技能目标 ……………………………………………………… 24
  3.2.2　项目内容 ……………………………………………………… 24
3.3　相关知识 …………………………………………………………… 24
  3.3.1　结构刚度基本理论 …………………………………………… 24
  3.3.2　结构强度基本理论 …………………………………………… 26
  3.3.3　汽车刚度强度试验 …………………………………………… 28

项目 4　CAE 虚拟试验技术 ……………………………………………… 33

4.1　案例育人 …………………………………………………………… 33
4.2　项目目标 …………………………………………………………… 34
  4.2.1　技能目标 ……………………………………………………… 34
  4.2.2　项目内容 ……………………………………………………… 34
4.3　相关知识 …………………………………………………………… 34
  4.3.1　常用 CAE 软件介绍 …………………………………………… 34
  4.3.2　有限元基本概念和相关术语 ………………………………… 35
  4.3.3　CAE 的概念 …………………………………………………… 36
  4.3.4　CAE 分析基本流程 …………………………………………… 36
  4.3.5　CAE 技术在汽车工程中的应用 ……………………………… 39

项目 5　整车耐久性试验 ………………………………………………… 44

5.1　案例育人 …………………………………………………………… 44
5.2　项目目标 …………………………………………………………… 44
  5.2.1　技能目标 ……………………………………………………… 44
  5.2.2　项目内容 ……………………………………………………… 45
5.3　相关知识 …………………………………………………………… 45
  5.3.1　整车耐久性试验场介绍 ……………………………………… 45
  5.3.2　耐久性试验的意义 …………………………………………… 47
  5.3.3　常用耐久性试验设备 ………………………………………… 49

5.3.4　常见疲劳试验类型 ………………………………………………… 51
　　　5.3.5　乘用车整车耐久性试验基本步骤 …………………………………… 54

项目6　整车碰撞安全性能试验 ……………………………………… 55

6.1　案例育人 …………………………………………………………… 55
6.2　项目目标 …………………………………………………………… 56
　　6.2.1　技能目标 …………………………………………………………… 56
　　6.2.2　项目内容 …………………………………………………………… 56
6.3　相关知识 …………………………………………………………… 56
　　6.3.1　车辆碰撞安全法规及评价 …………………………………………… 56
　　6.3.2　整车碰撞安全试验的意义 …………………………………………… 59
　　6.3.3　常用碰撞安全试验设备 ……………………………………………… 60
　　6.3.4　某乘用车整车碰撞安全性试验方案设计 …………………………… 62

项目7　NVH性能试验 ………………………………………………… 65

7.1　案例育人 …………………………………………………………… 65
7.2　项目目标 …………………………………………………………… 66
　　7.2.1　技能目标 …………………………………………………………… 66
　　7.2.2　项目内容 …………………………………………………………… 66
7.3　相关知识 …………………………………………………………… 66
　　7.3.1　车辆NVH基本概念和国内外现状 …………………………………… 66
　　7.3.2　NVH试验的意义 …………………………………………………… 68
　　7.3.3　机械振动基础 ………………………………………………………… 70
　　7.3.4　声学基础 ……………………………………………………………… 72
　　7.3.5　常用NVH试验设备 ………………………………………………… 76
　　7.3.6　整车NVH评价方法 ………………………………………………… 80
　　7.3.7　某乘用车整车NVH试验方案设计 …………………………………… 81

项目8　整车风洞试验 ……………………………………………………… 86

8.1　案例育人 …………………………………………………………… 86
8.2　项目目标 …………………………………………………………… 87
　　8.2.1　技能目标 …………………………………………………………… 87

  8.2.2 项目内容 ··· 87

 8.3 相关知识 ··· 87

  8.3.1 国内外汽车风洞试验场介绍 ··· 87

  8.3.2 风洞试验测试的主要意义 ··· 91

  8.3.3 风洞的结构组成 ·· 93

  8.3.4 风洞试验评价 ··· 94

项目 9 整车排放试验 ··· 97

 9.1 案例育人 ··· 97

 9.2 项目目标 ··· 97

  9.2.1 技能目标 ·· 97

  9.2.2 项目内容 ·· 98

 9.3 相关知识 ··· 98

  9.3.1 汽车排放污染物及危害 ··· 98

  9.3.2 排放试验的意义 ·· 99

  9.3.3 常用排放试验设备 ·· 100

  9.3.4 整车排放测量试验 ·· 102

项目 10 整车盐雾试验 ··· 111

 10.1 案例育人 ··· 111

 10.2 项目目标 ··· 111

  10.2.1 技能目标 ·· 111

  10.2.2 项目内容 ·· 112

 10.3 相关知识 ··· 112

  10.3.1 整车盐雾试验的意义 ·· 112

  10.3.2 整车盐雾试验设备 ··· 113

  10.3.3 整车盐雾试验评价 ··· 114

项目 11 汽车动力性试验 ··· 117

 11.1 案例育人 ··· 117

 11.2 项目目标 ··· 117

11.2.1　技能目标 …………………………………………………………… 117
　　　11.2.2　项目内容 …………………………………………………………… 118
　11.3　相关知识 ……………………………………………………………………… 118
　　　11.3.1　汽车动力性试验的意义 …………………………………………… 118
　　　11.3.2　汽车动力性评价指标 ……………………………………………… 119
　　　11.3.3　汽车动力性试验方法 ……………………………………………… 119

项目 12　悬架系统性能试验 …………………………………………… 123

　12.1　案例育人 ……………………………………………………………………… 123
　12.2　项目目标 ……………………………………………………………………… 123
　　　12.2.1　技能目标 …………………………………………………………… 123
　　　12.2.2　项目内容 …………………………………………………………… 124
　12.3　相关知识 ……………………………………………………………………… 124
　　　12.3.1　悬架系统性能试验的意义 ………………………………………… 124
　　　12.3.2　悬架系统性能试验设备 …………………………………………… 125
　　　12.3.3　悬架系统性能评价指标 …………………………………………… 128

项目 13　整车制动性试验 ………………………………………………… 131

　13.1　案例育人 ……………………………………………………………………… 131
　13.2　项目目标 ……………………………………………………………………… 131
　　　13.2.1　技能目标 …………………………………………………………… 131
　　　13.2.2　项目内容 …………………………………………………………… 132
　13.3　相关知识 ……………………………………………………………………… 132
　　　13.3.1　汽车制动性能评价指标 …………………………………………… 132
　　　13.3.2　汽车制动性能试验方法 …………………………………………… 134

项目 14　发动机性能试验 ………………………………………………… 138

　14.1　案例育人 ……………………………………………………………………… 138
　14.2　项目目标 ……………………………………………………………………… 138
　　　14.2.1　技能目标 …………………………………………………………… 138
　　　14.2.2　项目内容 …………………………………………………………… 139

14.3 相关知识 ·· 139
　　14.3.1 发动机性能试验的意义 ··· 139
　　14.3.2 发动机性能试验设备 ··· 139
　　14.3.3 发动机性能试验评价 ··· 144

项目 15　电动汽车驱动电机性能试验 ·············· 151

15.1 案例育人 ·· 151
15.2 项目目标 ·· 152
　　15.2.1 技能目标 ··· 152
　　15.2.2 项目内容 ··· 152
15.3 相关知识 ·· 152
　　15.3.1 驱动电机的基本概念 ··· 152
　　15.3.2 驱动电机性能试验设备 ··· 154
　　15.3.3 电机性能试验评价 ·· 156

项目 16　电动汽车电池包性能试验 ·················· 169

16.1 案例育人 ·· 169
16.2 项目目标 ·· 170
　　16.2.1 技能目标 ··· 170
　　16.2.2 项目内容 ··· 170
16.3 相关知识 ·· 170
　　16.3.1 典型电池包结构介绍 ··· 170
　　16.3.2 电池包性能试验评价指标 ·· 173

项目 1
汽车试验概述

本项目主要学习汽车试验的概念和分类、汽车试验的意义，了解汽车试验技术的发展、汽车试验标准概况，提升学生编制试验方案与策划试验流程的认知能力。

1.1 案例育人

中国汽车工业奠基人——饶斌

饶斌（1913—1987），吉林省吉林市人。中国汽车工业奠基人和开拓人，享有"中国汽车之父"的盛誉。

创建第一汽车制造厂：

第一汽车制造厂（简称一汽）的兴建，是由毛泽东主席和当时的苏联领导人斯大林亲自商定的。当时的第一机械工业部对于能否在三年内建成一汽感到疑虑，而苏联专家则要求一定要如期完成。为此，中共中央政治局召开会议专门研究此事，决定全国都来支持一汽的建设。1953年6月9日，毛泽东主席签发《中共中央关于力争三年建设长春汽车厂的指示》，这天成为新中国汽车工业的发祥日。

有全国人民的支援，满腔壮志的饶斌全身心地投入到轰轰烈烈的建设热潮之中。他不仅是汽车厂厂长，也是建筑公司经理，工作强度很大，以至于回到家常常没等饭菜端上桌，人已酣然入梦。

为掌握汽车工业制造技术和建筑技术，他虚心向有经验的技术人员和老工人求教，能够操作机床和推车送浆，成为摘掉了不懂汽车"白帽子"的领导干部。1956年7月14日，一汽总装线上开出由中国人自己制造的第一批12辆解放牌汽车，开启了新中国自己制造汽车的历史。

1960年1月，饶斌担任第一机械工业部副部长兼六局（汽车轴承局）局长。1963年，他被下放到南京汽车制造厂，期间甚至受到食堂炊事员的呵斥，但他认为这是好事。出行没有小轿车，可以走路或骑自行车，吃饭要排队，看病要付药费，这让他感觉"回到了群众中"。

创建第二汽车制造厂：

1964年，筹建第二汽车制造厂（简称二汽）的工作重任又落到饶斌肩上，厂址选定在湖北十堰。饶斌呕心沥血地领导了二汽的基础建设和设备安装。在一汽，他工作了7年，实现了中国汽车工业从无到有；而在二汽，则一干就是15年，实现了中国汽车工业从小到大的转变。

饶斌同志一生为中国汽车工业奋斗，可以说中国汽车工业能有今天的辉煌成就，饶斌同志功不可没。

1.2 项目目标

1.2.1 技能目标

1）培养学生学习和归纳相关资料的能力。
2）培养学生设计试验方案的能力和创新能力。

1.2.2 项目内容

1）汽车试验的概念和分类。
2）汽车试验的意义。
3）汽车试验技术的发展。
4）汽车试验标准概况。

1.3 相关知识

1.3.1 汽车试验的概念和分类

1. 试验和实验

试验——为了察看某事的结果或某物的性能而从事某种活动。

实验——为了检验某种科学理论或假设而进行某种操作或从事某种活动。

从《现代汉语词典》第7版释义同时结合各自的语素语义可以看出：实验中被检验的是某种科学理论或假设，通过实践操作或活动来进行；而试验中用来检验的是已经存在的事物，是为了察看某事的结果或某物的性能，通过使用或试用来进行。

实验是对抽象的知识理论所做的现实操作，用来证明它正确或者能够推导出新的理论或假设。它是相对于知识理论的实际操作。试验是对事物或社会对象的一种检测性的操作，用来检测正常操作或临界操作的运行过程、运行状况等，它属于就事论事。

试验都是实验，实验比试验的范围大。工厂的产品可以抽样检测，是试验。试验的结果可能是破坏性的，因此不能试验检测所有的产品。相反，如果产品质量不稳定，必须对所有产品都做基础检测，以确认它是否达标。试验中，试验对象是明确的，试验目的是确认它能不能正常运行，明确正常运行的条件和该条件允许的参数范围。

2. 汽车试验常用概念和术语

1）汽车试验指在实际使用环境中、专用试验场中或台架试验上，按照预定技术要求对整车或其零部件系统、材料等进行的试验，用以验证汽车的技术特性、可靠性、耐久性和环境适应性等。汽车在不同的路况、地理或气候条件下，它的性能、效率、可靠性和耐久性等不能只依靠理论计算，同时必须经过试验验证。汽车在投入批量生产后，如果因设计、工艺或材料选用不当，导致产品普遍出现缺陷或损坏，主机厂和使用者都会蒙受极大的损失。

2）试验计划——是确定试验进行次数、条件和顺序等诸因素的计划。

3）试验规划——是选择符合要求的试验计划。研究和考察如何制订最佳的试验研究计划。

4）试验设备——包括试验用仪器仪表、试验设备和试验设施。汽车试验设备通常有测试设备、测量仪器仪表、标准量器具、标准物质和标准样件，以及保证生产试验所需要的标准试验条件、参数条件和影响设备和装置的条件等。使用试验设备是开展试验工作必需的物质基础，也是实施试验并保证其结论准确、有效的主要方法。

3. 汽车试验及汽车实验室的分类

（1）汽车试验的分类

汽车试验是验证汽车产品技术是否满足整车性能要求的重要步骤。在汽车制造的不同阶段，从制定试验任务书阶段到批量生产阶段，均需要进行不同项目和工作量的试验任务，下面是汽车试验常见的几种分类方式：

1）汽车试验按其内容可分为性能试验、耐久可靠性试验、安全性试验、环境试验和排放试验（尾气排放、噪声等）。

2）按试验场所分为台架试验和道路试验。

3）按产品开发程序可分为对标试验、产品验证试验和总装检测试验。

4）按试验方法可分为模拟试验、模型试验和实物试验。

（2）汽车实验室的分类

汽车实验室分为道路实验室和产品实验室。道路实验室主要负责进行汽车性能和可靠性等道路试验。而产品实验室主要验证整车、零部件系统设计参数，或验证产品质量。如上所述的各种试验验证工作，几乎都是在产品实验室中完成的。由于试验标准不同，不同的汽车产品试验项目应该在不同的实验室中完成。一般，通常是把汽车产品实验室分为试验测试实验室和校准实验室两大类。

1）试验测试实验室。用于汽车产品的各种功能试验、疲劳寿命试验、强度试验和环境试验等工作的实验室，是从事汽车产品试验的执行部门。前面所述的需要在实验室中进行的试验项目，都是在试验测试实验室中完成。

2）校准实验室。用于校准工作的实验室。校准是指在规定条件下，为确定测量仪器、测量系统、实物量具、标准物质量值的准确性，与相对应的标准核对的操作。校准实验室主要工作在于测量，测量汽车产品的加工精度、装配误差，测量试验测试工具的精度和准确性，确保试验测试结果的准确性。

4. 汽车性能指标的分类

通常用来评定汽车的性能指标主要有：动力性、燃油经济性、污染物排放、安全性、制动性、NVH性能、操纵稳定性、平顺性和通过性等。在一定使用条件下，汽车以最高效率工作的能力，称为汽车使用性能。它是决定汽车利用效率和方便性的结构特性表征。

1.3.2 汽车试验的意义

汽车是一种大批量生产、质量性能要求高、结构复杂、使用条件多变的产品，任何设计制造缺陷都可能造成严重的后果。正因为如此，汽车试验在汽车制造业中显得特别重要，它已成为汽车制造公司重要的竞争手段。

业内人士普遍认为，无论是新设计或正在量产的汽车产品，也无论在设计制造上考虑得多么周密，都需经过科学而严苛的试验流程。通过试验以检验产品设计、制造及结构的先进性、设计思路的准确性、制造工艺的合理性、使用维修的方便性、各零部件系统的可靠性。

此外，汽车产品已由最早仅供贵族享乐的奢侈品发展成为人类生产、生活必不可少的交通工具。其功能已由过去的单纯代步，发展成为具有军事、探险、采矿、工程施工、旅游、运输等多种用途，以及满足人们出行代步、娱乐、休闲等各种不同需求的多功能产品。如此高速的发展及功能的扩充，使得许多理论问题的研究尚不充分，很多设计问题无法依据现有理论的技术支持来解决，这也是世界各大汽车公司特别重视汽车试验验证工作的重要原因。

汽车行业是竞争最激烈的行业之一。纵观全世界的汽车制造企业，任何一家车企想要在激烈的竞争中立于不败之地，均需持续地推出新车型，因此产品更新迭代的时间越来越短。随着新车型的不断推出，汽车产品的性能也随之不断提升、功能不断拓展。

此外，由于近几年汽车市场飞速发展，加之激烈的市场竞争，汽车企业面临巨大的成本压力。为了满足各个消费层的需求，抢占市场份额，提高利润，必须在保证其性能和质量要求的同时，尽可能地降低成本。要想做到这一点，往往需要进行大量的试验验证来保证。

汽车试验，可以帮助我们深入了解汽车在实际使用中各种现象的本质及其规律，探讨解决存在的问题，以及验证解决问题的效果，这是推动技术进步的一种极为重要的方法，也是保证产品性能、提高产品质量和市场竞争力的重要方法。现代汽车企业普遍普遍采用V字形产品研发流程，如图1-1所示。

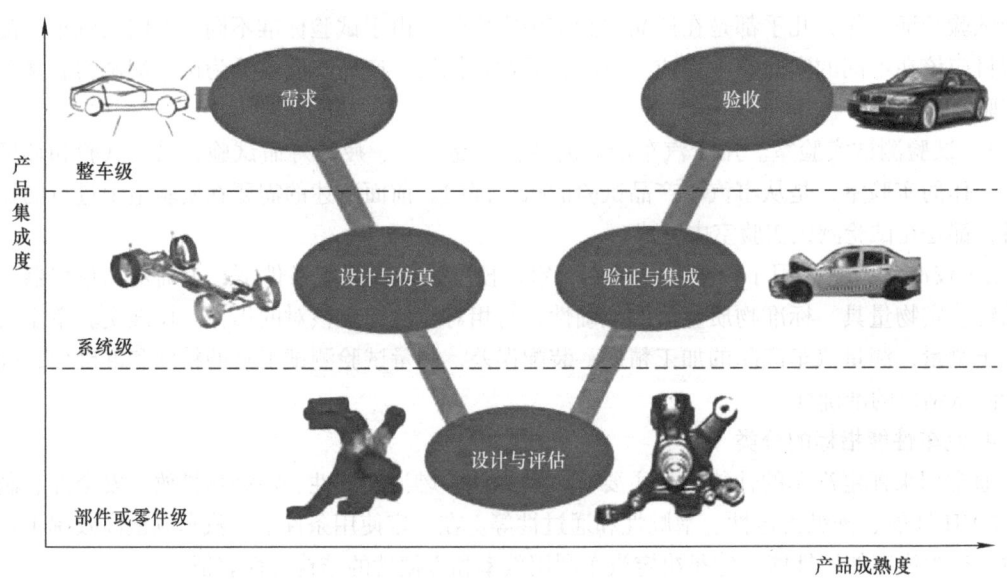

图1-1 汽车V字形产品研发流程

在汽车研发的各个阶段都需要以产品试验为前提，而这些试验任务是由汽车产品研发和各生产阶段的工作目的所决定，如图1-2所示。

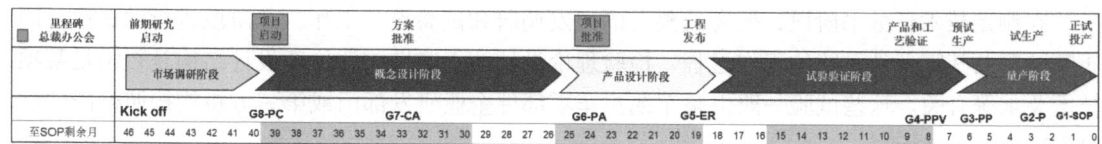

图 1-2　汽车产品研发阶段

汽车的开发过程可以分为以下五个阶段：

（1）市场调研阶段

一个全新车型的开发一般需要几亿甚至十几亿的资金投入，一般耗费 3~5 年的开发时间。如果前期不经过细致的市场调研，很可能这笔资金就"打水漂"。因此前期需要对消费者的需求、喜好、习惯等做出调研，明确车型形式和市场需求目标，制定价格策略。很多车型的失败，都是因为没有做好市场调研。例如，当年雪铁龙固执地在中国推广两厢车，却忽视了国人对三厢车的情有独钟，致使两厢车太早进入中国市场，错失了占领市场的时机。

（2）概念设计阶段

通常包括总布置、造型设计、制作油泥等。在概念设计阶段，需要进行竞品车型、目标车型的对标试验分析，获取相关车型的动力性、NVH 性能、操纵性等主要性能参数，以及整车布置参数、人机工程学参数等。对标试验结果，制定整车合理的开发目标进行目标分解，作为零部件系统的开发目标，并以产品规格要求（Specification of Requirements，SOR）的形式发放给零部件系统供应商。

概念设计阶段，为了完成造型设计评估，需要开展油泥模型风洞试验，获取风阻系数。如图 1-3 所示为基于虚拟 3D 模型的概念设计。

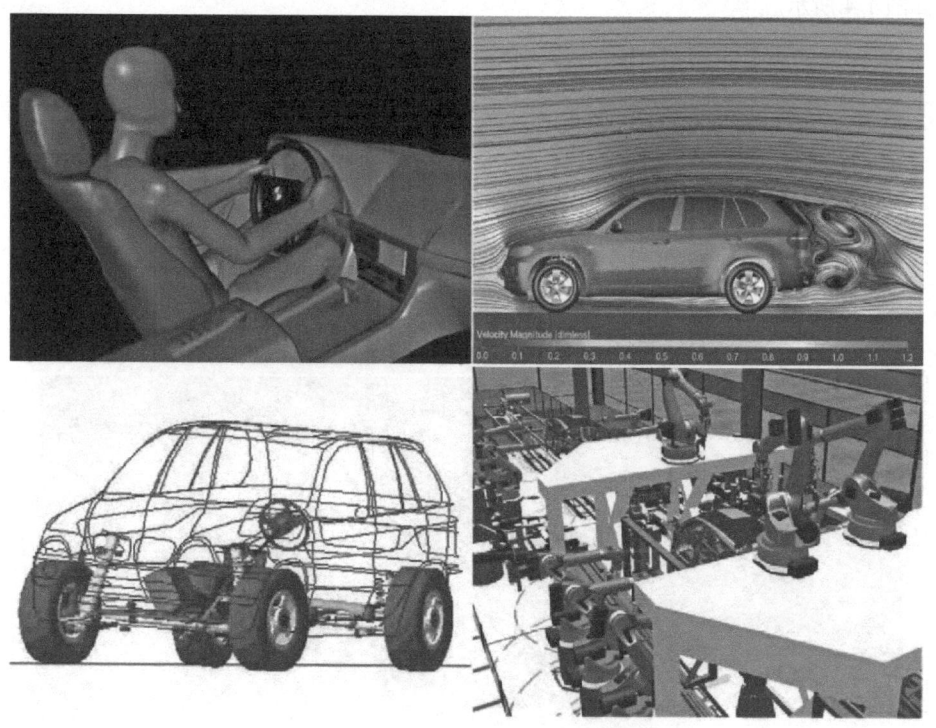

图 1-3　基于虚拟 3D 模型的概念设计

在制定技术任务书阶段,要完成整套的研发调研和试验设计工作。此阶段进行的试验,同研究整车及其零部件系统的工作过程、检验理论设计的正确性、评价新设计结构是否满足某项技术要求等有关。这些试验一般由整车或汽车零部件企业研发部门或第三方机构按照标准的试验程序或方法进行。

(3)产品设计阶段

包括总布置设计、车身造型数据、发动机设计、白车身设计、底盘设计、内外饰造型设计、内外饰工程设计等。在汽车产品设计阶段,需要对各零部件、子系统开展前期试验,评估其性能是否能达到 SOR 的技术要求。同时,还需要结合虚拟仿真技术进行理论性能分析。

在试制模型和样车阶段,需要经过调整试验、初期试验和验收试验。调整试验和初期试验由生产厂家组织进行,这些试验通常称为验证试验。调整试验的目的是,完成整车及各零部件系统的结构设计和性能试验评估。根据调试试验结果,制作试制初期的试验样件。

初期试验的目的是评估样件试验能否提交验收的可能性。因此,初期试验和验收试验的程序和方法是一样的。试验任务包括:确定产品使用性能的评估标准,检查样件是否满足技术要求,检查样件是否符合现行的标准要求,评估汽车及其各零部件系统的可靠性,确定汽车的舒适性程度,评估技术保养与维修的工作量,初步确定备件清单及规格,持续更新结构设计等。根据初期试验结果,评估是否能将样件进行验收试验。

(4)试验验证阶段

样车制作完成后,需要开展大量的性能试验和可靠性试验。性能试验,顾名思义主要是一些功能性的测试,确认其是否符合设计要求;可靠性试验,主要验证汽车的刚度、强度及疲劳耐久性等。该阶段主要以整车级试验为主,试验内容覆盖性能验收试验、公告认证等项目要求试验。如图 1-4 所示。

图 1-4 整车级试验验证

验收试验的目的是确定该产品是否达到量产要求，这些试验由汽车制造厂家和零部件系统供应商来负责验证，验收试验的任务与初期试验相同。此外，还需要明确对产品进行使用效益评价所需的技术经济指标，明确该类机动车辆需进行哪些试验，还应该将样件与国内外同类车型进行性能和技术参数对比。

验收试验是对单个生产的产品样件进行的试验。故在批量生产之初，需进行首批样件试验。这些试验的目的是，检查在产品验收试验中暴露出来的匹配、设计或质量问题，制定相应的长短期解决措施。

（5）量产阶段

投产启动阶段包括制定生产流程链，各种生产设备到位、铺设生产场地等。投产启动阶段需要半年左右的时间，在此期间要经历小批量试生产、正式量产两个阶段。在量产阶段需要持续不断地针对生产线产品进行抽检或全检，评估整车各零部件系统的性能参数是否可靠稳定。

在批量生产阶段，使用检测性方法和试验产品寿命的方法进行周期性的产品质量检查。进行产品的检测试验是为了检查产品是否与技术文件相符，是否完全消除了前几次检测试验中暴露出来的问题，评价产品的质量稳定性。试验间隔周期、持续时间、条件及方法均按照该产品的技术文件进行。依据工作量和所持续的时间，可分为短期和长期检测试验。

在批量生产时，或者在小批量生产后，需进行使用试验。目的是验证相关产品的可靠性，校正维修工艺方面的相关数据，如燃油、润滑油和备件的定额消耗量。此外，理清为完善产品结构而做的补充工作，及在实际使用条件下的效果。

为了评价产品质量，需进行鉴定和试验验证，以分析车辆的人机学特征，驾驶员操纵和视野状况，评价汽车的操纵稳定性和在各种路况、气候条件下的安全性，以及车辆维修保养的方便程度等。在试验验证中需确定所设计的产品是否符合相应的国家标准。

可见，汽车试验贯穿汽车生产的全过程。

1.3.3 汽车试验技术的发展

早期的汽车沿袭了马车的基本布置和结构，采用手工业进行生产，数量很少，性能不高，因此也不重视试验研究工作，基本没有试验验证工作。

进入20世纪后，由于生产竞争的加剧，汽车工业首先创立了流水线作业、批量化生产方式，汽车产量激增，使用范围迅速扩大。当时，产品寿命和性能等方面的问题被突出显现出来，必须通过试验研究予以解决。为适应汽车生产的需要，各厂家对汽车材料、工艺、可靠性、寿命、磨损以及性能等方面的质量问题进行大量的试验研究。根据专业化生产和相互协作的需要，开始制定各种试验标准或试验规范。这期间的试验技术除了借用其他行业比较成熟的方法之外，还逐渐制定了适合汽车行业本身的试验方法，并研制了适合汽车验证的专用试验设备。

从第一辆汽车的研制开始到福特公司建成"汽车流水生产线"。汽车试验以研发性试验和道路测试试验为主，主要方法是操作体验和主观评价。

从第一条"汽车流水生产线"建成至20世纪40年代。这时产品的可靠性、寿命和性能等方面的问题较为突出，需要通过试验研究加以解决，逐渐形成了汽车试验研究体系。当时，汽车试验除借助其他行业较成熟的技术和方法外，还需要制定专业的试验方法。道路试验在此阶段得到了足够的重视。有实力的汽车公司，开始建设汽车试验场。

从20世纪40年代到20世纪70年代，这一时期汽车工业既保持大规模的生产，又有向多品种和高科技发展的趋势，汽车试验技术进入了一个新的发展时期。国际上有影响力的车企几乎都拥有自己的汽车试验场。

20 世纪 70 年代以后，汽车工业发展不仅保持了大规模、多品种和高科技的发展趋势，而且出现了一些更科学、更合理的生产组织管理制度，使汽车试验技术也得到了同步的提高和完善。该时期，电子计算机的应用对汽车试验发展起到了巨大的推动作用。

汽车试验从室外走向室内，除了必要的路试试验需要在室外进行之外，具体试验项目的测试都转移到实验室中进行。并且汽车试验的基本方法在这阶段形成，并为以后的发展打下了良好的基础。由于汽车生产发展的需要，以及受许多相关工业、相关学科发展的渗透影响，汽车空气动力学、地面车辆力学、车辆结构强度与加载载荷、工作过程等试验研究都涉及试验理论和技术，如系统分析、相似理论、误差理论、数据随机处理等。这些基础性的研究工作有力地推动了汽车试验工作的发展。现在，在汽车全产业链设计和生产过程中都要进行汽车产品试验，并且都在使用高科技测试和控制技术。可见，汽车试验是随着汽车工业的建立与发展而逐渐发展壮大。

1.3.4　汽车试验标准概况

汽车试验标准主要包括国际标准、国家标准、行业标准、地方标准和企业标准等。其中，国家标准、行业标准是由国家或行业标准化主管机构批准、发布、在全国范围内统一的标准。随着汽车产品全球化的发展，现在国内汽车企业为了满足产品出口的需要，也越来越多地采用国际标准控制产品质量。

1. 国际标准

国际标准是由国际某区域或国家的汽车组织，制定相关的国际通用标准。如由国际标准化组织制定的 ISO 标准，国际标准化组织是一个由国家标准化机构组成的世界范围的联合会，现有 165 个成员国。还有由若干个成员国共同参与制定并共同遵守的国际区域性标准，最典型的如欧洲经济委员会（ECE）和欧洲经济共同体（EEC）。

2. 国家标准

各国依据自己的国情制定适用于本国的标准。我国国家标准简称 GB，美国国家标准学会简写为 ANSI，德国国家标准简写为 DIN，日本国家标准简写为 JIS。

3. 行业标准

行业标准是因为没有国家标准，又需要在全国某个行业范围内统一技术要求所制定的标准。行业标准的制定不得与有关国家标准相抵触。相关行业标准之间应保持协调、统一，不得重复。行业标准在相应的国家标准公布实施后，即行废止。行业标准由行业标准归口部门统一管理。我国汽车行业标准简写 QC，交通行业标准简写为 JT 等。

4. 地方标准

对没有国家标准和行业标准，又需要在省、自治区、直辖市范围内统一工业产品的安全、卫生要求，可制定地方标准，地方标准简写 DB。

我国地域辽阔，各省、市、自治区、直辖市和一些跨省市的地理区域，其自然条件、技术水平和经济发展程度差别很大，对某些具有地方特色的农产品、土特产品和建筑材料，或只在本地区使用的产品，或只在本地区具有的环境要素等，有必要制定地方标准。

制定地方标准一般有利于发挥地方优势，有利于提高地方产品的质量和竞争能力，同时也更符合地方实际，有利于标准的贯彻执行。但地方标准的范围要从严控制，凡有国家标准、行业标准的不能制定地方标准，军工产品、机车、船舶等也不宜制定地方标准。

5. 企业标准

企业标准是在企业范围内需要协调、统一的技术要求、管理要求和工作要求所制定的标准，是企业组织生产、经营活动的依据。国家鼓励企业自行制定严于国家标准或者行业标准的企业标准。企业标准由企业制定，由企业法人代表或法人代表授权的主管领导批准、发布。企业标准一般以"Q"标准的开头。

我国汽车行业主要国家标准如下：

（1）试验方法通则

《汽车道路试验方法通则》（GB/T 12534—1990）

（2）整车基本参数测量

《乘用车　行李舱　标准容积的测量方法》（GB/T 19514—2004）

《汽车主要尺寸测量方法》（GB/T 12673—2019）

《汽车质量（重量）参数测定方法》（GB/T 12674—1990）

《道路车辆　质心位置的测定》（GB/T 12538—2023）

《汽车最小转弯直径、最小转弯通道圆直径和外摆值测定方法》（GB/T 12540—2009）

（3）动力性

《汽车最高车速试验方法》（GB/T 12544—2012）

《汽车最低稳定车速试验方法》（GB/T 12547—2009）

《汽车加速性能试验方法》（GB/T 12543—2009）

《汽车滑行试验方法》（GB/T 12536—2017）

《汽车爬陡坡试验方法》（GB/T 12539—2018）

《汽车牵引性能试验方法》（GB/T 12537—1990）

《汽车起动性能试验方法》（GB/T 12535—2021）

（4）操纵稳定性、行驶平顺性

《汽车操纵稳定性试验方法》（GB/T 6323—2014）

《道路车辆横向瞬态响应的试验方法　开路试验方法》（ISO 7401—2011）

《乘用车稳态循环驾驶性能　开环试验方法》（ISO 4138—2021）

《汽车平顺性试验方法》（GB/T 4970—2009）

（5）制动性

《商用车辆和挂车制动系统技术要求及试验方法》（GB 12676—2014）

《道路车辆　机动车用带有电子控制功能的液压制动系统　试验过程》（ISO 6597—2005）

《汽车制动性能动态检测方法》（GB/T 36986—2018）

《乘用车　防抱制动系统（ABS）直线制动距离　开环测试方法》（GB/T 34597—2017）

《汽车驻车制动性能检验方法》（GB/T 35349—2017）

（6）经济性

《汽车燃料消耗量试验方法　第1部分：乘用车燃料消耗量试验方法》（GB/T 12545.1—2008）

《商用车辆燃料消耗量试验方法》（GB/T 12545.2—2001）

（7）碰撞、保护

《道路车辆　正面固定障碍壁或柱体碰撞试验规程》（ISO 3560—2013）

《防止汽车转向机构对驾驶员伤害的规定》（GB 11557—2011）

《道路车辆　后部移动障碍壁冲击试验过程》（ISO 3984—2004）

《乘用车外部凸出物》（GB 11566—2009）

《乘用车内部凸出物》（GB 11552—2009）

（8）仪表盘校正

《汽车速度表、里程表检验校正方法》（GB/T 12548—2016）

（9）噪声、排放、电波干扰

《机动车辆噪声测量方法》（GB 1496—1979）

《汽车加速行驶车外噪声测量方法》（QC/T 58—1993）

《汽车匀速行驶车内噪声测量方法》（QC/T 57—1993）

《声学　固定道路车辆发出的声压级的测量》（ISO 5130—2019）

《声学　在典型的城市行车条件下测定客车发射的噪声》（ISO 7188—1994）

《汽油车排气污染物的测量　怠速法》（GB/T 3845—1993）

《柴油车自由加速烟度的测量　滤纸烟度法》（GB/T 3846—1993）

《道路车辆　在检验或维修过程中废气排放量的测量方法》（ISO 3929—2003）

《电动汽车和混合动力汽车　无线电骚扰特性　用于保护30MHz以下车外接收机的限值和测量方法》（GB/T 43248—2023）

《核设施环境监测车通用规范》（EJ/T 981—1995）

《道路车辆　音响信号装置　装车后的试验》（ISO 6969—2004）

（10）视野（除霜、除雾、洗涤）

《汽车驾驶员前方视野要求及测量方法》（GB 11562—2014）

《H点和R点确定程序》（GB/T 29120—2012）

《乘用车　风窗玻璃除霜系统　试验方法》（ISO 3468—2014）

《乘用车　后窗除霜系统　试验方法》（ISO 5898—1997）

《乘用车　后窗除雾系统　试验方法》（ISO 5897—1998）

《汽车风窗玻璃刮水器和洗涤器　性能要求和试验方法》（GB 15085—2013）

《汽车风窗玻璃除霜和除雾系统的性能和试验方法》（GB 11555—2009）

《乘用车　风窗玻璃清洗系统　试验方法》（ISO 3469—1989）

（11）舒适性、密封性、通过性

《汽车采暖性能要求和试验方法》（GB/T 12782—2022）

《汽车隔热通风试验方法》（GB/T 12546—2007）

《汽车热平衡能力道路试验方法》（GB/T 12542—2020）

《汽车粉尘密封性试验粉尘洞法》（QC/T 646.1—2000）

《客车防雨密封性限值及试验方法》（QC/T 476—2007）

《汽车通过性试验方法》（GB/T 12541—2023）

（12）可靠性、使用性、耐久性

《汽车可靠性行驶试验方法》（GB/T 12678—2021）

《汽车耐久性行驶试验方法》（GB/T 12679—1990）
《汽车技术状况行驶检查方法》（GB/T 12677—1990）

6. 汽车研发试验标准

在汽车研发过程中，为了保证汽车的技术特性、可靠性、耐久性和环境适应性，需要做大量的试验。由于汽车需在不同的道路、地理和气候条件下使用，它的性能、效率、可靠性和耐久性等不能只依靠计算，必须经过试验验证。

在实际使用环境中，路试试验场中或台架试验上，按照预定程序对整车或零部件系统、材料等进行试验。汽车整车及零部件企业为了满足国家标准、行业发展和消费者的需求，通常会制订更加严苛的企业标准，用以满足日益激烈的市场竞争需要。

7. 电动汽车行业法规、标准

（1）整车标准

《电动汽车安全要求》（GB 18384—2020）
《电动汽车　动力性能　试验方法》（GB/T 18385—2005）
《电动汽车能量消耗量和续驶里程试验方法　第1部分：轻型汽车》（GB/T 18386.1—2021）
《电动汽车能量消耗量和续驶里程试验方法　第2部分：重型商用车辆》（GB/T 18386.2—2022）
《电动车辆的电磁场发射强度的限值和测量方法》（GB/T 18387—2017）
《电动汽车　定型试验规程》（GB/T 18388—2005）
《电动汽车术语》（GB/T 19596—2017）
《混合动力电动汽车　定型试验规程》（GB/T 19750—2005）
《混合动力电动汽车　动力性能　试验方法》（GB/T 19752—2005）
《轻型混合动力电动汽车能量消耗量试验方法》（GB/T 19753—2021）
《重型混合动力电动汽车能量消耗量试验方法》（GB/T 19754—2021）
《轻型混合动力电动汽车污染物排放控制要求及测量方法》（GB 19755—2016）
《燃料电池电动汽车　术语》（GB/T 24548—2009）
《燃料电池电动汽车　安全要求》（GB/T 24549—2020）
《燃料电池发动机性能试验方法》（GB/T 24554—2022）
《燃料电池电动汽车加氢口》（GB/T 26779—2021）
《燃料电池电动汽车动力性能试验方法》（GB/T 26991—2023）
《非车载传导式充电机与电动汽车之间的数字通信协议》（GB/T 27930—2023）
《纯电动乘用车　技术条件》（GB/T 28382—2012）
《电动汽车　操纵件、指示器及信号装置的标志》（GB/T 4094.2—2017）
《燃料电池电动汽车　车载氢系统技术条件》（GB/T 26990—2023）
《重型混合动力电动汽车污染物排放车载测量方法》（QC/T 894—2011）
《加氢车技术条件》（QC/T 816—2009）
《混合动力电动汽车类型》（QC/T 837—2010）
《超级电容电动城市客车》（QC/T 838—2010）
《电动汽车用动力蓄电池箱通用要求》（QC/T 989—2014）
《城市轨道交通车辆车体技术条件》（CJ/T 533—2018）

《城市轨道交通车辆　组装后的检查与试验规则》（GB/T 14894—2005）

（2）电池标准

《工业车辆　电动车辆牵引用铅酸蓄电池　优先选用的电压》（GB/T 17938—1999）

《电动道路车辆用铅酸蓄电池　第1部分：技术条件》（GB 32620.1—2016）

《电动汽车用金属氢化物镍蓄电池》（QC/T 744—2006）

《乘用车用燃料电池发电系统测试方法》（GB/T 23645—2009）

《含碱性或其他非酸性电解质的蓄电池和蓄电池组型号命名方法》（GB/T 7169—2011）

《电动道路车辆用锂离子蓄电池》（GB/Z 18333.1—2001）

《电动汽车用锌空气电池》（GB/T 18333.2—2015）

《电动汽车用锂离子动力电池包和系统电性能试验方法》（GB/T 31467—2023）

《车用超级电容器》（QC/T 741—2014）

《电动汽车用铅酸蓄电池》（QC/T 742—2006）

《电动汽车用锂离子动力电池包和系统电性能试验方法》（GB/T 31467—2023）

《电动汽车用金属氢化物镍蓄电池》（QC/T 744—2006）

《电动汽车用动力蓄电池产品规格尺寸》（QC/T 840—2010）

（3）电机标准

《旋转牵引电机基本试验方法》（GB/T 16318—2021）

《电动汽车用驱动电机系统　第1部分：技术条件》（GB/T 18488.1—2015）

《电动汽车用驱动电机系统　第2部分：试验方法》（GB/T 18488.2—2015）

《电动汽车用驱动电机系统可靠性试验方法》（GB/T 29307—2022）

《电动汽车用驱动电机系统　第1部分：技术条件》（GB/T 18488.1—2015）

《电动汽车用驱动电机系统　第2部分：试验方法》（GB/T 18488.2—2015）

（4）电气标准

《电动汽车仪表》（GB/T 19836—2019）

《电动汽车DC/DC变换器》（GB/T 24347—2021）

《电动汽车风窗玻璃除霜除雾系统的性能要求及试验方法》（GB/T 24552—2009）

（5）充电标准

《电动汽车交流充电桩电能计量》（GB/T 28569—2012）

《电动汽车传导充电互操作性测试规范　第1部分：供电设备》（GB/T 34657.1—2017）

《电动汽车传导充电系统　第1部分：通用要求》（GB/T 18487.1—2023）

《电动汽车传导充电系统　第2部分：非车载传导供电设备电磁兼容要求》（GB/T 18487.2—2017）

《电动车辆传导充电系统　电动车辆交流/直流充电机（站）》（GB/T 18487.3—2001）

《电动汽车传导充电用连接装置　第1部分：通用要求》（GB/T 20234.1—2023）

《电动汽车传导充电用连接装置　第2部分：交流充电接口》（GB/T 20234.2—2015）

《电动汽车传导充电用连接装置　第4部分：大功率直流充电接口》（GB/T 20234.4—2023）

《超级电容电动城市客车供电系统》（QC/T 839—2010）

《电动汽车充电系统技术规范　第10部分：150A三相交流充电接口》（SZDB/Z 29.10—2015）

《电动汽车用传导式车载充电机》（GB/T 40432—2021）

（6）电动汽车 ISO 标准体系

《道路车辆　控制器局域网络（CAN）.第 1 部分：数据链路层和物理信令》（ISO 11898.1—2003）

《道路车辆　控制器局域网络（CAN）.第 2 部分：高速媒体访问单元》（ISO 11898.2—2016）

《道路车辆　控制器局域网络（CAN）.第 3 部分：低速、耐故障、依赖媒介的界面》（ISO 11898-3—2006）

《道路车辆　控制器局域网络（CAN）.第 4 部分：时间触发通信》（ISO 11898.4—2004）

《道路车辆　控制器区域网络（CAN）.第 5 部分：低功率模式的高速媒体访问单元》（ISO 11898.5—2007）

项目 2
试验数据采集与处理

本项目主要学习试验数据采集与处理相关知识和技能。通过本项目的学习,可以学习到模拟信号与数字信号的基本概念、区别与联系,频域信号与时域信号的基本概念、区别与联系,以及数据处理的常用术语。通过对上述任务的学习,使同学们初步具备试验数据采集和处理能力。

2.1 案例育人

信号处理技术专家杨小牛院士对大学生的寄语

杨小牛,男,汉族,1961年6月17日出生于浙江省衢州市,浙江省龙游县人,中共党员,中国工程院院士,信号处理技术专家,中国电子科技集团公司首席科学家。杨小牛长期从事通信信号处理技术研究工作。

20世纪90年代初,杨小牛首次提出并成功研制具有国际先进水平的宽带数字接收机,填补了我国该领域的空白;21世纪初,杨小牛主持研制了我国第一套综合电子信息控制系统,取得了显著的军事和经济效益;杨小牛作为某领域首颗卫星有效载荷研制总指挥,首次提出并指导实践基于软件无线电思想的多功能一体化卫星载荷新体制,有效解决原方案中存在单点失效故障的致命缺陷,并在后续卫星项目中全面推广应用,有力推动了特种军事航天事业的快速发展;杨小牛率先提出军事电子信息系统新一代体系结构,并在多个重点型号中全面推广应用,使装备技术体系从数字化走向软件化,实现可重构,全面引领装备技术发展和体制转型。提出了"电磁环境利用""软件星"等创新思想。

杨小牛在科研过程中,注重发挥青年科技人才的作用,将一些关键技术课题交给年轻人,并对他们言传身教和悉心指导。杨小牛特别关心青年的成长,他倡导同学们做"自燃型学生",就算没有人来点拨,没有人来推动,也要"燃烧",发出自己的"光芒"。他说:"热爱生活,热爱学习,热爱工作,热爱工作是一种投资,能提升你的心志,能扭转局面,能获得幸福。"当谈起拼搏进取的重要性时,他教导青年大学生要脚踏实地、潜心学问、奋力拼搏,有自信有激情,内心执着坚定,向着新时代迸发新力量;他还教育大学生要养成终生学习的好习惯,以免被瞬息万变的信息时代所淘汰。

项目 2 试验数据采集与处理

2.2 项目目标

2.2.1 技能目标

1）培养学生学习和归纳相关资料的能力。
2）具备初步采集和处理试验数据的能力。

2.2.2 项目内容

1）模拟信号与数字信号的区别与联系。
2）时域信号与频域信号的区别与联系。
3）试验数据处理常用术语。

2.3 相关知识

2.3.1 模拟信号与数字信号

要获得准确的试验数据，离不开精确的传感器和测试系统。那么什么是传感器呢？

传感器是一种器件或装置，能感受被测量的信息，并能将检测感受到的信息，按一定规律变换成为电信号或其他所需形式的信息输出，以满足信息的传输、处理、存储、显示、记录和控制等要求。它是实现自动化检测和自动化控制的首要环节，有时也可以称为换能器、变换器、探头等。例如，汽车上就布置了种类繁多的传感器（图2-1）。

微课视频
模拟信号与
数字信号

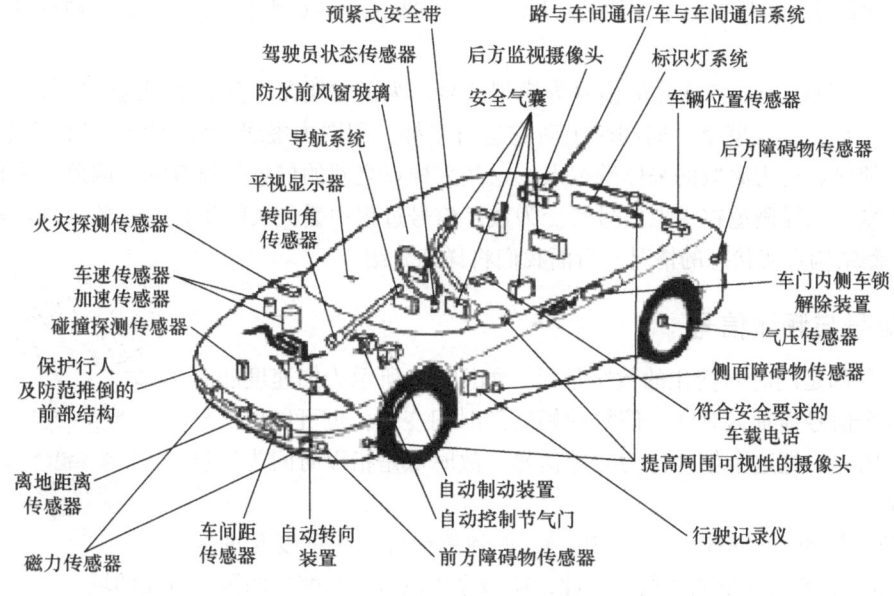

图 2-1 汽车传感器

一个完整的测试系统从物理设备角度上讲应包括：被测结构、传感器、导线、信号调理仪（该设备也有可能集成在数据采集仪中）、数据采集仪和控制分析软件等（图2-2）。

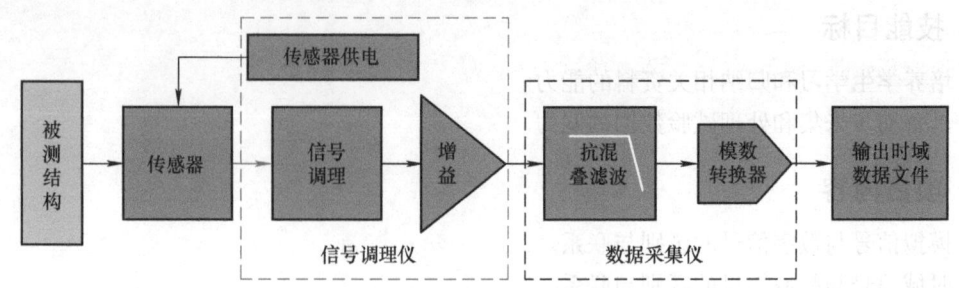

图2-2 完整的测试系统

被测结构上因受到激励产生的物理量被传感器感知到，从而以模拟量的形式输出给信号调理仪，然后进行抗混叠滤波，滤掉不必要的高频成分，再进行模数转化，最后输出时域数据文件。在模数转化前，数据为模拟信号，经过模数转化后，模拟信号转换成了计算机能处理的数字信号。

信息化时代已经悄然来临，我们时时刻刻被各种各样的信号包围，信号的本质是表示消息的物理量。如常见的正弦信号中，如果是不同的振幅、频率或相位，则表示不同的信息。以信号为载体的数据可表示现实物理世界中的任何信息，如文字符号、语音图像等，从其数据的表现形式来看，信号可以分为：模拟信号和数字信号。

模拟信号是指信号的频率、相位和幅值随时间都是连续变化的。表征的物理量是连续变化的，如某个位置的振动加速度、背景噪声、温度等。许多传感器输出的信号都是连续的模拟信号，但是模拟信号不能直接用于计算机处理。

数字信号指时间和幅值的取值都是离散的，用有限个离散的数值来表征连续变化的信号，则称为数字化。通常这些离散的数字用比特（bit）的二进制数字（0和1）来表示，方便计算机处理。

如图2-3所示，随时间连续变化的信号为模拟信号，为了方便在计算上处理这个信号，需要将它转化为数字信号，也就是从时间轴上对它进行采样。用图中虚线对模拟信号进行离散，虚线与模拟信号的交点视为离散的采样数据点，这些采样点之间的信息是没有的，因此，采样时会损失很多信息。怎样避免在模拟信号转变为数字信号过程中丢失关键信息，避免出现试验数据不能反映被测结构真实状态的情况？后面我们将详细介绍。

2.3.2 时域信号与频域信号

采集到的信号都是随时间变化的数字信号，如图2-4所示为加速度随时间变化曲线。这个信号横轴为时间，信号的幅值随时间变化，也可以说信号是时间的函数，因此，把这个信号称为时域信号。故时域是指以时间为变量的函数所在的域。

对时域信号进行快速傅里叶变换（FFT），得到幅值随频率的变化曲线（图2-5），也就是以频率为变量的函数。因此，频域是指以频率为变量的函数所在的域。

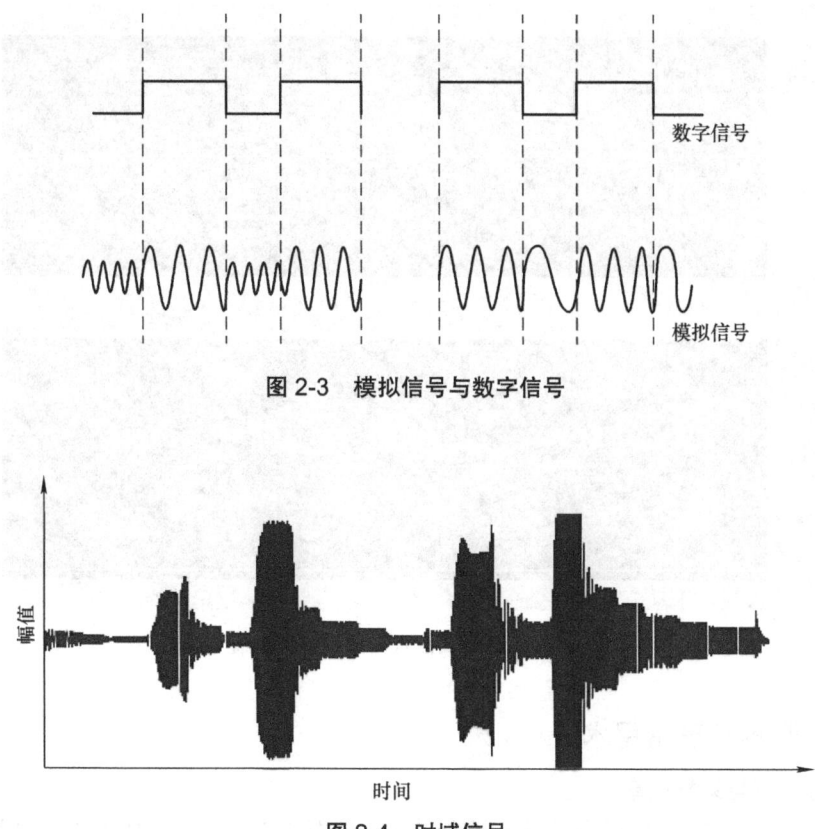

图 2-3　模拟信号与数字信号

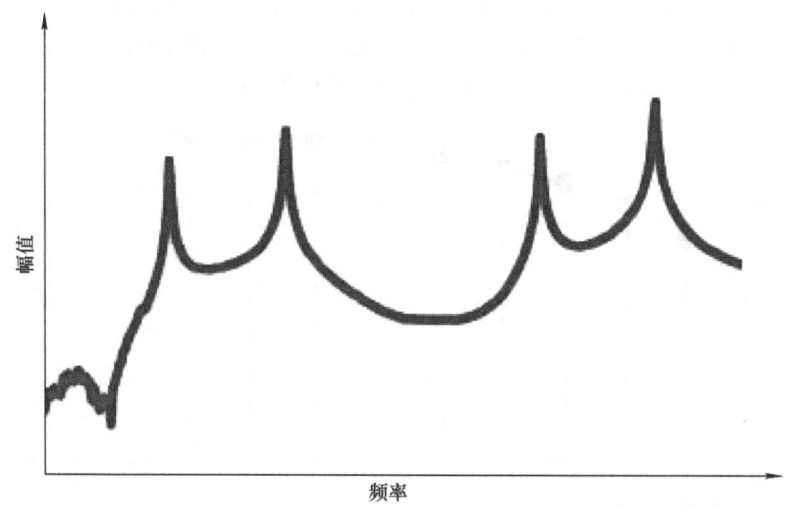

图 2-4　时域信号

图 2-5　频域信号

举个简单的例子，对于对常见的正弦波时域信号（图 2-6 中上方曲线），假设它的周期是固定值 T，由于周期的倒数是频率，它的频率也为固定值 f。因此，经过 FFT 变换后，将时域信号转变为频域信号，就是在横坐标上取等于近似于 f 时的一根垂直的直线，这称为幅值谱。

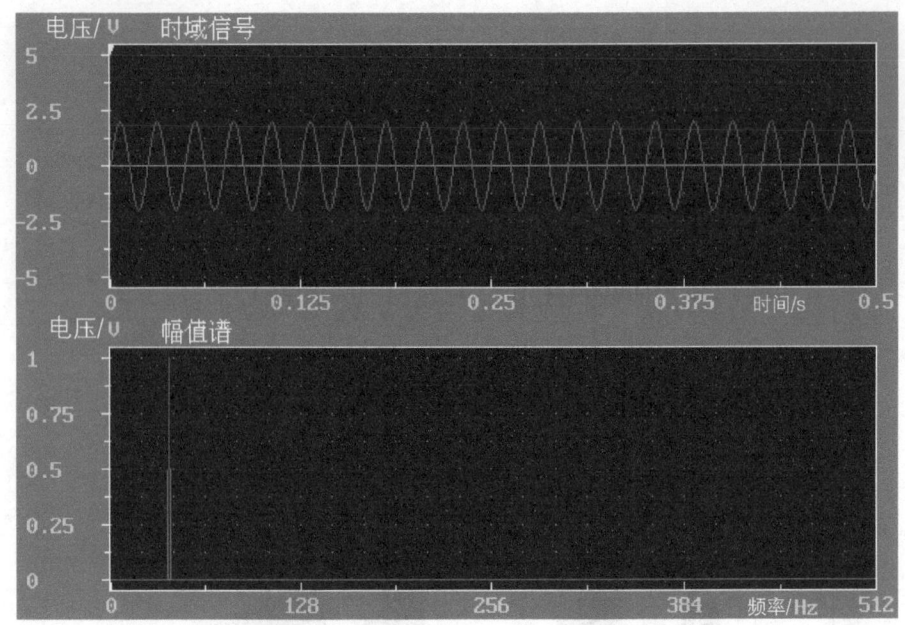

图 2-6　正弦波时域信号和频域信号对比图

2.3.3　试验数据处理常用术语

1. 时间分辨率与采样频率

对时域信号（图 2-7）进行采样时，两个采样点（图 2-7 中黑点）之间的时间差称为时间间隔或者时间分辨率（Δt），用来表征采样快慢的参数称为采样频率，单位为 Hz。它表示每秒钟采集多少个样本点（或数据点）。时间分辨率的大小等于采样频率的倒数。例如，采样频率为 1000Hz，则表示每秒钟采集 1000 个样本点，每采集两个样本点的时间间隔为 1ms。因此，采样频率越高，时间分辨率越小，采集到的数字信号越接近真实信号。

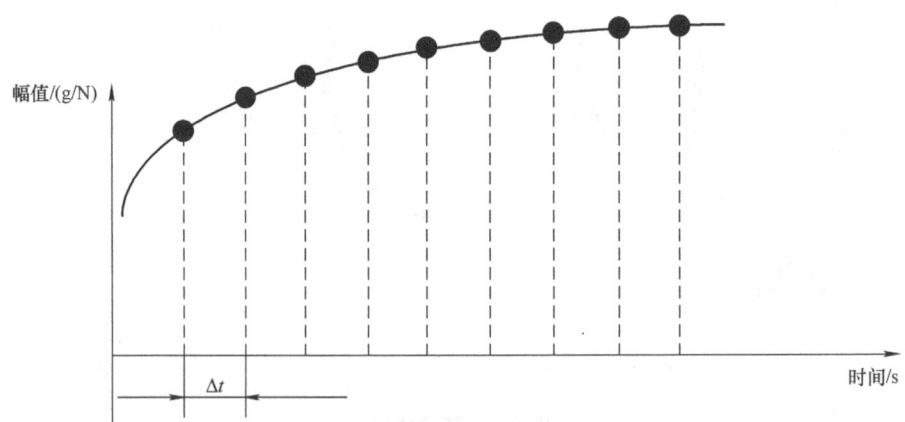

图 2-7　时域信号采样的时间分辨率

由上面分析可知，采样频率是避免信号失真的重要参数。那么怎样合理设置采样频率呢？根据采样定理要求，采样频率至少是信号最高频率的 2 倍。假设信号的最高频率为 500Hz，则采样频率至少为 1000Hz。这样只是保证信号的频率不失真,但不能保证信号的幅值不失真。如果按采样定理来设置采样频率,那么高频信号的幅值肯定会失真,低频信号的幅值也可能会失真。如果关注幅值,采样频率应大于信号频率的 10 倍才不会引起明显的幅值失真。

2. 谱线与频率分辨率

我们已经明白采集到的时域信号是离散的,两个时域数据点的时间差称为时间分辨率。同理,时域信号经过 FFT 变换后得到的频域信号(频谱)也是离散的,相邻两条谱线的频率差或谱峰间隔称为频率分辨率(Δf)。FFT 计算得到的结果只位于频率分辨率的整数倍处,也就是谱线处,其他地方无结果,如图 2-8 所示。假设图中的虚线为谱线,各条谱线对应的频率为频率分辨率的整数倍。计算得到的频谱结果只位于这样的谱线处。

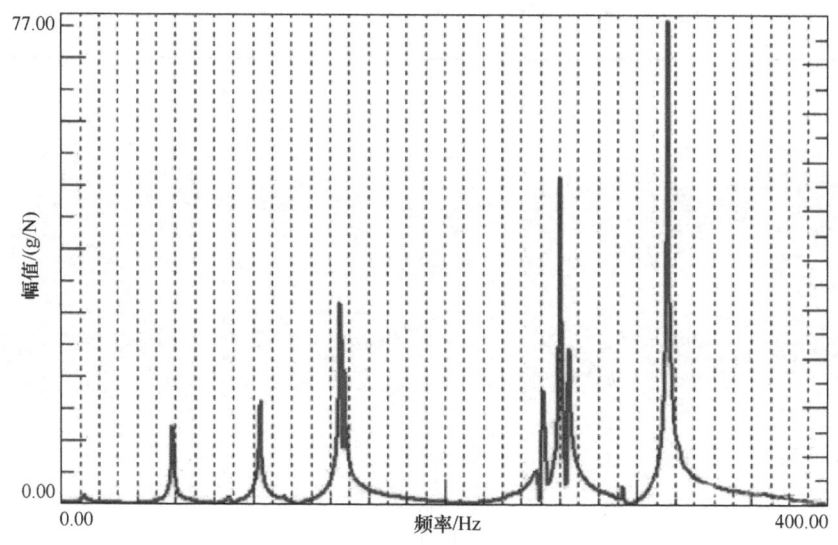

图 2-8 频谱图

频率结果只能位于各条谱线上,谱线与谱线之间是没有结果的,频谱的这种离散效应,称为栅栏效应。就好像人们通过"栅栏"看外面的世界一样,只能通过相邻两块栅栏的缝隙看到外面的世界,而栅栏却挡住了人们的视线。那么,相邻两块栅栏之间的缝隙比作频谱图中的谱线,也只有谱线上才有数据,谱线之间的区域是没有结果的,如图 2-9 所示,只有谱线上才有频率结果,最后的频谱曲线是根据这些谱线上的点连成的实线。

频率分辨率越大,相邻谱线间隔越远,因此,求得的频率误差越大。FFT 分析时,频率误差最大不会大于半个频率分辨率。因为频率

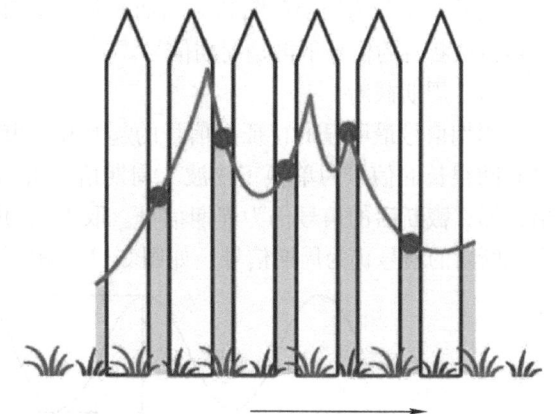

图 2-9 栅栏效应示意图

也是按四舍五入的原则归到最近的谱线上。频率分辨率的倒数为一次 FFT 所截断的时域信号的长度 T,也就是一帧数据长度。当频率分辨率越小时,1 帧数据的长度越大。因此,在做 FFT

计算时,不能设置过小的频率分辨率,也不能设置过大的频率分辨率,频率分辨率过大可能导致加大频率误差。

3. 信号截断

在上一节中,我们提到了时域信号的截断,那么什么是信号截断呢?

一次 FFT 分析截取 1 帧长度的时域信号,这 1 帧的长度总是有限的,因为 FFT 一次只能分析有限长度的时域信号。而实际采集的时域信号总时间很长,因此,需要将采样时间很长的时域信号截断成一帧一帧长度的数据块。这个截取过程称为信号截断。

假设有一段 10s 的时域信号,取 1 帧的长度 T=1s,无重叠,则该信号将被截断为 10 帧,如图 2-10 所示。

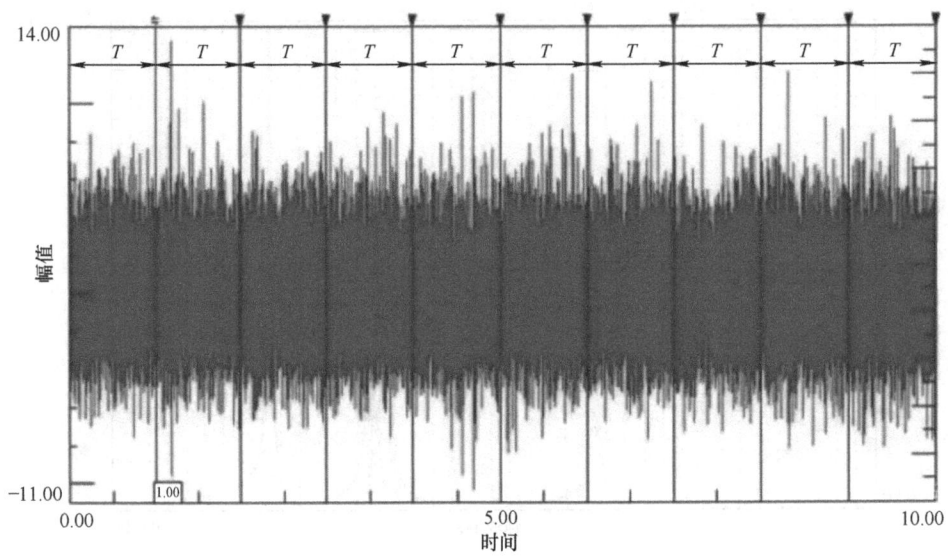

图 2-10 信号截断

信号截断分为周期截断和非周期截断。周期截断是指截断后的信号为周期信号,非周期截断是指截断后的信号不再是周期信号。

(1)周期截断

周期信号最明显的特征是信号的起始和结束时刻的幅值相等,哪怕是在一个周期。假设采样时间很长的信号为单频正弦波(周期信号),若 1 帧的时间长度等于这个正弦波周期的整数倍,那么截断后的信号仍为周期信号。取 1 帧的时间长度 T 等于原始信号的 1 个周期长度,那么截断后的信号仍为周期信号,如图 2-11 所示。

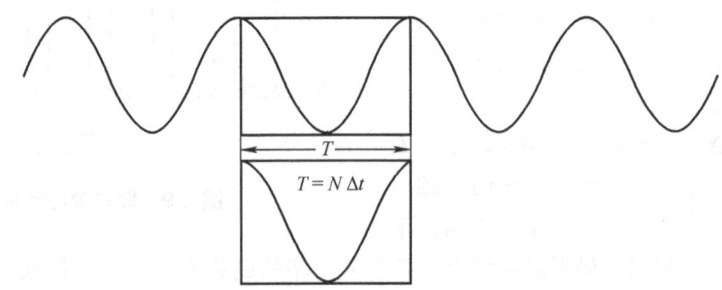

图 2-11 周期信号的截断

将这个截断后的信号再重构，可以得到原始的正弦波，如图 2-12 所示。

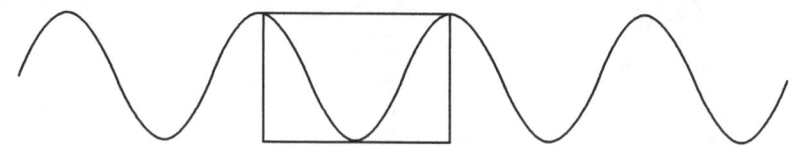

图 2-12　周期信号的重构

（2）非周期截断

如果信号截断的长度不是原始正弦信号周期的整数倍，那么截断后的信号则不是周期信号，即使原始信号是周期信号。并且现实世界中，我们进行 FFT 分析时，绝大多数情况都是非周期截断。

对之前的正弦信号进行非周期截断，如图 2-13 所示。截断后的信号起始时刻和结束时刻的幅值明显不等，将这个信号进行重构，在连接处的信号幅值出现不连续和跳跃，如图 2-13 中黑色圆圈区域所示。

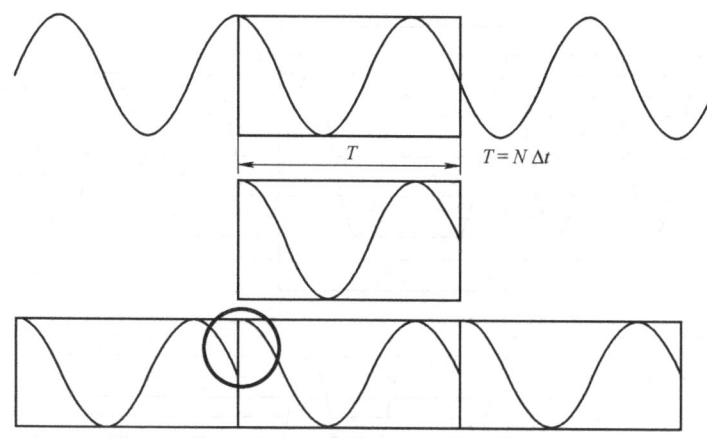

图 2-13　非周期信号的截断与重构

（3）频谱泄漏

分别将图 2-11 和图 2-13 中周期截断信号和非周期截断信号进行 FFT 变换，获得的频谱如图 2-14 所示。对比一下周期截断信号的频谱与非周期截断信号的频谱，可以看出后者频谱的幅值更小，导致频谱在整个频带内发生了拖尾现象，这是非常严重的误差，称为频谱泄漏。当截断后的信号不是周期信号时，就会发生频谱泄漏。实际应用中，做 FFT 分析时，很难保证截断的信号为周期信号，因此，频谱泄漏不可避免。

（4）加窗

为了将这个泄漏误差降低到最低程度（注意是降低，而不是消除），我们需要使用加权函数，也叫窗。

信号截断时，只能截取一定长度，即使原始信号无限长，因此，需要用一个"窗"（更像个"框"）去截取。如图 2-15 所示，原始信号是周期信号，时间很长，截取时用一个长度不为原始正弦信号周期的整数倍"窗"去截取这个周期信号，截取后得到的信号如图 2-15 下部所示。

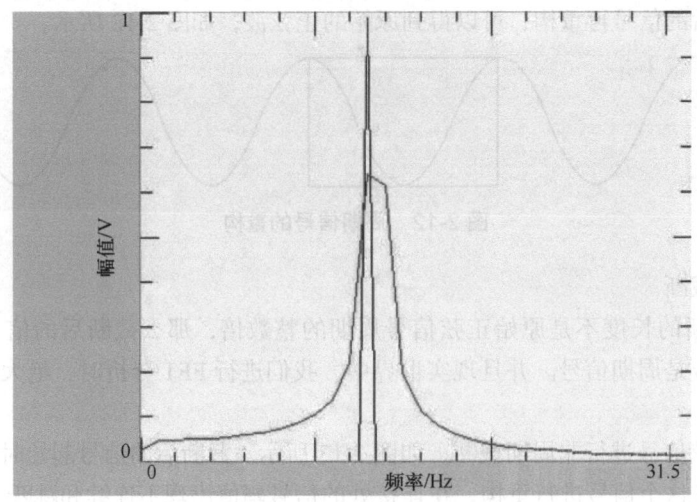

图 2-14　截断信号的频谱

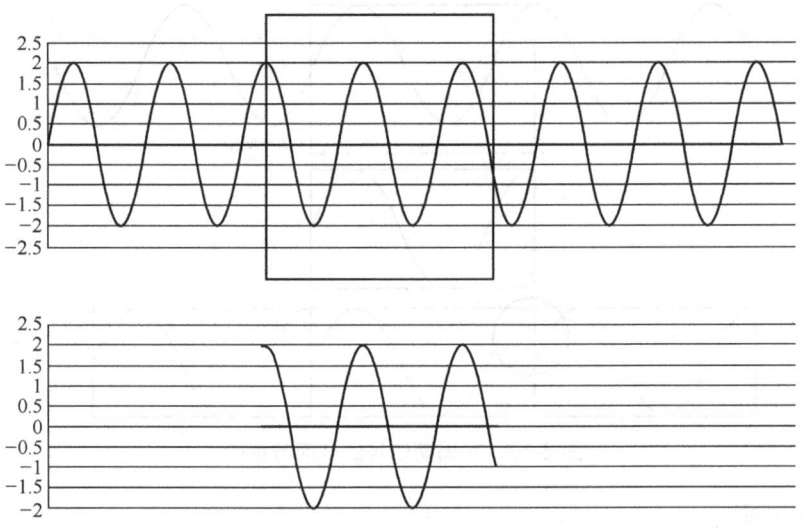

图 2-15　原始信号和加窗截断后的信号

当然这个"窗"是一个单位权重的加权函数，称为"矩形窗"。"窗"外的信号是看不到的，只能看到"窗"内的信号。这就比如虽然通过窗户能够看外面的世界，世界很大也很精彩，但是您能看到的只是窗内的世界，而看不到窗外的世界。因此，这就是此类加权函数被称为窗函数的真正原因。这样的称呼，更为直观形象。

图 2-15 中用于截取信号的时域函数（就是上图中的那个"窗"）就称为窗函数，它是一种加权函数，不同窗函数的加权是不一样的。也就是说，可以用不同的截取函数（窗函数）来做信号截取。到底用何种窗函数，需要基于信号类型和分析目的。常用的窗函数有矩形窗、汉宁窗、平顶窗、指数窗等。

加窗实质是用一个窗函数与原始的时域信号相乘的过程（当然加窗也可以在频域进行，但时域更为普遍），使得相乘后的信号能够更好地满足傅里叶变换的周期性要求，从而尽可能降低频谱泄漏。

项目 3
整车刚度强度试验

本项目主要学习整车结构刚度和强度相关的力学理论,以及车身刚度和强度试验理论。通过本项目的学习,使同学们初步掌握整车结构刚度和强度基本的力学概念、计算方法,同时能将其运用于整车刚度和强度试验测试中,达到理论与实践相结合的教学目标。

3.1 案例育人

"中国力学之父"钱伟长的励志故事

钱伟长是中国著名的力学家、应用数学家、教育家和社会活动家,是中国近代力学、应用数学的奠基人之一。作为中国科学院院士,他曾任上海大学校长,南京航空航天大学名誉校长,耀华中学名誉校长,中国人民政治协商会议第六、第七、第八和第九届全国委员会副主席,民盟中央副主席、名誉主席。

本来,钱伟长考入的是清华大学历史系,但是入学第二天"九一八"事变爆发了。怀着一颗炽热的爱国心,钱伟长决定弃文从理,转学去了物理系。他要制造出飞机大炮,强我中华!

于是,钱伟长跑到物理系主任办公室的门口。这时他才发现,原来想造飞机大炮的不止他一个!办公室门口人山人海,新生中竟有1/5的人想进物理系学习,但该系的名额只有十个。排了很久的队之后,他终于见到了当时的物理系主任吴有训。钱伟长激动地说:"目前我们祖国迫切需要的是科学技术、是飞机大炮!所以我要学习物理。我的数理化成绩虽然不好,但我有决心赶上去,这一点请先生放心。"

最终吴有训被他的真诚打动了,可翻了翻钱伟长的入学成绩后却被吓出了一身冷汗,吴有训说什么也不肯答应他的请求。一个高考物理只考了5分的人,怎么能去造飞机大炮救国……

但是钱伟长可没有知难而退,天天去磨系主任。怎么磨呢?吴有训每天8点上课,钱伟长6点就到办公室门口等着他。一见面,钱伟长就大喊:"我要进物理系!"吴有训去办公室,他就跟着去。这样,整整跑了一个礼拜,吴有训被缠到无法办公。"死缠烂打 + 软磨硬泡",这招实在厉害。最终他成功说服了系主任。吴有训说:"这样,你那么坚决,可以。你先在物理系学习一年,普通化学、普通物理、高等数学这三门课,期末的时候,你要能考70分,就先让你试读。"钱伟长二话不说,就答应了这个条件。

可高中时代的钱伟长，从来就没有弄清楚过物理、化学，更是没有系统地学习过数学，连代数符号都搞不清楚，其中的困难可想而知。这一年，他一天顶多睡五个小时，早上不到 6 点就起床，晚上 12 点多才睡觉，立志成为当时清华读书最用功的学生。有一天早上 6 点，他走到一个不经常去的地方，远远就看见一个人走过来，这个人就是华罗庚。原来华罗庚每天 3 点起床，当钱伟长 6 点起床时，华罗庚已经念完书在散步了。于是，钱伟长就暗暗地和华罗庚展开了一场"早起竞赛"。

就是这样日复一日，钱伟长经过不懈努力，一年下来，他的各门功课成绩都达到了 70 分以上。物理更是从只有 5 分的"学渣"，成为学校的"物理学霸"。从此，他开启了开挂的人生。

3.2 项目目标

3.2.1 技能目标

1）培养学生归纳和学习相关资料的能力。
2）掌握结构刚度基本概念。
3）掌握结构强度基本概念。
4）具备初步的刚度强度试验实践能力。

3.2.2 项目内容

1）结构刚度基本理论。
2）结构强度基本理论。
3）汽车刚度强度试验。

3.3 相关知识

3.3.1 结构刚度基本理论

刚度是反映结构变形与力之间关系的参数，即结构被施加多大的力产生多大的变形量。简单地说，就像是一根弹簧，拉力或压力除以线性伸长或压缩量就是弹簧的刚度。刚度是指总成或者零部件在外力作用下，用于抵御弹性变形或者发生位移的能力，即弹性变形或者位移不应该超过技术要求允许的范围。

微课视频
结构刚度基本理论

抵抗恒定载荷变形的能力，称为静刚度；抵抗动态载荷变形的能力，则称为动刚度。

静刚度主要包括结构刚度和接触刚度。

结构刚度即指构件自身的刚度，主要有弯曲刚度和扭转刚度。例如，乘用车车身的刚度特性是乘用车车身的整体性能，反映了车身在整体上抵抗扭转和弯曲载荷的能力。车身结构的扭转刚度可以通过前悬架变形量进行评价，即

$$k = \frac{M}{\alpha} = \frac{Fl}{\frac{l}{s}} \tag{3-1}$$

式中　k——扭转刚度（N·m/rad）；
　　　M——加载到车身上的力矩（N·m）；
　　　F——加载于车身的力（N）；
　　　s——由于力产生的形变（m）；
　　　l——左、右前减振器中心点之间的距离（m）；
　　　$α$——扭转角（rad）。

计算车身扭转刚度时，假定乘用车车身是一个具有均匀扭转刚度的杆体，乘用车车身前、后轴间平均扭转刚度的计算公式为

$$GJ = \frac{TL}{\theta} \tag{3-2}$$

式中　GJ——车身扭转刚度（N·m/rad）；
　　　T——车身上加载扭力（N）；
　　　L——车身轴距（m）；
　　　θ——车身轴间相对扭转角（rad）。

轴间相对扭转角示意图，如图3-1所示。

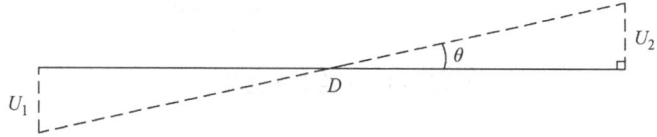

图3-1　轴间相对扭转角示意图

车身结构的弯曲刚度可以通过前门槛变形量进行评价，即

$$k = \frac{F}{z} \tag{3-3}$$

式中　F——最大载荷（集中加载力）（N）；
　　　z——门槛梁的垂直方向最大变形量（最大弯曲挠度）（m）；
　　　k——车身的刚度（N/m）。

计算假定车体具有相同的张力，而车体作为一个整体是一个具有均匀弯曲刚度的简单支承梁，在中心点中央加载，如图3-2所示，从而得到前后轴线的弯曲刚度。运用力学公式计算了梁的弯曲刚度，同时根据荷载和最大弯曲挠度算出白车身的弯曲刚度见式（3-4）。

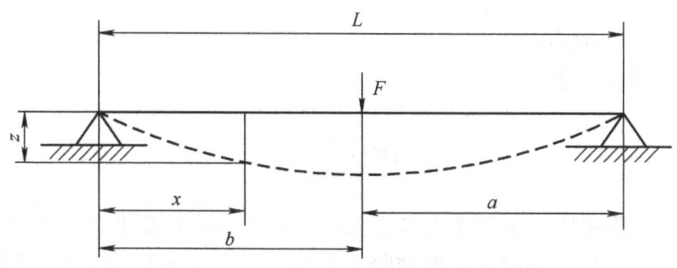

图3-2　白车身弯曲刚度计算示意图

$$EI = \frac{Fax(L^2 - x^2 - a^2)}{6Lz} \tag{3-4}$$

式中 EI ——白车身弯曲刚度（N/mm）；
　　F ——集中载荷力（N）；
　　L ——前、后悬架固定座支承点纵向距离（m）；
　　a ——前支承点与施加载荷力的距离（m）；
　　z ——垂直方向弯曲挠度（m）；
　　x ——测量点到前约束点的距离（m）。

接触刚度是零件接触面在外力作用下，抵抗接触变形的能力。例如，齿轮啮合变形（图3-3）。

图 3-3　齿轮啮合变形

3.3.2　结构强度基本理论

1. 强度的定义

总成或者零部件在外力作用下，抵御破坏（断裂）或者显著变形的能力。强度是反映材料抵抗断裂等破坏的能力，强度一般有抗拉强度、抗压强度等，就是当应力达到多少时材料发生破坏（断裂）的最大应力值。强度单位一般是兆帕（MPa）。

微课视频
结构强度基本理论

2. 结构静强度评价

车身的主要失效形式是局部发生断裂或塑性变形。对于由塑性材料制成的车身，在外力作用下，车身处于三向复杂应力状态，所以按第四强度理论计算车身应力，其强度条件为

$$\sigma = \sqrt{\frac{1}{2}[(\sigma_1 - \sigma_2)^2 + (\sigma_2 - \sigma_3)^2 + (\sigma_3 - \sigma_1)^2]} \leq [\sigma] \tag{3-5}$$

式中 σ_1、σ_2、σ_3 ——主应力。

许用应力 $[\sigma]$ 的计算公式为

$$[\sigma] = \frac{\sigma_s}{[n]} \tag{3-6}$$

式中 σ_s ——材料的屈服极限，如某车身各零部件使用材料的屈服强度，如图3-4所示；
　　$[n]$ ——许用安全系数，如通常轻型越野车车身骨架安全系数为1.4，轻型越野车车架安全系数1.9。

项目 3
整车刚度强度试验

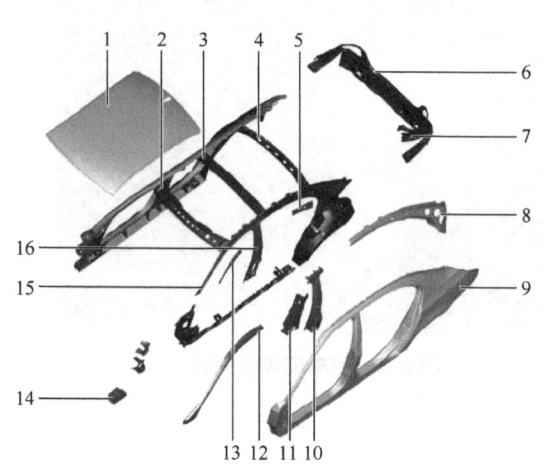

(单位：N/mm²)

图序号	说明	材料	屈服强度
1	车顶面板	深冲钢板	200
2	上部风窗框板	BH钢	300
3	车顶弓形架	BH钢	300
4	后窗框	BH钢	300
5	C柱加强件支架	BH钢	500
6	尾饰板	BH钢	220
7	C柱尾部饰板拉带	BH钢	300
8	C柱加强件	各向同性钢板	340
9	侧车架	IF钢	240
10	B柱上部加强件	硼钢	1300
11	B柱下部加强件	微合金钢	500
12	A柱上部加强件	微合金钢	500
13	A柱加强件支架	微合金钢	500
14	车门槛加长件	微合金钢	500
15	前部内侧侧框架	微合金钢	500
16	内侧B柱	微合金钢	500

图 3-4　某车身各零部件使用材料的屈服强度

3. 结构疲劳强度评价

实体零部件在循环力或交变力作用下工作时，尽管这种应力远小于材料的屈服强度，但经一定循环次数后发生破坏或断裂，且无明显的塑性变形断裂的现象，称为疲劳或疲劳破坏。这是由于实体内部微观组织产生位错，在外部交变载荷作用下裂纹萌生、裂纹扩展直至实体发生破坏或断裂。

举一个简单的例子，假如要想折断一个勺子，而又找不到合适的工具，最简单的方法就是将这个勺子大幅度往复折叠，直至勺子断裂（图 3-5）。用手往复折叠勺子，就是对勺子施加交变载荷，导致勺柄处的微观组织发生位错滑移，从而萌生裂纹直至断裂。

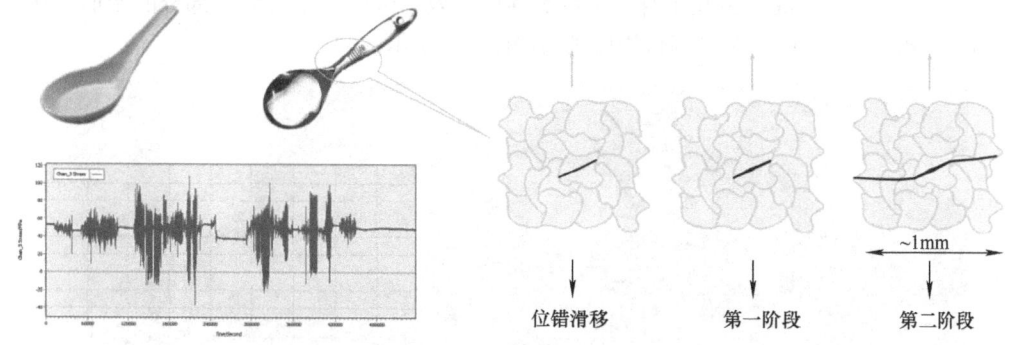

图 3-5　勺子折叠断裂过程

疲劳破坏是机械设备的主要破坏形式（占 80%～90%），疲劳破坏往往会造成重大的经济损失和人员伤亡。在车辆上也会存在疲劳破坏或断裂现象。车辆行驶时，不平路面激励就是一种交变载荷，车辆零部件在这种交变载荷作用下产生交变应力，其大小可能远远小于材料的许用应力，却突然出现破坏或断裂。例如，离合器曲轴在旋转的交变载荷作用下，工作一定时间后发生疲劳开裂或断裂（图 3-6）；车辆在行驶一定里程后，副车架长时间在不平路面的振动下发生焊缝开裂（图 3-7）等现象。

图 3-6 离合器曲轴疲劳开裂

图 3-7 副车架焊缝开裂

3.3.3 汽车刚度强度试验

1. 车身刚度设计的意义

车身刚度设计不合理,将直接影响乘用车的可靠性、安全性、操纵稳定性、动力响应特性、NVH 性能、燃油经济性等关键性能指标。

（1）车身刚度对车身结构可靠性的影响

车身刚度直接影响车身的承载能力。车身整体刚度低,将使车身整体的承载能力随之降低。车身局部刚度小,将使车身局部的变形增加,车身局部的安装等功能随之降低或丧失。车身刚度小,还直接影响车身的疲劳强度,使整车的可靠性降低,局部的失效或整体的失效都将大大降低整车的使用性能,降低整体性能指标。

车身洞口变形量受车身刚度的影响最大。车身上的洞口主要有车门、车窗、发动机舱和行李舱等。车身洞口部分的变形大,会造成车门、发动机舱盖或行李舱盖开关困难,出现对灰尘或雨水密封性不好等状况,引起车身结构可靠性的失效。因此,车身洞口部分的变形量在任何工况下都不能超过其限值。车身洞口刚度试验如图 3-8 所示。

图 3-8 车身洞口刚度试验

连续的车身振动会造成车身结构可靠性逐渐减弱,并导致出现耐久性的问题。为了避免出现耐久性问题,车身必须有足够的静态弯曲和扭转刚度。如图 3-9 和图 3-10 所示分别为车身弯曲刚度试验和扭转刚度试验现场。

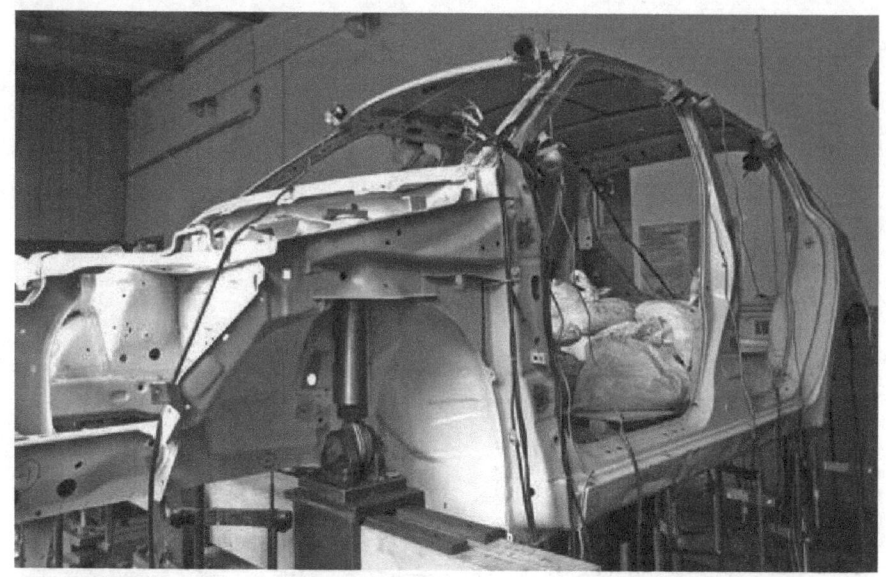

图 3-9　车身弯曲刚度试验现场

图 3-10　车身扭转刚度试验现场

当受到路面不平激励时,弯曲载荷引起的车身应变比扭转载荷引起的应变小,所以,车身的扭转刚度对耐久性问题影响更大。例如,SUV 或越野车承受的路面不平激励较大(图 3-11),因此要求 SUV 或越野车车身和底盘具有更高刚度来提高耐久可靠性能(图 3-12)。

(2)车身刚度对车身结构安全性的影响

车身刚度直接影响车身的结构安全性。车身整体刚度设计不合理,将降低车身的碰撞安全性,车身的刚度分配应该遵循一定的规则。

图 3-11　SUV 或越野车承受的路面不平激励较大

图 3-12　SUV 或越野车应具有高刚度车身和底盘

在乘用车车身结构设计中，乘用车车身结构安全性对车身刚度的要求如下。

1）在碰撞中，乘用车车身结构以可控制的方式发生变形，吸收冲击动能，保障驾驶室不被侵入。

2）在碰撞中，通过牺牲驾驶室以外的车身结构来降低传至乘员的减速度和力。

3）在碰撞中，内部吸能装置，如转向柱和仪表板等，在乘员的冲击下发生变形，以降低二次碰撞（未受约束的乘员对汽车内部的碰撞）产生的危害。

一般来说，发动机舱是正碰的吸能区。因此，刚度设计应按照碰撞的要求，使其通过变形最大限度地吸收碰撞的能量，并使乘客所受到的冲击力小于安全法规规定的最大范围。驾驶室的刚度应尽量提高，从而能保证乘员的空间，使乘员在碰撞的过程中尽量免受冲击，以达到保护乘员的目的。如图 3-13 所示，可通过合理设计车身不同区域的结构刚度来分散碰撞产生的能量，从而提升整车安全性能。

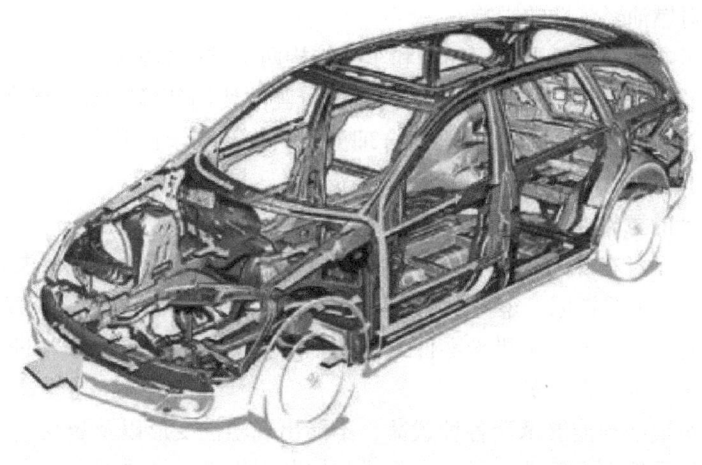

图 3-13 车身正面碰撞冲击力分散示意图

总之，较高的车身整体刚度，有助于提高整车结构安全性能，使车身结构安全性能指标得到提高。

（3）车身刚度对 NVH 性能的影响

车身受到振动激励后会产生车身总体的弯曲振动、扭转振动或各种振动的复合等形式，同时还会引起钣金件之间的局部振动，产生机械性噪声。当激励频率与结构的固有频率相吻合或接近时，将发生共振。这种振动会引发车身内部的低频噪声（"隆隆"声）。此外，由于机械的撞击、摩擦以及交变载荷的影响，驾驶室内装配的运动件，以及车身结构的连接件都会产生振动和车内噪声。

由于车身振动而向车内辐射的声波，在遇到障碍物被反射回来时，若恰好与原来的声波同相，则这部分声波会被增强，且作为一种激励加剧结构的振动。这种二次激励引发结构振动的本身就是一个噪声源，称为车厢（空腔）共鸣。合理的车身刚度设计，可以较好地改善车身结构产生的噪声。

因此，车身刚度的设计是否合理，直接影响乘用车的舒适性能。车身刚度设计的高低，是保证乘用车行驶舒适性能的重要指标，合理的车身刚度可以使整车舒适性能得到很好的保证。例如，车身顶盖横梁的设计，就是为了提高顶盖刚度，降低车内噪声（图 3-14）。

图 3-14 车身顶盖横梁结构示意图

（4）车身刚度对燃油经济性的影响

燃油经济性的影响因素主要受使用环境和车身结构两个方面的影响。

如果车身刚度设计不合理，难以保证车辆经济行驶的使用环境，结果将降低燃油经济性。另外，还受车身结构的影响，如果车身刚度合理分布，将有助于提升车身整体轻量化的要求，更轻的车身更有助于减少燃油的消耗。

2. 车身强度设计的意义

车身强度是汽车车身在外力或内应力的作用下抵抗车身局部变形或疲劳失效的能力，是衡量零件本身承载能力的重要指标。车身强度不仅与结构的材料强度有关，还与结构的几何形状、外力的作用形式等有关，它要满足机械零件设计的基本要求。根据承受外力的作用形式，可分为静态强度、冲击强度和疲劳强度。

驾驶过程中，车辆必须能够承受各种载荷，不能出现塑性变形以及裂纹。如果车身强度设计不足，会造成车身零件产生塑性变形、局部或整体断裂损坏，导致汽车寿命变短以及安全系数降低，因此车身都必须进行设计校核，从而以满足强度要求。

车身强度设计准则：在指定载荷下，车身最大应力不超过许用值（一般小于材料屈服强度）。为了满足车身强度需要，同时达到轻量化设计要求，目前在车身上越来越多地采用高强度钢（图 3-15），也可以通过合理的车身结构设计（例如图 3-16 所示的笼式车身），避免车身在指定载荷下应力集中，提升整车安全性能。

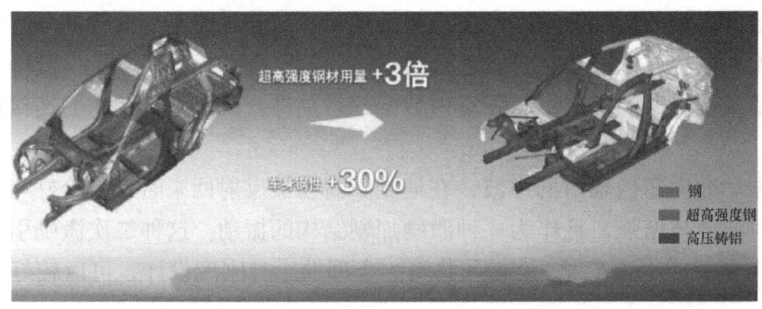

图 3-15　某乘用车车身高强度钢使用情况

图 3-16　笼式车身

项目 4　CAE 虚拟试验技术

本项目主要学习 CAE 相关的基本理论知识，以及 CAE 技术在汽车工程中的应用。通过本项目的学习，使同学们初步掌握 CAE 仿真分析的概念和意义，掌握 CAE 仿真分析的基本流程。

4.1　案例育人

中国人必须要有自己的强大 CAE 软件

当前，我国工业界正在紧锣密鼓地推进"制造强国"战略目标。工业制造的第一步是工程设计，而工程设计的基本工具当属计算分析软件。反观目前我国的仿真软件行业，几乎完全被国外产品所垄断。自主版权仿真软件的市场缺位，无疑成为我国"制造强国"战略实施的最大短板。

下面列举一些我国著名战略科学家的相关言论，吾辈当迎难而上、知难而进。

（1）钱学森谈计算力学

21 世纪交替之际，钱学森院士在为清华大学工程力学系建系 40 周年的贺信中写道："随着力学计算能力的提高，用力学理论解决设计问题成为主要途径，而试验手段成为次要的了。"

由此展望 21 世纪，力学加电子计算机将成为新工程设计的主要手段，就连工程型号研制也只用电子计算机加形象显示。都是虚拟的，不是实物的，所以称为"虚拟型号研制"，研制完成即可进行实物生产。

此后，钱学森院士在多种场合特别指出："今日的力学要充分利用计算机和现代计算技术去回答一切宏观的实际科学技术问题，计算方法非常重要。"

（2）掌握电子计算

早在 20 世纪 80 年代初，我国计算力学的奠基人钱令希院士就预见性地指出：以前的力学研究，常常受到人工手算的限制。今后的力学研究，这个限制解除了，可以充分利用计算机的力量，路子当然要宽得多了。目前要很好地使用计算机，编制一个高质量的程序不是一件容易的事，要付出很多艰苦的劳动。从事计算结构力学的研究，既要发展力学理论，又要掌握电子计算技术，一个人样样精通是不太可能的，必须组织起来，各有侧重，通力合作，才能上得快。

（3）自主研发大型计算力学软件

21 世纪初，钟万勰院士和程耿东院士联合撰文指出：特别需要强调的是大型计算力学软件的开发。大型计算力学软件的开发，往往需要几十乃至上百人多年高智力的劳动和巧妙的设计思想，既是一项高难度的科学研究，也是一项大规模的工程。

随着市场经济的发展，我国政府部门和社会公众对软件商品化的期望值很高，中国的计算力学软件事实上也正在向商品化方向发展。但是由于这类软件的科技含量很高、面向对象很特殊，商品化的过程面临更多的困难，在我国大中企业现有的状况下，完全依靠市场推动计算力学软件的发展非常困难。

发达国家的实践经验说明：一个国家要有自主开发的航空航天、高速列车等高新技术，要有自主知识产权的各类重大工业装备生产能力，就必须要有自主版权的计算力学软件。

4.2 项目目标

4.2.1 技能目标

1）培养学生归纳和学习相关资料的能力。
2）了解CAE仿真分析在汽车工程中的应用。

4.2.2 项目内容

1）CAE仿真分析的概念和意义。
2）CAE仿真分析的基本流程。
3）CAE技术在汽车工程中的应用。

4.3 相关知识

4.3.1 常用CAE软件介绍

常见CAE仿真软件：

1. ANSYS软件

ANSYS软件是集成结构分析、热分析、流体分析、电磁分析、声场分析等于一体的大型通用有限元商用分析软件，可广泛应用于核工业、铁道、石油化工、航空航天、机械制造、能源、电子、船舶工程、汽车交通、国防军工、土木工程、生物医学、轻工业、地矿、水利、日用家电等工业及科学研究领域，是目前应用最为广泛的有限元分析（Finite Element Analysis，FEA）软件。该软件可在大多数计算机及操作系统上运行，且能和多数CAD软件接口，实现数据共享和交换，是现代产品设计中的高级CAD/CAE软件之一。

ANSYS公司成立于1970年，由美国匹兹堡大学力学系教授John Swanson博士创建，总部位于美国宾夕法尼亚州的匹兹堡，目前是世界CAE行业最大的公司。50多年来，ANSYS公司一直致力于分析设计软件的开发，不断吸取当今世界最新的计算方法和计算机技术，引领着世界有限元技术的发展趋势。

2. HyperWorks软件

美国Altair Engineering公司开发的HyperWorks是一个创新、开放的企业级CAE软件平台，它集成设计与分析所需的多种工具，具有高性能的仿真能力以及高度的开放性、灵活性和友好的用户界面等。目前，Altair HyperWorks 软件已经成为汽车企业应用最广泛的仿真分析软件之一。

3. MSC Patran/Nastran

MSC Software Corporation（简称MSC Software）公司创建于1963年，总部位于美国洛杉矶。MSC Software 公司产品众多，其中最著名的有 MSC Patran、MSC Nastran、MSC Marc、MSC Dytran、MSC Fatigue 等。

其中最著名的 MSC Patran 诞生于 1980 年前后，是由美国国家宇航局（NASA）资助，开发的新一代通用计算机辅助工程分析前后置处理器，它是工业领域最著名的并行框架式有限元前后处理及分析系统。它始终是美国联邦航空管理局（FAA）飞行器适航证领取的唯一验证软件。

另外，MSC Nastran 也是功能全面、性能优越、应用广泛的大型通用结构有限元分析软件。1966 年美国国家宇航局（NASA）为满足当时航空航天工业对结构分析的迫切需求，主持开发大型应用有限元分析软件的招标。MSC 公司一举中标并参与了整个 Nastran 的开发过程。MSC Nastran 软件在线性/非线性静力学分析和动力学分析领域，具有较高的计算精度和良好的声誉。

4.3.2 有限元基本概念和相关术语

随着计算机技术和数值计算方法的迅速发展，大型复杂工程问题可以采用适当的数值计算方法，并借助计算机技术求得满足工程需要的数值解。有限元分析方法作为 CAE 仿真分析的一个重要的数值分析方法，从 20 世纪 60 年代至今，经过 60 多年的发展和完善，其理论已经相当成熟。它的主要思想是将复杂的结构离散为有限多个单元，而这些单元的几何形状、力学特性都已被人们研究透彻且已有适当的数学模型，这些单元通过节点的联结，构成一个对被研究结构进行描述的力学模型。例如，对于压杆问题，其真实状态与力学模型，如图 4-1 所示。

微课视频
有限元基本概念和相关术语

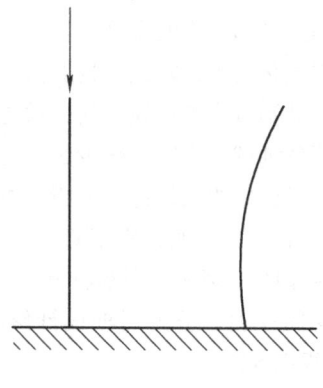

图 4-1　压杆问题真实状态与力学模型

下面介绍几个有限元分析方法常用的专业术语：

1. 单元

有限元模型中每一个小区域称为一个单元。根据其形状的不同，可以将单元划分为以下几种类型：有线单元、三角形单元、四边形单元、四面体单元和六面体单元等。由于单元是构成有限元模型的基础，因此单元的类型选择对于有限元分析过程至关重要。一个有限元程序提供的单元种类越多，该程序功能就越强大。ANSYS 程序提供了 100 余种单元类型，可以模拟和分析绝大多数的工程问题。

2. 节点

用于确定单元形状，表述单元特征及连接相邻单元的点称为节点。节点是有限元模型中的最小构成元素。多个单元可以共用一个节点，节点起连接单元和实现数据信息传递的作用。

3. 载荷

工程结构所受到的外在施加力或力矩称为载荷，包括集中力、力矩及分布力等。在不同的学科中，载荷的含义有所差别。在通常结构分析过程中，载荷为力、位移等；在温度场分析过程中，载荷指的是温度；而在电磁场分析过程中，载荷是指结构所受到的电场和磁场作用。

4. 边界条件

边界条件是指结构在边界上所受到的外加约束。在有限元分析过程中，设置正确的边界条件，是获取正确分析结果和较高分析精度的关键。

5. 初始条件

初始条件是设置结构响应前所施加的初始速度，初始温度、预应力等。

4.3.3 CAE 的概念

CAE（Computer Aided Engineering）为计算机辅助工程的英文缩写。它采用虚拟分析方法对结构（场）的性能进行模拟（仿真），预测结构（场）的性能，优化结构（场）的设计，为产品研发提供预测，为解决实际工程问题提供理论参考。

CAE 技术的优点：

1）增强设计功能，降低设计成本。
2）缩短设计和分析的循环周期。
3）增加产品和工程的可靠性。
4）采用优化设计，降低材料的消耗或降低成本。
5）在产品制造或工程施工前，预先发现潜在的设计问题。
6）模拟各种试验方案，减少试验时间和经费。
7）进行机械事故软件仿真分析，查找事故原因。

例如，统计结果表明，应用 CAE 技术后，新车开发费用占开发成本的比例，从 80%～90% 下降到 8%～12%。例如美国福特汽车公司 2000 年应用 CAE 后，其新车型开发周期从 36 个月降低到 12～18 个月，开发后期设计修改率约减少 50%，原型车制造和试验成本约降低 50%，投资收益约提高 50%。

4.3.4 CAE 分析基本流程

针对汽车结构的 CAE 仿真分析，其基本流程如图 4-2 所示。

项目 4
CAE 虚拟试验技术

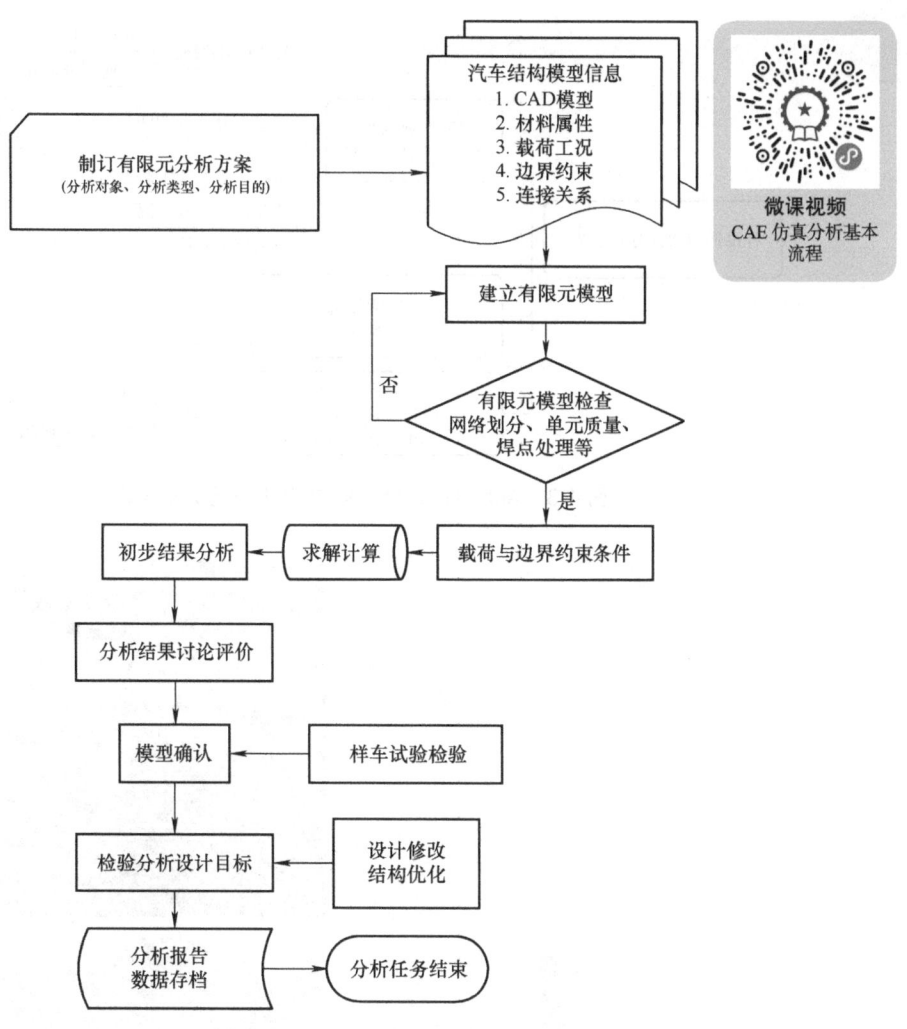

图 4-2 CAE 仿真分析基本流程

第一阶段：制定有限元分析方案。包括确定分析对象、分析类型和分析目的等内容。

即我们想要了解被分析结构哪些方面的机械性能。比如，选择静态力学分析类型，可以获得结构的最大变形、最大应力，以及受载下的刚度、变形情况等；选择动力学分析类型，可以获得结构的振动特性；选择热力学分析类型，可以了解结构在受热情况下的变形或者应力分布；选择疲劳分析类型，可以获知结构的极限强度和疲劳寿命等。

第二阶段：汽车结构有限元建模及计算，也称为有限元前处理。首先将 CAD 软件建立的几何模型导入 CAE 软件中，通过网格划分、设置连接关系、材料属性创建、加载载荷工况、模型质量检查等步骤，完成有限元模型建模。然后调用 CAE 软件求解器进行计算，最后获得初步的分析结果。以使用 CAE 软件 Altair HyperWorks 软件完成汽车结构 CAE 前处理为例，具体流程如图 4-3 所示。

第三阶段：对分析结果进行评价，并对前处理模型进行确认。并在需要的情况下，参照试验测试数据对 CAE 分析结果进行对比分析，验证 CAE 计算精度，修正 CAE 模型参数。例如，如图 4-4 所示是一辆摩托车车架模态分析结果与试验测试数据的对比图。

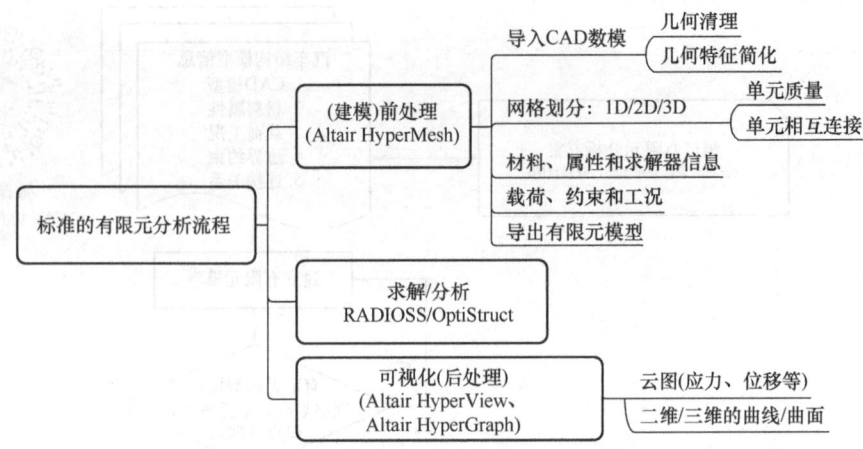

图 4-3　Altair HyperWorks 软件有限元分析流程

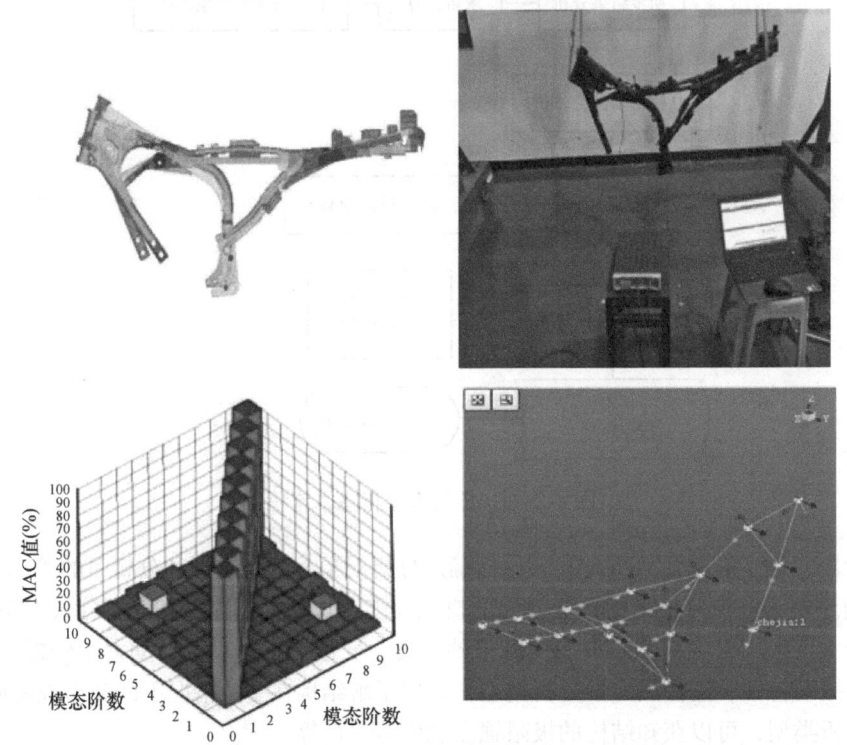

图 4-4　摩托车车架模态分析结果与试验测试数据的对比图

第四阶段：检验分析结果是否达到目标值要求，并采取必要的优化措施。

OptiStruct 是汽车 CAE 分析中常见的优化软件，具有强大的优化功能，可以提供以下优化方法：

1）形貌优化。形貌优化是以结构单元节点位置作为优化变量，此优化方法主要应用在以提高结构刚度和降低振动噪声为目的的概念设计中，即对平板结构的加强筋进行优化（图 4-5）。它可为汽车等钣金结构件加强筋的布局提供优化方案，在汽车钣金件设计中得到广泛应用。

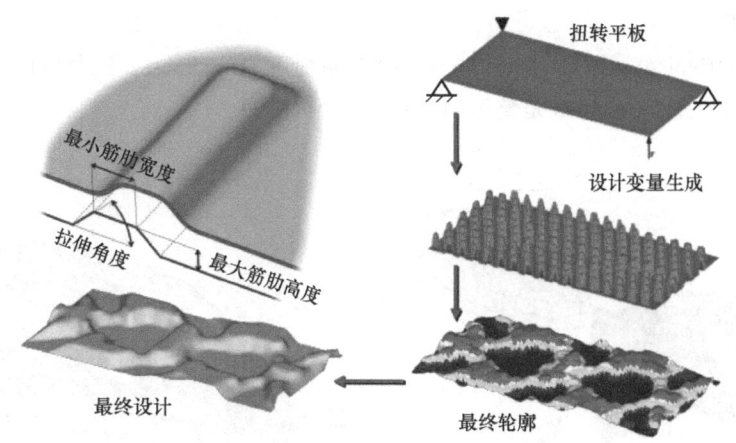

图 4-5 一个扭转平板的形貌优化

2）拓扑优化。拓扑优化是以结构密度作为优化变量，可为结构寻找最佳材料布局提供参考。例如，Airbus A380 使用 OptiStruct 软件进行拓扑优化，使机翼前缘翼肋结构减重约 44%（图 4-6）。

图 4-6 Airbus A380 机翼前缘翼肋的拓扑优化

4.3.5 CAE 技术在汽车工程中的应用

1. 刚度和强度分析

例如，通过对车架强度进行分析，可以提高其承载和抗变形能力、减轻其自身重量并节省材料（图 4-7）。

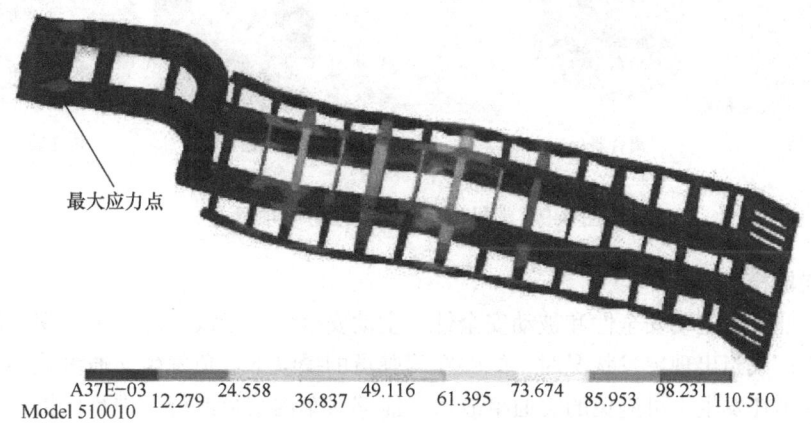

图 4-7 车架强度分析

2. NVH 分析

NVH 是噪声 (Noise)、振动 (Vibration)、声振粗糙度 (Harshness) 三个单词首字母的缩写，通俗称为乘坐"舒适性"。图 4-8 是整车 NVH 仿真分析模型。

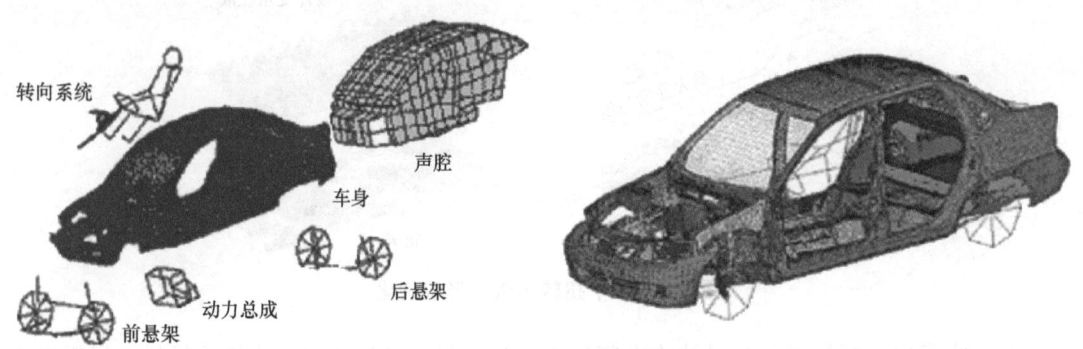

图 4-8　整车 NVH 仿真分析模型

3. 机构运动分析

机构运动分析就是根据原动件的已知运动规律，求该机构其他构件上某些点的位移、轨迹、速度和加速度，以及这些构件的角位移、角速度和角加速度等。

通过对机构进行位移或轨迹的分析，可以确定某机构件在运动时所需的空间，判断各机构件是否会互相干涉，确定机构中从动件的行程，考察机构件上某一点能否实现预定的位置或轨迹要求。通过对机构件进行速度分析，确认从动件的速度变化规律能否满足工作要求，了解机构的受力情况。通过对机构进行加速度分析，确定各构件及构件上某些点的加速度，了解机构加速度的变化规律。图 4-9 是常见的汽车机构运动分析项目。

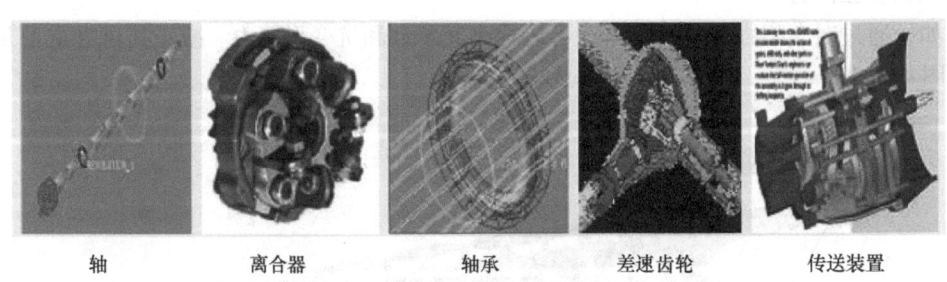

图 4-9　常见汽车机构运动分析项目

4. 车辆碰撞模拟分析

汽车安全性分为主动安全性和被动安全性。主动安全性是指汽车能够主动识别潜在的危险从而自动减速；或当出现突发状况时，能够在驾驶员的操纵下避免发生交通事故的性能。被动安全性是指汽车在发生不可避免的交通事故后，能够对车内乘员或行人进行保护，以免发生伤害或使伤害降到最低程度。如图 4-10 所示为汽车被动安全性能 CAE 模型仿真。

a) 模拟汽车侧碰性能

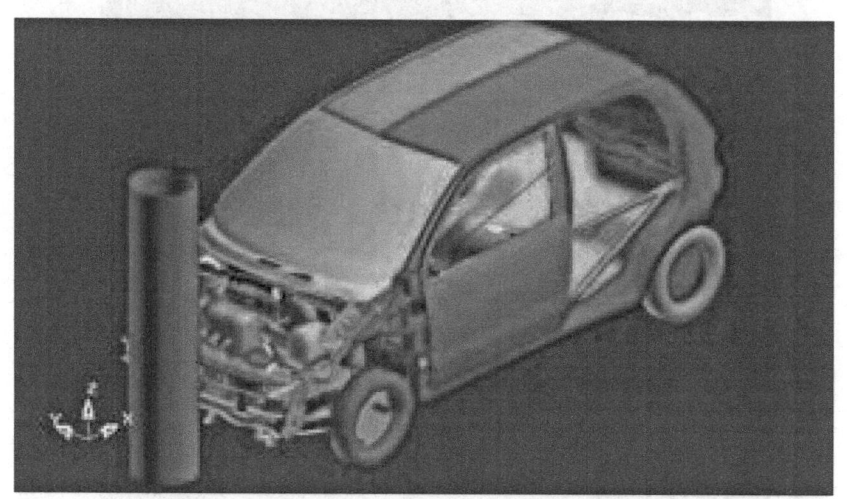

b) 模拟汽车正碰性能

图 4-10 汽车被动安全性能 CAE 模型仿真

5. 疲劳分析

常规设计的定型样机疲劳试验，需要几年甚至更多时间来发现设计失误、修改设计。现代疲劳试验技术只需在计算机上使用仿真技术，用载荷谱模拟和加载，预测寿命和反馈优化。这可把试验时间压缩到原来的十分之一、百分之一，大大降低开发成本，缩短开发周期。

根据疲劳理论，疲劳破坏主要由循环载荷引起。从理论上分析，如果汽车的输入载荷相同，那么所引起的疲劳破坏也应该一样。因此，可以仿真整车约束系统，按一定的比例混合各种工况及各种事件（如开门、关门、制动等），重现这些载荷输入。这一载荷重现通常可以在较短的时间里完成，因此，可以达到加速试验的目的。例如，如图 4-11 所示为轮毂疲劳仿真案例，如图 4-12 所示为前轮罩焊点疲劳仿真结果。

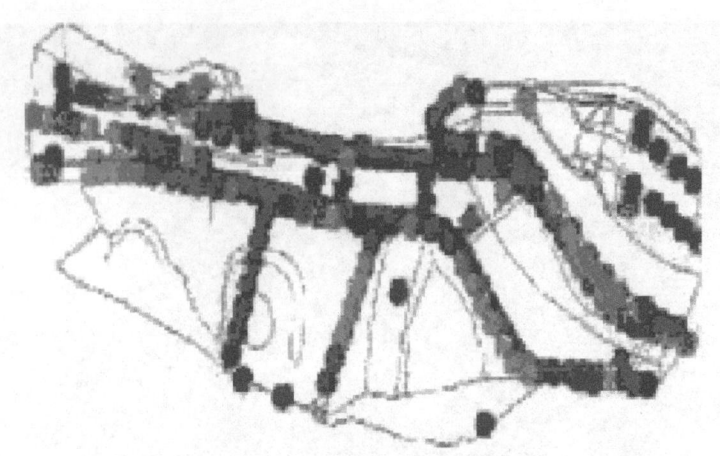

图 4-11 轮毂疲劳仿真案例示意图

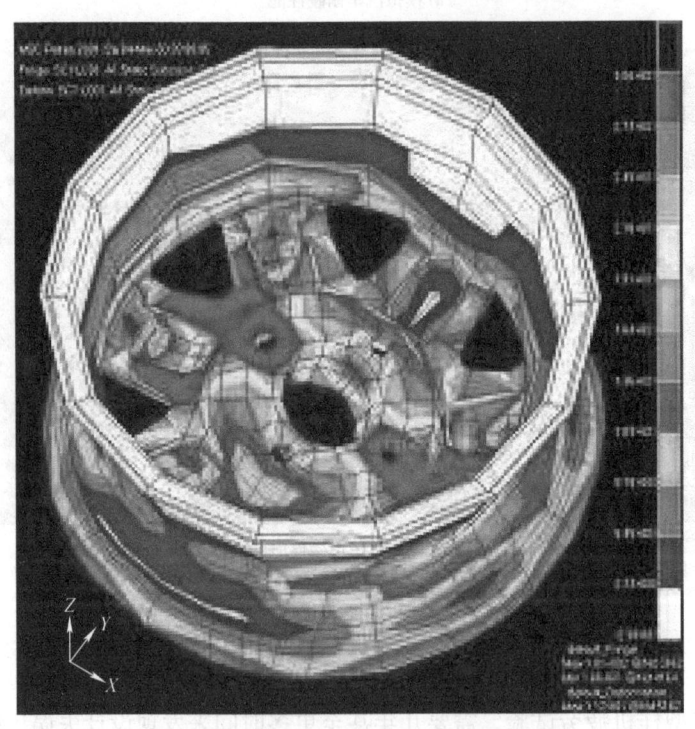

图 4-12 前轮罩焊点疲劳仿真案例示意图

6. 空气动力学分析

汽车空气动力学主要是应用流体力学的知识，研究汽车行驶时，即与空气产生相对运动时，汽车周围的空气流动情况和空气对前行中汽车的反作用力（称为空气动力），以及汽车的各种外部形状对空气流动和空气动力的影响。此外，空气对汽车的影响还表现在：汽车发动机的冷却、车厢里的通风换气、车身外表面的清洁、气流噪声、车身外覆盖件的振动、甚至刮水器的性能等方面的影响。如图 4-13 所示为汽车空气动力学分析案例。

项目 4
CAE 虚拟试验技术

图 4-13　汽车空气动力学分析案例

项目 5
整车耐久性试验

本项目主要学习整车耐久性试验的意义，常见的耐久性试验类型，汽车整车耐久性试验的意义及相关试验设备，使同学们能够初步完成简单的整车耐久性试验方案设计。

5.1 案例育人

"结构疲劳"专家高镇同院士对大学生的寄语

高镇同院士，1928 年出生，汉族，原籍江西都昌。曾任北京航空航天大学教授，博士生导师，1991 年当选为中国科学院院士。

高镇同院士是我国著名结构疲劳专家，创立了"疲劳应用统计学"分支学科，先后承担了 30 多项重大科研课题，共获得国家科技进步一等奖、二等奖、三等奖共 4 项，国家自然科学三等奖 1 项，部级成果奖 9 项。鉴于在教书育人方面取得的成就，1989 年获国家级优秀教学成果奖，同年获得"全国教育系统劳动模范"称号。1999 年获得何梁何利基金科学与技术进步奖，2002 年被评为"全国优秀博士学位论文指导教师"。主要论著有《疲劳统计学》《疲劳可靠性》等 6 部，在国内外发表论文 80 余篇。已培养专家学者 40 余名，6 名学生当选为院士。曾任首届亚太地区材料与结构强度委员会主席，第 4 届亚太地区强度评价会议主席，第 4 届国际疲劳会议技术委员等。

高镇同院士执教 60 余年，非常关心青年学生的成长。他曾说："我有一句人生格言一直鞭策着自己，希望也能给年轻人一点启迪。为祖国每完成一项任务，无论大小都是一份业绩，很有价值，可以伴随历史一直到永远。为人民大众做好一件事，可使精神境界得到一次升华，在做人方面向前迈进一步。"

5.2 项目目标

5.2.1 技能目标

1）培养学生归纳和学习相关资料的能力。
2）编写试验方案与试验流程的能力。

5.2.2 项目内容

1）整车耐久性试验场介绍。
2）耐久性试验的意义。
3）常用耐久性试验设备。
4）常见疲劳试验类型。
5）乘用车整车耐久性试验基本步骤。

5.3 相关知识

5.3.1 整车耐久性试验场介绍

一个典型的汽车耐久性试验场中有一系列专门修建的试验道路，例如高速跑道、扭曲路、石块路、卵石路、鱼鳞坑路、搓板路、砂石路、乡村土路等。每一种道路都使车辆受到独特的载荷输入。一些路面被设计用来再现各种路面不均匀性，例如路面补块、裂缝、冻胀、坑洼、路面下沉、路桥接缝、铁路等。一个常规的耐久性试验场，如图5-1所示。

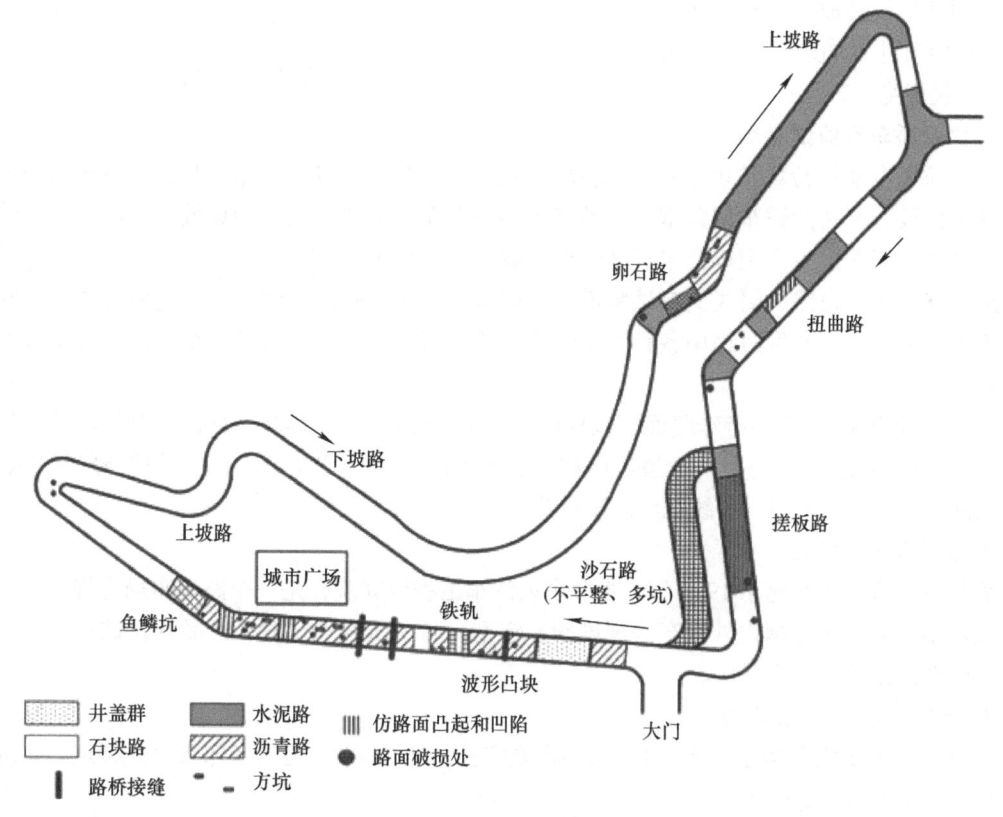

图5-1 耐久性试验场道路示意图

各家车企会根据对车辆的定义、目标用户等来定义车辆的载重、试验的道路种类以及通过它们的行驶速度，从而确定不同的载荷强度和频率，以此来考核整车和各零部件系统。不同的车企往往会设置不同的试验里程和时间标准，试验里程从几千千米到几万千米，试验时间从几个星期到几个月不等。

下面介绍几个国内大型整车试验场：

1. 交通部公路交通试验场

交通部公路交通试验场（简称北京试验场）是可同时进行汽车工程、交通工程及公路工程试验研究的大型综合性试验基地，建有实车碰撞安全实验室、汽车整车排放实验室、发动机实验室、汽车保修设备实验室等。拥有招待所、餐厅、维修车间、独立试验车库、加油站等完善的配套服务设施。

试验场拥有目前国内设计平衡车速最高（190km/h）的全封闭高速循环跑道、可进行 ABS 及路面抗滑等试验的不同摩擦系数试验路、长直线性能试验路、可靠性与耐久性试验路、操纵稳定性测试场、外部噪声测试场、6%～60% 的多条标准坡道以及涉水池、溅水池等其他汽车性能试验设施。试验场包括搓板路、卵石路、高速路、坡路、山路等整车测试路面，此外还包括尾气排放、发动机性能、碰撞安全等专业试验项目。如图 5-2 所示为开展耐久性试验常用的搓板路。

图 5-2　搓板路

2. 大众轿车专业试验场

大众轿车专业试验场是轿车专用试验场，是上海大众为开发轿车新产品、提高产品的市场竞争能力而投资兴建的轿车试验基地，是基于德国大众和奥迪公司试验场数十年使用经验的基础上，严格按照德国大众现行技术标准建设而成。由上海大众汽车有限公司规划建设，包括高环道路、强化试验道路、耐久交变试验道路、坡道、动态试验区和制动试验道路等各种不同类型的道路，满足汽车开发过程中各种整车性能试验、道路耐久试验及技术鉴定试验等多方面的需求。

强化试验道路有 15 种特殊路面，包括拱形不平整路面、"比利时"路面、"搓衣板"路面、盐水通道、铁路岔道、"驼背"弯道、横枕木、坡度测试道、坑洼道路、"薄饼"障碍测试道、泥泞道路、转向测试道路、斜线坑洼测试道路等。

3. 襄樊汽车试验场

襄樊汽车试验场始建于 1985 年，隶属东风汽车工程研究院，是一个路面布局合理，道路参数设置科学，能够满足国内外汽车法规试验、定型试验、研究性试验、产品开发试验等技术标准要求的现代化汽车试验基地。

4. 一汽-大众农安试验场

一汽-大众农安试验场位于吉林省长春市农安县，北纬 44°，是具备寒带气候特点、先进设施、功能齐全的汽车试验场。

5. 重庆西部汽车试验场

重庆西部汽车试验场由重庆长安汽车股份有限公司斥资 13 亿人民币建设，项目占地面积 3362.034 亩，其中各种试验道路占地约 3220 亩，综合服务区占地约 142 亩。具有国内独有的世界先进水平的干湿操纵性道路，具有直径 300m 国内最大的圆形动态广场，具有 4 个行车道，最高安全车速 200km/h 的高速环道，具有 20 多种路面的综合性评价道路，具有基本性能道、制动测试道（含 6 条 ABS 测试道）、车外噪声测试道、舒适性道路、强化耐久试验道、标准坡道、异响测试道等路面，可满足企业开发性试验、耐久性试验认证以及汽车强制法规试验的要求。如图 5-3 所示为重庆西部汽车试验场可用于耐久性试验的强化试验路。

图 5-3　重庆西部汽车试验场可用于耐久性试验的强化试验路

5.3.2　耐久性试验的意义

汽车的耐久性是衡量汽车质量好坏的重要标志之一。汽车耐久性的评价，通常采用汽车第一次大修前的行驶里程来表示。随着我国汽车工业越来越强调自主开发，汽车的耐久性试验日益受到重视。

传统的汽车耐久性试验可分为试验场外场试验和室内道路模拟试验。试验场试验重点模拟汽车在实际使用中所遇到的最极端情况，即验证那些主要影响引起疲劳损伤的因素。通过合理的设计试验场道路路面，设计汽车行驶过程，可以获得能够反映实际情况的加速疲劳寿命试验。试验场试验既能为试验室提供原始数据，又能够用来验证试验对象的设计、制造以及实验室结果的合理性，并有助于判断各零部件系统在实际使用环境中是否满足整车寿命的要求。

汽车耐久性试验是汽车设计开发关键环节之一，它既是检验各零部件系统是否合格的有效途径，又为进一步修改和优化提供了设计参考。汽车耐久性试验是为了考核整车、系统、子系统和零部件可靠性的一系列试验，疲劳耐久寿命是耐久性试验考核的重点。在汽车开发领域，耐久性、疲劳、可靠性和失效寿命这几个概念常常混为一谈，其实他们既有联系又有区别。

1. 耐久性

汽车的耐久性是指其"保持质量和功能的使用时间"，一般汽车企业对整车耐久性的要求都是 ×× 年或 ×× 万千米。为了达到整车的耐久性要求，就需要整车、系统、子系统和零部件分别满足各自的耐久性要求。

2. 疲劳

疲劳是指试件或构件材料在交变应力与交变应变的作用下，裂纹萌生、扩展，直到小片脱落或断裂的过程称为疲劳。汽车在行驶时不断受到来自路面不平而引起的路面冲击载荷，同时还受到转向侧向力、驱动力和制动力的作用。这些力一般都随着时间发生变化。另外，汽车发动机本身也是一个振动源。因此，汽车在行驶过程中处于一个相当复杂的振动环境中，其各个零部件一般都会随着时间受到应力、应变的作用。经过一定的工作时间，一些零部件就会发生疲劳损坏，出现裂纹或断裂。据统计，汽车 90% 以上的零部件损坏都属于疲劳损坏。

3. 可靠性

可靠性是指产品在规定条件和规定时间内，产品可能完成的规定功能（可靠的/不失效），可能完不成的规定功能（不可靠的/失效）。因此，可靠性是产品在规定条件、规定时间内，完成规定功能的性能。

4. 失效寿命

汽车及其零部件的失效寿命是个随机变量，具有统计性质，一般而言，符合两参数威布尔分布，或者高斯分布。一般采用 B10 寿命来评估汽车及其零部件的寿命，即要求汽车零部件达到这个寿命时发生失效的概率低于 10%，或者可靠度高于 90%。

目前，轿车的设计寿命一般是 16 万 km。很多汽车零部件的设计寿命（B10 寿命）就是 16 万 km。也可以这样理解，一大批汽车零部件中，达到设计寿命（B10 寿命）时要求有 90% 的零部件系统还能够正常工作。所以目前可靠性的概念已经包括了汽车耐久性的概念。

下面是一些常见的耐久性问题。

1）前减振器弹簧断裂，如图 5-4 所示。

2）后桥梁断裂，如图 5-5 所示。

图 5-4 前减振器弹簧断裂

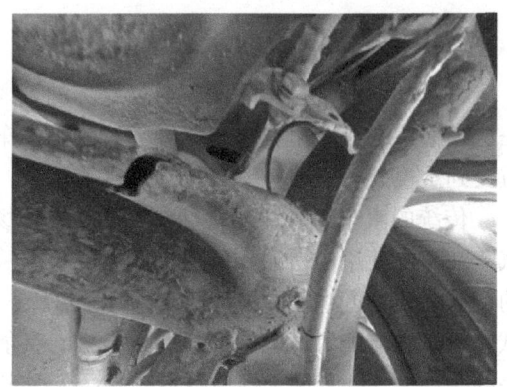

图 5-5 后桥梁断裂

3）转向轴断裂引发事故发生，如图 5-6 所示。

图 5-6 转向轴断裂引发事故发生

5.3.3 常用耐久性试验设备

进行试验场的整车耐久试验需要耗费大量的人力物力财力。而且还常常由于驾驶员、环境和试验道路的变化而得到不一致的结果。另外，如果只更改几个零部件，也必须用整车去进行耐久性试验。因此，目前有尽量减少试验场耐久试验验证，更多通过台架试验验证的发展趋势。在试验室进行的耐久性试验，一般称为道路模拟试验，主要设备有六分力计和道路模拟试验台。

1. 六分力计

所谓六分力计是指在车辆行驶过程中，测量车轮在六个方向上的受力情况，包括各方向力和转矩（图5-7）。常用的六分力计分为单体式六分力计（图5-8）和多单元结构六分力计（图5-9）。

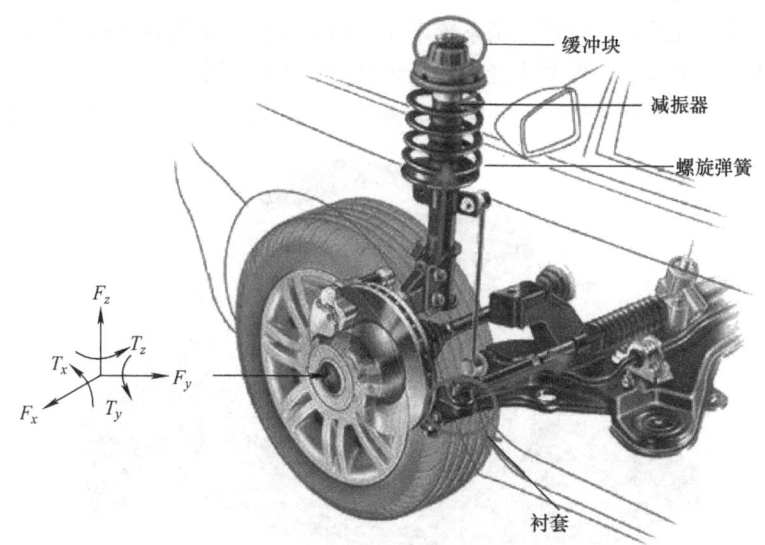

图5-7 测量车轮六分力计

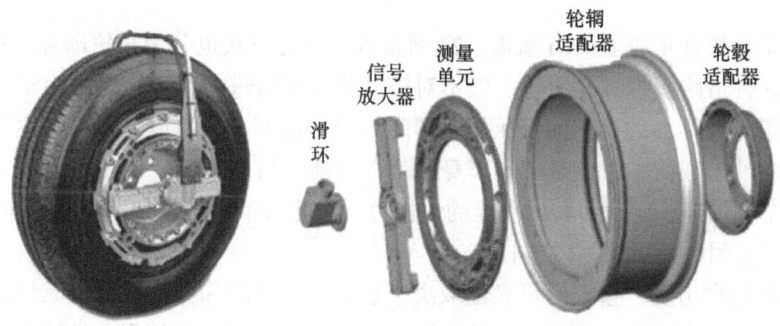

图5-8 单体式六分力计

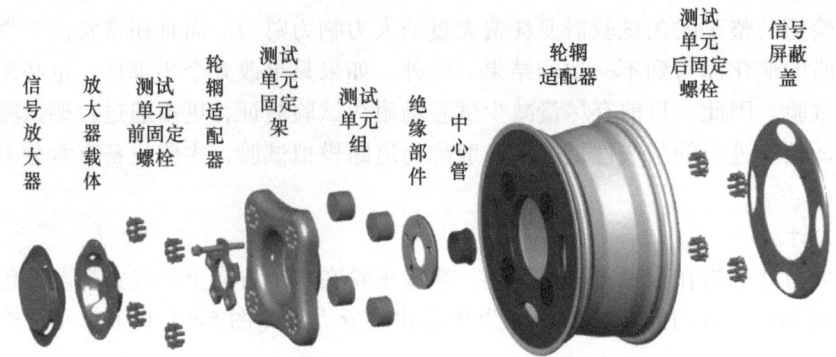

图 5-9　多单元结构六分力计

2. 道路模拟试验台

道路模拟试验台就是通过液压控制系统来相对精确地模拟车辆在道路行驶时的受力和运动（图 5-10）。道路模拟试验台工作时不受场地、天气以及人员等限制。若配以环境舱，还可以模拟各种试验环境。线下质量检查时，在 NVH、疲劳、耐久等方面都有广泛的应用。

图 5-10　道路模拟试验台

常见的整车台架有 4 通道、16 通道、24 通道等，耦合方式也分为车轮耦合、车轴耦合等方式。一方面，这种道路模拟试验系统一般不对被试验车车身进行约束，是自由车身耐久性试验（图 5-11）。由于车身不加约束，而液压作动器的行程一般不大，所以这类系统主要施加冲击载荷，尤其是垂向冲击载荷，考核悬架和车身的耐久性能。另一方面，由于难以引入低频的非冲击载荷，例如车辆加速、制动、转向引起的惯性力，因此为了考核悬架、车轴、车轮等零部件，需要进行约束车身耐久性试验（图 5-12）。

从可靠性的角度出发，整车的可靠性取决于系统、子系统和零部件的可靠性。为了保证整车能够达到足够的可靠性要求，每个系统和零部件也必须进行相应的耐久性试验。一般地，整车可靠性 < 系统可靠性 < 零部件可靠性。零部件系统试验，参见座椅（图 5-13），排气系统（图 5-14）等。

图 5-11 自由车身耐久性试验

图 5-12 约束车身耐久性试验

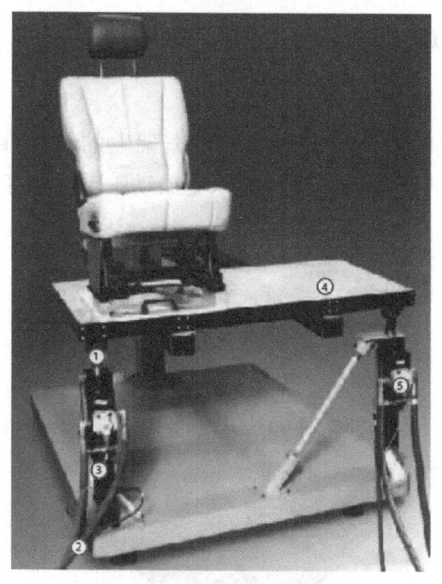
图 5-13 座椅耐久性测试

图 5-14 排气系统耐久性测试

5.3.4 常见疲劳试验类型

1. 结构件疲劳试验

结构件疲劳试验，主要是针对结构件进行疲劳试验。这里的结构件按照组成分为系统级别的结构件，也有简单级别的零部件结构件；按照受力形式分为承载式结构件，也有非承载式结构件。越是简单的结构件，疲劳试验的设计也就越难。

（1）承载式结构件

对于承载式结构件，通常是根据实际使用的受力形式，在实验室里通过液压作动器配合适当的试验夹具，完成对试验样件的加载验证。

主要的加载方式有常规的定幅加载，即液压作动器按照正弦波的方式以某一频率进行长时间的动作。当然，频率的时间长短取决于产品的设计寿命条件。也有按照程序块进行加载的结构件试验，至于程序块按照什么顺序怎么定义块谱的大小，需要试验人员具备深厚的疲劳理论功底才能进行合理的设计，其验证效果要比常规的定幅加载好。

还有一种近来新兴的模拟时域数据加载方式。这就要求实验室也要有相应的软硬件设备，如图 5-15 所示。这种验证方式几乎和用户实际使用一致，也是最准确的一种验证方式。但实施起来非常麻烦，对试验人员综合能力的要求较高。

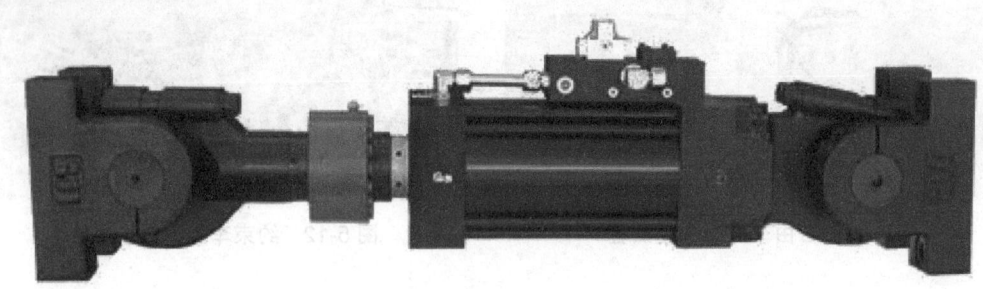

图 5-15　承载式结构件疲劳试验

（2）非承载式结构件

对于非承载式结构件，这里的非承载主要指的是一些附件或者安装在车架上的结构件系统。例如，卡车上的驾驶室平时不承受汽车运行带来的巨大载荷，主要承受振动工况。由于经过长时间振动且达到一定程度后，该结构件有出现破坏或失效的风险。

这里常见的加载形式主要有两种，但是需要实验室投资具备相应功能的软硬件设备，如图 5-16 所示。一种是基于时域振动信号的道路模拟加载，该结构件在实验室里的振动情况和用户实际驾驶所产生的振动一致；还有一种是基于频域加载的振动耐久，该结构件在实验室里振动的测试数据和用户实际驾驶下的振动信号并不一样，只是均方根值曲线有一定的联系，比较抽象，但是验证效果却非常好。

图 5-16　非承载式结构件疲劳试验

2. 传动系统疲劳试验

传动系统主要是指车辆上的变速器，驱动桥以及传动轴等。传动系统的疲劳耐久试验非常重要，直接关系到核心零部件系统在用户心中的形象。

（1）变速器疲劳试验

变速器疲劳试验，主要是在实验室里通过驱动单元驱动变速器的输入端，相应的加载控制单元提供加载力，如图 5-17 所示。这个过程中不仅验证齿轮，还验证离合器、轴承等非常重要的传动件。加载形式有定转矩加载和变转矩加载。具体如何加载，要求试验人员深刻理解产品结构的工作特点与应用条件。

（2）驱动桥疲劳试验

驱动桥疲劳试验，在实验室里通过驱动单元驱动变速器的输入端，相应的加载单元提供加载力，如图 5-18 所示。这个过程中不仅验证齿轮，还验证轴承等非常重要的传动件。加载形式有定转矩加载和程序块转矩加载。具体如何加载，也是要求试验人员深刻理解产品结构的工作特点与应用条件。

图 5-17 变速器疲劳试验

图 5-18 驱动桥疲劳试验

（3）传动轴疲劳试验

传动轴疲劳试验，这里不是指轴体的疲劳试验。因为轴体的疲劳试验属于结构件疲劳试验的范畴，这个标题指的是传动轴里轴承类零部件的疲劳试验，如图 5-19 所示。主要加载形式有定转矩加载和程序块转矩加载。具体如何加载，要求试验人员深刻理解产品结构的工作特点与应用条件。

图 5-19 传动轴疲劳试验

（4）轴承疲劳试验

轴承疲劳试验，做这类试验需要试验人员具备常规的轴承知识，可以通过详细地阅读《机械设计》中"轴承"部分去了解，如图5-20所示。设计轴承的台架疲劳试验是一项非常困难的工作，试验台上的载荷及转速等技术条件的定义，都需要建立在深刻的专业背景知识基础之上。

图 5-20　轴承疲劳试验

5.3.5　乘用车整车耐久性试验基本步骤

在整车耐久性道路试验中，一般包括以下步骤：

1）路谱采集。采集准确的道路载荷信号，一般是通过六分力轮、应变片、加速度传感器以及位移传感器等设备，获取车辆在试验场上的载荷信号，这个过程也称为路谱采集。如图5-21所示为某乘用车安装六分力计进行路谱采集的状态。

图 5-21　某乘用车安装六分力计进行路谱采集示意图

2）对获得的测量信号进行加载处理。在道路模拟试验台架上，通过迭代复现目标信号，形成加载信号。

3）在道路模拟台架试验上反复施加加载信号，进行耐久性试验。

4）记录试验结果，并进行评价。一般包括记录产生破坏位置的结构状态，以及该结构破坏时，车辆行驶里程数和载荷循环次数等信息。

项目 6
整车碰撞安全性能试验

本项目主要学习整车碰撞安全性试验测试的意义,整车碰撞安全性试验法规,以及基本的整车碰撞安全试验测试方法和流程,使同学们能够初步完成简单的整车耐久性试验方案设计。

6.1 案例育人

我国汽车碰撞安全性研究创始人黄世霖的创业故事

黄世霖(1933年4月—2012年11月),我国汽车碰撞安全性研究的创始人。曾任清华大学汽车工程系教授、博士生导师,清华大学汽车安全与节能国家重点实验室汽车碰撞试验室名誉主任,并担任中国汽车工程学会汽车安全技术分会名誉主任委员,中国人民解放军第三军医大学名誉教授。

四十多年前,"汽车安全"这个看似熟悉,但又非常陌生的名词进入了中国汽车人的视野。当时,模仿是我国汽车制造的主要路径,量产是汽车制造企业的最终目的。"汽车安全",这个问题几乎没有引起任何人的重视。黄世霖白手起家,对汽车展开由主动安全到被动安全的性能研究,填补了国家在这一领域的多项空白。

1973年,由于上海牌SH130货车经常突然出现方向盘在行驶过程中剧烈抖动的现象(俗称"打人"现象),给行车安全造成了极大的危险。机械工业部汽车工业管理局找到了时任清华大学汽车实验室主任的黄世霖,希望他能帮助解决这个问题。面对寥寥无几的试验设备,黄世霖自己动手,用最简单的制作工具,拉开了中国汽车主动安全研究的序幕。

从20世纪80年代起,黄世霖教授就开始对汽车碰撞安全性能进行研究。当时没有经费,也没有场地,黄世霖教授就在一个本是库房的屋子中,建起了当时最初的实验室。20世纪90年代,汽车碰撞安全被立为国家科技项目时,当时中汽公司投入了5万元人民币,而国外同类的实验室都要投资几千万美元。几乎是白手起家,黄教授就带头先后开发了"数据采集系统"等应用软件。

1992年,当我国开始实行安全带法规时,实验室进行了第一次汽车碰撞试验——安全带固定试验。参加试验的是一辆BJ2020S越野车,国产实验室检验国产车,显出中国人的骨气。1998年,一辆从生产线上随机挑选的富康车完成碰撞试验,结果均优于当时的中国国家标准和美国联邦机动车安全规程有关指标要求。这次试验也以"中华第一撞"载入《365个第一次——共和国 50 年珍贵图录》一书中。后来，随着名气的增大，这个实验室才陆续有世界银行、国家、企业资金的注入。

1996 年，清华大学汽车碰撞实验室正式建成。到了 1999 年，国家要强制执行汽车被动（碰撞）安全试验标准时，这个实验室因技术实力强成为国内同类实验室中进行碰撞试验最多的。2000 年 10 月，该实验室通过了中国实验室国家认可委员会/国家技术监督局计量认证（二合一）评审，成为国家法定的汽车碰撞安全实验室。

众所周知，这是世界同类实验室中花钱最少、办事儿最多，且最高效的实验室。对于中国人能够靠自己的力量，建设成技术先进、能与世界汽车大国同类项目相媲美的汽车碰撞安全实验室，令外国人也感到震惊。2001 年奔驰 S500L 首次在中国碰撞试验成功，伴随着试验的一声巨响，开始了一系列技术研讨会。该试验促进了梅赛德斯 - 奔驰中国开始加强与中国的技术合作。

6.2 项目目标

6.2.1 技能目标

1）培养学生归纳和学习相关资料的能力。
2）具备初步的整车碰撞安全性试验实践能力。

6.2.2 项目内容

1）车辆碰撞安全法规及评价。
2）整车碰撞安全试验的意义。
3）常用碰撞安全试验设备。
4）某乘用车整车碰撞安全性试验方案设计。

6.3 相关知识

6.3.1 车辆碰撞安全法规及评价

1. 国内外汽车被动安全试验法规

世界各发达国家都对汽车碰撞安全性做出强制性要求，并建立了各自的法规。法规中比较有代表性的是美国联邦机动车安全标准（FMVSS）和欧洲法规（ECE 和 EEC），其他国家如日本、加拿大、澳大利亚等的法规，基本上都是参考美国和欧洲的法规制定的。

下面列举各国部分被动安全试验法规：

（1）中国被动安全试验法规

《汽车正面碰撞的乘员保护》（GB 11551—2014）

《汽车侧面碰撞的乘员保护》（GB 20071—2006）

《乘用车后碰撞燃油系统安全要求》（GB 20072—2006）

《防止汽车转向机构对驾驶员伤害的规定》（GB 11557—2011）

《汽车座椅、座椅固定装置及头枕强度要求和试验方法》（GB 15083—2019）

《汽车安全带安装固定点、ISOFIX 固定点系统及上拉带固定点》（GB 14167—2013）

项目 6 整车碰撞安全性能试验

《汽车前、后端保护装置》(GB 17354—1998)
《2021 版 C-NCAP 管理准则正面 100% 重叠刚性壁障碰撞试验方法》
《2021 版 C-NCAP 正面 40% 重叠可变形壁障碰撞试验方法》
《2021 版 C-NCAP 侧面碰撞试验方法》
《2021 版 C-NCAP 管理准则 第三章：评价方法》
（2）欧洲被动安全试验法规
《防止汽车碰撞时转向机构对驾驶员伤害认证的统一规定》(ECE R12)
《关于汽车座椅安全带安装固定点强度试验》(ECE R14)
《关于车辆座椅、座椅固定装置及头枕认证的统一规定》(ECE R17)
《关于车辆内饰件装置认证的统一规定》(ECE R21)
《关于后面碰撞汽车结构特性认证的统一规定》(ECE R32)
《关于正面碰撞汽车结构特性认证的统一规定》(ECE R33)
《关于车辆火灾预防措施认证的统一规定》(ECE R34)
《关于汽车前后端保护装置（保险杠等）认证的统一规定》(ECE R42)
《关于车辆正面碰撞乘员保护认证的统一规定》(ECE R94)
《关于车辆侧面碰撞乘员保护认证的统一规定》(ECE R95)
《Euro-NCAP 前部碰撞试验方法》
《Euro-NCAP 侧面碰撞试验方法》
《Euro-NCAP 侧面柱碰评估标准》
《Euro-NCAP 车辆对乘员颈部保护的动态评估试验方法》
《Euro-NCAP 行人保护试验方法》
《Euro-NCAP 儿童保护评估方法》
《Euro-NCAP 评估方法与生物力学极限》
《关于机动车碰撞时对行人及弱势道路使用者加强保护和减轻严重伤害的认证统一规定》(GTR)
《行人保护法规》(ECE R127)
（3）北美被动安全试验法规
《内饰件碰撞特性要求及试验方法》(FMVSS 201)
《头枕的碰撞保护》(FMVSS 202)
《转向机构对驾驶员的碰撞保护》(FMVSS 203)
《对转向盘后移量的要求》(FMVSS 204)
《座椅系统》(FMVSS 207)
《乘员碰撞保护》(FMVSS 208)
《正面气囊乘员离位保护测试》(FMVSS 208 OOP)
《座椅安全带安装固定点认证的统一规定》(FMVSS 210)
《儿童约束系统》(FMVSS 213)
《侧面碰撞保护》(FMVSS 214)
《保险杠标准》(CMVSS 215)
《车顶抗压强度》(FMVSS 216)

《儿童约束系统固定点》（FMVSS 225）

《燃油系统完整性》（FMVSS 301）

《电动车辆的电解液溢出和电击保护》（FMVSS 305）

《保险杠标准》（FMVSS PART 581）

《US-NCAP 前部碰撞试验方法》

《US-NCAP 侧面碰撞试验方法》

《US-NCAP 翻滚试验方法》

《US-NCAP 评分方法》

《IIHS 正面碰撞试验方法》

《IIHS 侧面碰撞试验方法》

《IIHS 低速碰撞试验方法》

2. 国内两大汽车被动安全评价体系

（1）C-NCAP 汽车被动安全评价体系

C-NCAP（China-New Car Assessment Program 中国新车评价规程）是中国汽车技术研究中心在深入研究和分析国外 NCAP 的基础上，结合中国的汽车标准法规、道路交通实际情况和车型特征，并进行广泛的国内外技术交流和试验，确定了 C-NCAP 试验和评分规则。与中国现有汽车正面和侧面碰撞的国家强制性标准相比，不仅增加了偏置正面碰撞试验，还在两种正面碰撞试验中在第二排座椅增加假人放置，以及更为细致严苛的测试项目，技术要求也更全面。

C-NCAP 对试验假人及传感器的标定、测试设备、试验环境条件、试验车辆状态调整和试验过程控制的规定都要比国家标准更为严谨和苛刻，与国际水平一致。

C-NCAP 是将在市场上购买的新车型，按照比中国现有强制性标准更严格和更全面的要求，进行碰撞安全性能测试，评价结果按星级划分并公开发布，旨在为消费者提供系统、客观的车辆信息，促进车企按照更高的安全标准开发和生产，从而有效降低道路交通事故的伤害及损失。

C-NCAP 要求对同一种车型以车辆速度 50km/h 与刚性固定壁障 100% 的重叠率进行正面碰撞，车辆速度 64km/h 对可变形壁障 40% 的重叠率进行正面偏置碰撞，可变形移动壁障速度 50km/h 与车辆的侧面碰撞，驾驶员座椅固定在移动滑车上进行的 15.65km/h 特定速度波模拟后碰过程。根据四种碰撞试验结果计算各项试验的得分和总分，由总分划分星级。评分规则非常细致严苛，最高得分为 62 分，星级为 5+；星级最低为 1 星级。

（2）中国保险汽车安全指数

随着汽车产品和服务消费的快速发展，汽车消费市场呈现出了新形势下的新需求。供给侧改革进一步对保险行业的服务能力和汽车行业的产品开发提出新要求。

为满足新形势下的新需求和新要求，融合第三产业和第二产业的关键环节，加速保险行业与汽车产业的协同创新，探索保险角度的汽车安全技术研究路径，在中国保险行业协会的指导下，中国汽车工程研究院股份有限公司和中保研汽车技术研究院有限公司联合开展了"中国保险汽车安全指数"测试评价体系的研究工作。首次从汽车的持有使用环节，将汽车作为承保标的物，对其安全风险进行系统、深入的试验研究。

该体系包含：耐撞性与维修经济性指数、车内乘员安全指数、车外行人安全指数和车辆辅助安全指数四个维度，分别从汽车保有环节的财产风险、事故伤亡风险等方面，评价结果以直观的等级形式呈现：优秀（G）、良好（A）、一般（M）、较差（P）。将汽车产品功能特性进行具体化和定量化规定，从汽车使用者和保险的角度，客观评价车辆的安全性、经济性和实用性。

6.3.2 整车碰撞安全试验的意义

汽车工业的飞速发展，促进了我国汽车产销量的提高，汽车保有量随之增加。据公安部交通管理局、《中国移动源环境管理年报（2023）》等权威部门及报告发布信息显示，全国机动车保有量在 2022 年达 4.17 亿辆。截至 2023 年，全国机动车保有量已达 4.35 亿辆。

如图 6-1 所示，2015 年至 2023 年，我国机动车保有量在保持较大规模的基础上稳健增长。由图 6-2 可知，随着机动车保有量的持续增长，机动车事故数量自 2020 年开始呈现下降趋势，其相对应的死亡人数自 2018 年开始下降，但死亡人数仍然过高。汽车的安全性能必须最大限度地保障乘员安全。对汽车安全性能的研究，是一项极其重要的工作。

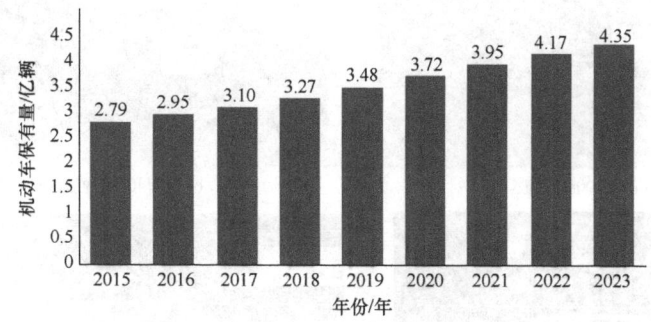

图 6-1 近年机动车保有量

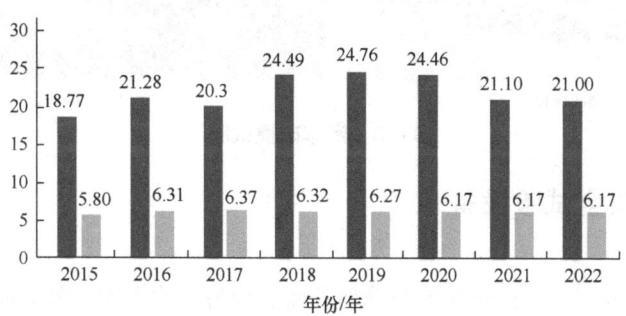

图 6-2 机动车事故数量与死亡人数

汽车安全性，通常可分为主动安全性和被动安全性两大类。

主动安全性是指在交通事故发生之前采取安全性措施，尽可能避免交通事故的发生。目前，已经发展成熟的主动安全性装置和技术主要包括：汽车防抱制动系统（ABS）、牵引力控制系统（TCS）、主动悬架技术、四轮转向技术、四轮驱动技术、自动紧急制动系统（AEB）以及汽车智能化交通系统（ITS）技术等。

被动安全性是指通过对车辆结构的安全性设计以及装配各种被动安全性装置，这些措施能够在事故发生的时候发挥作用，尽可能地降低车上乘员以及车外行人的受伤害程度。汽车碰撞试验是研究被动安全的主要手段。汽车碰撞试验测试的核心是如何在交通事故中最大程度地保护乘员的安全，因此汽车被动安全研究的重要性受到人们的特别重视。从汽车企业的研发及政府部门的职能角度分析，对汽车被动安全性的研究仍是重中之重的任务。

　　研究汽车被动安全性，从正面、侧面碰撞试验，鞭打试验及整车翻滚试验四个方面入手。发生频率较高的交通事故是车与车之间的碰撞事故，其中正面碰撞事故在汽车碰撞事故中占比高达49%。国外机构对汽车碰撞事故类型的分析指出，在汽车正面、侧面、追尾与翻滚这四种事故类型中，占据比例最高的是正面碰撞，占比高达60%。且美国的统计数据指出，在正面碰撞总死亡人数中，乘员死亡人数占比接近80%。

　　汽车碰撞试验，如图6-3所示。

a) 正面100%碰撞　　　　　　　　b) 正面40%偏置碰撞

c) 侧面碰撞　　　　　　　　d) 双车对撞

图 6-3　汽车碰撞试验

6.3.3　常用碰撞安全试验设备

1. 刚性碰撞壁障

　　由钢筋混凝土制成正面碰撞试验的壁障前表面法线与试验车辆行驶方向夹角为0°，在壁障上覆盖有20mm厚胶合板。壁障位置要固定，其在碰撞过程中不允许产生位移。如图6-4所示，为碰撞试验所需要的壁障示意图。

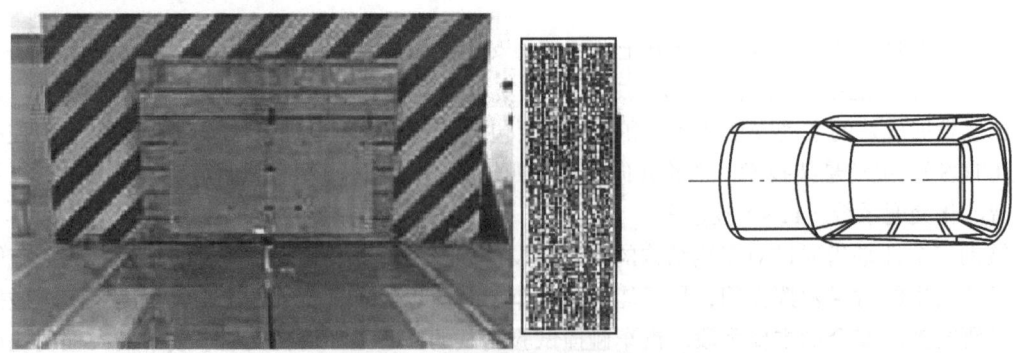

图 6-4　碰撞试验刚性碰撞壁障

2. 浸车环境室

在浸车环境室内部设有空调系统和温度湿度的监控设施,用于控制碰撞前试验车辆及假人所处的恒温环境。这样可以保证在碰撞试验中,假人保持在 23～25℃。把假人塑料部件受温度变化影响的特性降到最低,减少因温度变化造成的试验误差。

3. 轨道及牵引机构

轨道应铺设在室内水平地面上,要求干燥、无异物等。这样牵引机构可以在轨道上顺畅运行。牵引机构,保持假人在车辆加速过程中姿态不变,以不超过 0.3g 的加速度,牵引试验车沿着轨道由静止开始向壁障运动,并且车速在碰撞前达到 50～51km/h。

4. 高速摄像机

高速摄相机分为车载高速摄像机(图 6-5)和地面高速摄像机(图 6-6),分别用于拍摄记录碰撞过程中汽车内外瞬间动态变化的情况。

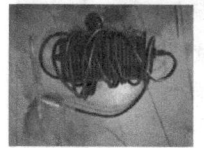  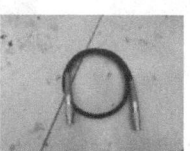  

HUB电源适配器　　Type-C数据线　　电源连接线　　8mm镜头　　电池充电器

  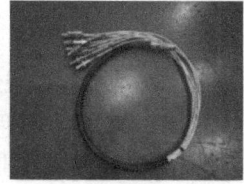 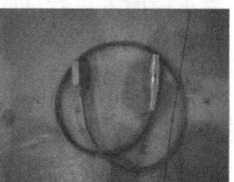

6mm镜头　　　　　HUB+电池　　　　　触发线　　　　　网络转接线

图 6-5　车载高速摄像机

  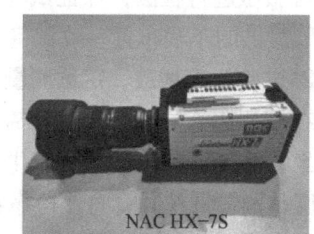

GX-3　　　　　　　NAC HX-7　　　　　　NAC HX-7S

图 6-6　地面高速摄像机(不带三角支架)

5. 照明系统

照明系统为无频闪灯光系统,便于高速摄像像机对碰撞过程中假人的运动状态、气囊的展开等情况能够更好地采集,也便于工程师后续的分析。在试验前 5min 开启照明系统,缩小碰撞区域温度变化范围。试验的照明系统如图 6-7 所示。

6. 试验假人

碰撞试验假人有 Hybrid Ⅲ型第 50 百分位成年男性假人、Hybrid Ⅲ型第 5 百分位女性假人、儿童假人、ES-2 假人等。如图 6-8 所示为目前应用较为广泛的试验假人。第 50 百分位男性假人代表在该地区有 50% 成年男性小于该假人相对应的身高、体重和身体尺寸等,这种成年男性假人被许多国家的碰撞试验采用。随着女性驾驶员比例的增加,越来越多的汽车企业开始针对约束系统在碰撞试验中对女性假人的保护效果展开研究。Hybrid Ⅲ 系列假人主要由美国第一安全系统技术公司生产,该系列假人在世界范围内应用广泛。

图 6-7 试验的照明系统

图 6-8 常用的试验假人

6.3.4 某乘用车整车碰撞安全性试验方案设计

整车碰撞安全性试验一般包括以下步骤:

1. 车辆准备

在排空油箱内的燃油后,起动发动机耗尽残余的燃油,按照规定的比例向油箱内注水,此时称重得到试验车的整备质量;将车内的机油、玻璃水等车内液体排空,再按相应的质量进行补充。

将随车工具、备胎等装置移除,并再次称重,与整备质量和前后轴的轴荷进行对比。各轴轴荷的变化在 5% 以内且每轴变化不超过 20kg,整车质量的变化不超过 25kg。若未达到规定范围,可以增加或减少不影响碰撞特性的零部件。

对胎压进行检测,保证试验时的轮胎压力能够达到主机厂规定的标准。确认车内布置等与主机厂提供的车辆布置一致,将车内与试验无关的一切物品移出车外。

2. 试验假人摆放、定位测量与涂色

在摆放假人之前,如果座椅未被坐过,需要找一个体重符合标准的人进行两次长达一分钟的试坐,使靠背与坐垫材料产生有效的表型以减小误差。将座椅前后行程调节至中间位置,座椅高度调制最低位置,将座椅靠背位置用 HPM 装置调节至铅垂面向后 25° 的位置,头枕高度调节至最高位置。

在试验车的前排驾驶员和乘员座椅位置,分别放置一个 Hybrid Ⅲ 型第 50 百分位男性假人。将一个 Hybrid Ⅲ 型第 5 百分位女性假人,放置在第二排最左侧座椅上。第二排最右侧座椅上的儿童约束系统内放置一个儿童假人,用以考核乘员约束系统及对儿童乘员的保护性能。参与试验的假人必须穿着合适的上衣、短裤与鞋子。试验车内假人的摆放情况,如图 6-9 所示。

在摆放假人的工作结束后,用不同颜色的颜料对驾驶员和前排乘员侧假人的头部、鼻子、下颚、膝部、小腿等部位涂色,以进行区分。可以在试验后根据颜料的印迹分布情况,分析碰撞过程中假人各部位与车辆内部的接触情况。

将驾驶员侧假人的手调整至方向盘轮缘水平中心线处且接触到方向盘外缘,拇指应用胶带轻轻黏贴在方向盘轮缘上,以便保证假人的手在受到一定范围的力向上推动时,胶带松脱,手能离开方向盘轮缘。驾驶员假人的右脚应放在加速踏板上，不能将加速踏板踩下。图 6-10 为涂彩假人碰撞后在安全气囊上留下的印迹。

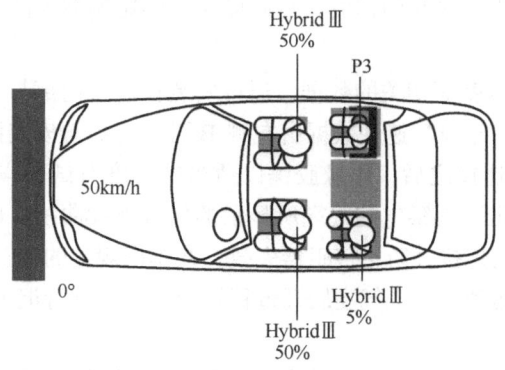

图 6-9 试验车内假人的摆放情况

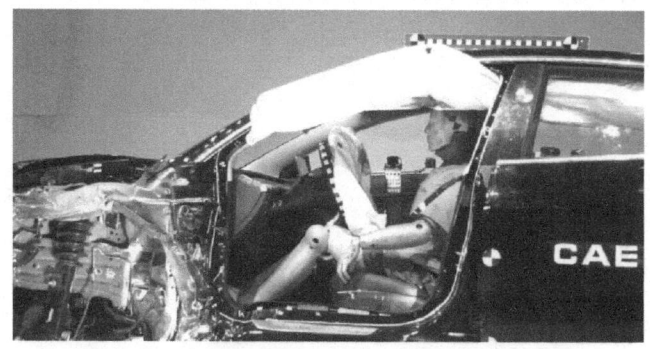

图 6-10 涂彩假人碰撞后在安全气囊上留下的印迹

3. 假人各部位的空间距离测量

在假人摆放完毕之后，需要试验人员对假人的一些空间参数进行测量并记录，这样可以为仿真模型的建立与后续试验中假人的定位提供定位参考，如图 6-11 所示。保证相同位置的同一假人的定位具有一致性，降低因定位测量造成的误差。

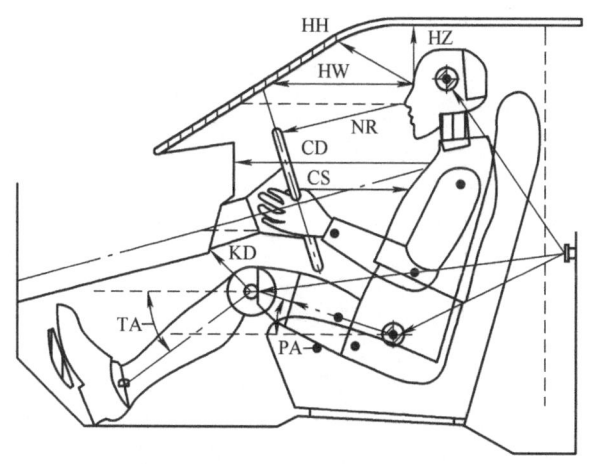

图 6-11 驾驶员假人定位示意图

4. 数据采集准备

在试验前的准备工作中，也要随时注意环境的温度是否保持在 20~22℃。试验车中的测试元器件、传感器、连接线束等物品的摆放，在碰撞时不能影响假人的运动，也不能因为碰撞而轻易断开连接。

假人伤害值、车身加速度等相关的数据，通过安装在假人内部与车身部位的传感器进行采集，以供建模及分析使用。车身加速度数据由左侧 B 柱下方位置安装的加速度传感器获取；将各个传感器与数据采集器连接之后，用橡胶锤以适当的力度对试验假人的头部、颈部、胸部、腹部、腿部等位置进行敲击，观察电脑终端所显示的信号强度曲线，以确认假人的传感器与信号处理设备之间建立有效的连接，防止传感器失效。在车内规定的位置上安装内置高速摄像机，用于对碰撞过程中假人的运动状态、气囊展开过程等动态变化进行记录。

5. 试验后处理

碰撞试验结束后，假人姿态、与车辆内部件的接触情况等需要拍照记录；检查车门是否存在开启等异常情况；将采集到的假人伤害值、车身 B 柱加速度等数据进行下载保存。

项目 7
NVH 性能试验

本项目主要学习 NVH 试验测试的意义，了解常用 NVH 试验测试设备，掌握常用 NVH 试验评价参数及评价方法，熟悉基本的整车 NVH 性能测试方法和流程，使同学们能够初步完成简单的整车耐久性试验方案设计。

7.1 案例育人

长安 NVH 技术专家庞剑的"家国情怀"

庞剑出生于东北一个县城，有着北方人特有的的直爽性格。1991 年毕业于上海交通大学，随后年进入美国俄克拉荷马大学学习，获得机械工程工学博士学位，曾任 Stewart and Stevenson 公司高级工程师和技术专家，1999 年加盟福特汽车公司，担任汽车动力传递系统部门高级工程师、噪声与振动技术专家。曾先后发表了 40 多篇有关振动与噪声的学术论文，合著有 *Road Vehicle Dynamics* 等书，并担任多家国际汽车杂志的审稿人和客座编辑。

庞剑时常向周围的人说道："在美国的日子，我无时无刻不在思念着自己的祖国。"虽然身在当今世界最发达的汽车城——美国底特律，但他始终希望能够将自己的一技之长奉献给祖国的汽车事业。庞剑在美国看到国内汽车产业的迅猛发展之后，更是摩拳擦掌，盼望能够在国内更好地施展自己的才能，更大地实现自己的人生价值。

2007 年终于得偿所愿。国内汽车自主研发企业中的骨干——长安汽车董事长徐留平凭借长安汽车的企业文化、用人制度及对自主品牌发展的决心吸引了 NVH 行业的权威专家——庞剑归国。

归国初期，庞剑立即确定了目标——让长安汽车在振动噪声领域 3 年内达到全国第一，8 年达到世界一流水平。这不仅仅是一句豪言壮语，更是脚踏实地的付出，在之后的日子里，庞剑带领其团队披荆斩棘，为了这个目标而奋斗。

初到长安汽车，庞剑就面临一个很大的现实问题：国内 NVH 技术起步比较晚，长安汽车也只是初入 NVH 的"门"，从事汽车振动与噪声研究的科研人员只有寥寥几人，但所要承担的却是整个公司所有项目的 NVH 工作。要完成如此繁重的工作，首先要做的是组建 NVH 技术团队。发动机、进排气、悬置、车身、声学包装、风噪、路噪……庞剑夜以继日、亲力亲为、奋斗在研发一线。在庞剑的领导下，汽车各个系统的专业技术人员逐渐成长起来，并能独立完成新产品系统的开发工作。

庞剑对工作的激情深深感染了团队中的其他成员。短短两年时间，长安汽车的NVH技术就得到长足的发展：长安悦翔怠速噪声仅41dB，达到合资中高级轿车的水平，超过合资品牌小型车43dB的平均水平；长安自主品牌中级轿车志翔怠速噪声为39dB，达到合资企业的高档车水平；奔奔Mini的NVH水平超过了同级别合资品牌轿车水平……这些成果的取得，令业内人士感到震惊。

如今的长安汽车已成为国内自主研发汽车阵营中的中流砥柱，庞剑作为长安汽车工程研究院的副院长，所承担的责任更加重大，但他依旧以振兴祖国汽车工业为己任，凭借着奋斗的激情，带领他的研发团队去迎接更多的挑战。

7.2 项目目标

7.2.1 技能目标

1）培养学生归纳和学习相关资料的能力。
2）初步具备编写NVH试验方案与试验流程的能力。

7.2.2 项目内容

1）车辆NVH基本概念和国内外现状。
2）NVH试验的意义。
3）机械振动基础。
4）声学基础。
5）常用NVH试验设备。
6）整车NVH评价方法。
7）某乘用车整车NVH试验方案设计。

7.3 相关知识

7.3.1 车辆NVH基本概念和国内外现状

1. 什么是NVH

NVH是汽车噪声、振动和声振粗糙度等各项舒适性指标的总称。由于汽车结构振动时会产生噪声，进而影响到舒适性，而当舒适性有问题时，必然存在相应的振动噪声问题。因此，三者在汽车振动噪声中同时出现且又密不可分，因而常把它们放在一起进行研究。简单地讲，乘员在汽车中的一切触觉、听觉乃至视觉感受都属于NVH研究的范畴，主要研究包括整车及系统主要零部件的NVH性能。

根据汽车NVH特性，汽车问题可以表示为：激励源 × 传递路径 = 响应（接收者），如图7-1所示。影响汽车性能的主要激励源包括发动机、动力总成、轮胎和路面、空气等，它们产生的振动噪声通过悬架系统、车身结构系统等传递路径传入车身和驾驶室内形成振动和声学响应。

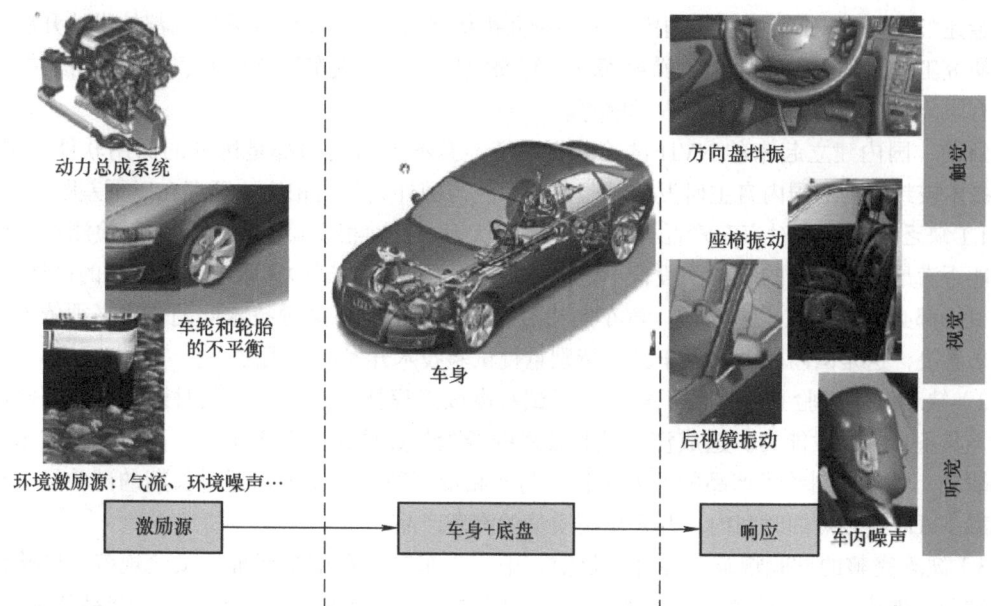

图 7-1 汽车 NVH 特性图示

虽然各行各业的产品都有振动噪声问题,但只有在汽车行业,才将振动噪声称之为 NVH,其他行业均无此称呼。这是因为汽车作为人们出行的主要交通工具,与人的关系非常密切。每次出行,驾驶员或乘员待在汽车里的时间非常长,使用频率非常高,甚至可能会每天都选择汽车出行。因此,汽车与人们的日常生活紧密相连,很少有产品可以与之相提并论。

2. 国内外 NVH 发展现状

汽车振动和噪声特性是影响汽车乘坐舒适性的主要因素之一。从严格的意义上说,必须在整车概念设计的时候,就将 NVH 问题作为重要的指标融入其中,而且在设计的各个阶段都要考虑这个问题。其中,试验验证技术是汽车整车开发中的一个重要环节。

国际上汽车试验技术的研究已经展开了数十年,国外各大汽车公司,例如通用、福特、大众、宝马、奔驰、丰田等均有自己的汽车实验室,同时许多国外零部件公司也有自己的实验室,开展整车及零部件系统的噪声振动研究。一方面用于满足于自己国家或地区的噪声法规要求,例如汽车加速行驶车外噪声限值及测量方法和提升汽车车内振动噪声性能,另一方面用于整车、发动机等汽车产品的试验开发。他们也都形成了自己的一套试验流程、规范和标准。

现今这些大公司在振动噪声及舒适性方面的发展,大都超过了传统的降低噪声和满足法规要求的阶段,它们更加注重的是声音品质的提高、声音品牌的发展(欧洲大多数汽车公司已经开始着手研究),同时不断完善相应的试验法规以提高产品性能。这些汽车公司均具有整车性能测试能力和测试仪器的计量检测能力,基本上囊括了汽车大多数噪声源的测试分析项目。

由于我国汽车行业起步晚,在汽车 NVH 理论研究和试验研究领域都与发达国家相差很大。我国在 20 世纪末才有少数几家汽车公司和研究机构对汽车部分零部件如动力总成、悬置系统等进行相关的 NVH 特性研究,但是都没有达到对整车 NVH 性能研究的高度和深度。随着国外 NVH 理论研究的深入和我国汽车行业的飞速发展,越来越多的国内汽车公司开始对汽车 NVH 试验的问题越来越重视,如一汽、奇瑞、江淮等汽车公司专门成立了 NVH 部门,并且投入大量资金建了整车 NVH 实验室。国内的一些研究机构在汽车 NVH 研究领域也都较早地开展了相关的研究工作，如合肥工业大学噪声振动工程研究所、泛亚汽车研究中心、上海同济同捷科技股份有限公司、吉林大学汽车工程学院等。

目前，国内建立起来的 NVH 试验分析系统，基本上引用的都是国外的商用软件、硬件，核心技术被封锁。而国内自主研发的试验分析系统与国外大公司相比，还存在以下差距：

1) 缺乏试验技术对汽车产品开发重要性的认识。目前很多试验仅仅是用于检测产品或零部件能否满足法规要求的一种手段，不能满足产品开发阶段的试验需求。汽车产品的设计思想、设计目标都必须通过试验来验证。汽车制造过程中出现的许多关键技术问题，也必须依赖试验验证来解决，这是国内外各大汽车公司特别重视试验技术开发的原因之一。

2) 缺乏试验经验和数据的积累，缺乏试验高级工程技术人才。一段时期以来，有些汽车企业不具备自主研发能力，造成汽车试验技术的经验与数据积累严重不足，高级试验技术人才严重缺乏，极大地制约了产品的开发工作。与此相反，国外汽车公司通过长期的试验经验和数据积累，可以在较短的时间内，开发出高质量的汽车产品。

3) 缺乏完整的试验规范、标准。目前，中国汽车工业在试验标准、试验规范、试验设施以及试验数据库上均远远落后于国外。当前，国内汽车试验还主要集中在汽车产品认证领域，如中国汽车产品认证中心负责汽车产品的认证工作，认证按照国家汽车标准和汽车产品强制性认证规则中技术标准规定的内容实施。从国际上来看，有关汽车认证法规内容主要侧重安全及环保，在认证项目和合格指标上都比我国严格得多，如美国碰撞安全试验包括前碰、侧碰、车顶强度、后碰等。

汽车产品的试验需要一套完整的体系，遵循一定的规范，对试验条件、方法、仪器精度和标定、试验环境（温度和湿度）、结果评价等进行限定，以确保试验结果的复现性和准确性。绝大多数汽车公司还未能建立系统的试验体系、标准和规范。从零部件到子系统，再到整车设计的每一个节点，都必须进行相应的性能、可靠性以及匹配试验。因此，完整详细的汽车产品开发试验体系是汽车设计的重要基础。试验体系应该有明确的目的、任务、试验对象、试验内容、试验标准和规范，同时还必须具有完备的试验设施。

4) 缺乏试验设施，投入不够，试验设备落后。尽管国家和企业投资建设了一些大型试验设施，但这些设施完全不能完全满足企业研发过程中的各项设计验证需求。与发达国家相比，我国实验室建设缺乏系统性，改善措施是需要建设体系完备的试验中心，包括碰撞安全实验室、制动实验室、发动机台架实验室、灯光电器实验室，以及汽车虚拟实验场等。

5) 缺少具有自主知识产权的大型商用 CAE 仿真软件，缺少先进的 CAE 仿真手段。例如，目前汽车行业使用的大型商用 CAE 仿真软件均被欧美国家所垄断，尚未有国产的大型商用 CAE 仿真软件。这样就导致我国 CAE 仿真技术和 CAE 仿真手段长期落后于国外。

7.3.2 NVH 试验的意义

汽车与人们的日常生活联系越来越密切，所以，汽车行业越来越重视 NVH。据统计表明，汽车约有 1/3 的问题与 NVH 有关，约 1/5 的售后服务与 NVH 有关，各大公司有近 1/5 的研发费用用来解决车辆的 NVH 问题。因此，汽车 NVH 试验研究对于新车型开发和现有车型的性能改善都起着重要的作用。对汽车 NVH 特性的研究，既贯穿于新车型的研发过程，也体现在现有车型的改进设计中。

1. 在新车型研发过程中的应用

在新车型的研发中，汽车 NVH 试验可以看作是建立在计算机仿真分析基础之上，以汽车 NVH 特性为设计目标的一种设计方法。在整车研发过程中，NVH 性能研究可以分为以下四个阶段。

（1）调研并确定整车目标

通过对政府法规的要求、消费者的需求和竞争车型 NVH 性能参数的调研，制定新车型开发的标准。这个阶段一般通过对政府法规要求的查阅，新车型消费者市场问卷调研，同时对竞争车型进行 NVH 性能目标值测试等方法，来获得所要设计新车型的 NVH 性能参考数据，从而根据这些数据来制定新车型的 NVH 目标值。

（2）整车仿真分析并匹配子系统目标

根据整车 NVH 性能目标值来确定各个子系统的性能目标值。子系统一般包括发动机、悬架系统、动力总成悬置系统、车身、座椅和转向系统等。例如：车辆与路面之间产生的振动，通过悬架系统传递到车身壁板，使壁板产生振动从而形成车内噪声。在这个过程中，车身结构和驾驶室内空腔可以通过数学模型来描述，即通过建立整车的 CAE 模型来进行仿真研究。通过 CAE 仿真，可以将结构实际的道路特性与子系统参数（如悬架刚度等）联系起来，这样就可以根据整车的性能目标值来确定各个子系统的目标值。但要注意，各个子系统目标值的确定，要符合试验设计和整车可靠性设计的要求。

（3）通过元件的结构设计实现子系统和整车的性能目标

在此须完成以下工作：第一，确定每个元件的详细特征，这些特征可能在以前的建模分析中没有表现出来，如连接孔、工艺孔、焊点位置等；第二，进行各个子系统元件的可靠性设计和多目标优化设计，改善汽车的 NVH 特性，以确保结构元件的设计方案为最佳；第三，必须满足设计模型条件，如极限尺寸等，进行极限工况的校核（如悬架撞击等）。

（4）样车的试验与调整

生产出样车后，就可以进行实车试验。试验一般在实验室中或者道路上进行，通过加速度传感器、自由场传声器等对整车的目标值进行检验，从而根据测试产品的性能与设计目标值之间的差异，进行相应的修改。

2. 在现有车型 NVH 性能改善过程中的应用

1）对于用户提出的车辆存在不明的、异常的振动噪声进行测试，给出一定的主客观评价结果。这些工作要求掌握测量方法和正确运用测量仪器。

2）根据步骤 1）的测试结果，对存在的振动噪声问题有了初步的了解后，进行噪声振动源识别、噪声振动源传递路径分析等试验方案的制订、试验问题分析，分析的试验结果可以与 CAE 仿真计算结果进行对比，使得故障诊断和对振动噪声源的识别更加准确。

3）根据测试分析的结果进行有效的设计更改，实施降噪减振，达到用户的要求。实现降噪减振的基本方法：

① 消除振动噪声产生的根源。这涉及修改产生振动噪声的零部件结构，如改善其振动特性，避免共振或降低振动噪声。

② 切断振动噪声传递的路径。涉及对结构振动传递特性的分析和改进，使之对切断振动噪声传递路径具有明显的衰减作用，而不是放大。

7.3.3 机械振动基础

振动是指机械或结构围绕其平衡位置作往复运动。从广义上讲，表征运动的物理量作时而增大、时而减小的反复变化，就可以称这种运动为振动。如果变化的物理量是机械量或力学量，如物体的位移、速度、加速度、应力及应变、噪声等，这种振动称为机械振动。

微课视频
机械振动基础

通常，振动可以按自由度数、激励类型、响应类型和描述系统微分方程的类型来进行分类。

（1）按系统的自由度数分类

1）单自由度系统振动。用一个独立坐标就能确定的振动系统，如单摆模型的振动（图7-2）。

2）多自由度系统振动。用多个独立坐标才能确定的振动系统。例如，刚杆限于在一个铅垂平面内运动，且其重心限于沿铅垂线运动（图7-3）。

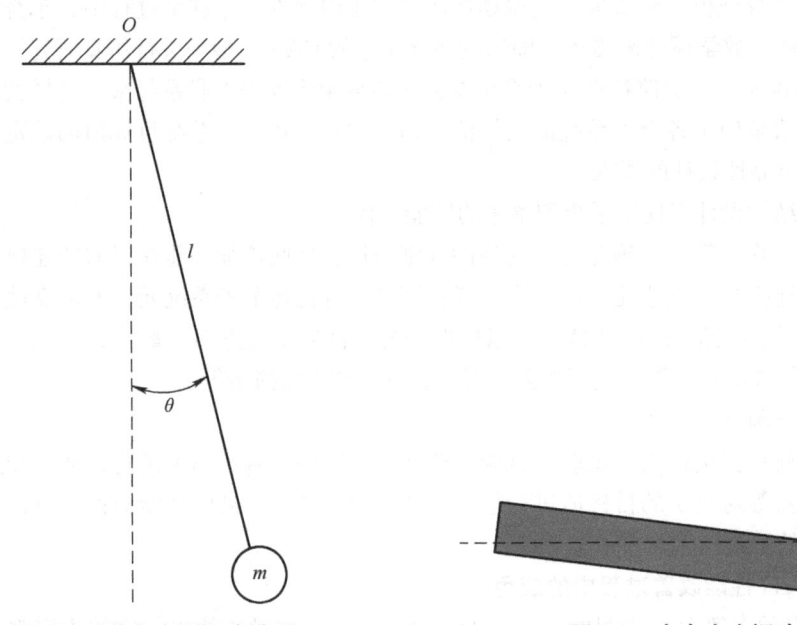

图7-2 单自由度振动模型　　　　图7-3 多自由度振动模型

3）弹性体（或连续体）系统振动。用无限多个独立坐标才能确定的振动系统，也称为无限自由度系统振动，以区别以上的单自由度和多自由度系统振动（有限自由度系统振动），如梁、杆、板、壳等的振动。

（2）按系统的输入激励类型分类

1）自由系统振动。系统受初始干扰或原有的外激励取消后产生的振动，如锤击产生的振动（图7-4）。

2）强迫系统振动。系统在外激励力作用下产生的振动，强迫振动最明显的特征是振动系统的响应频率等于外界的激励频率（图7-5）。

3）自激系统振动。系统在输入和输出之间具有反馈特性，并有能源补充而产生的振动，如颤振。

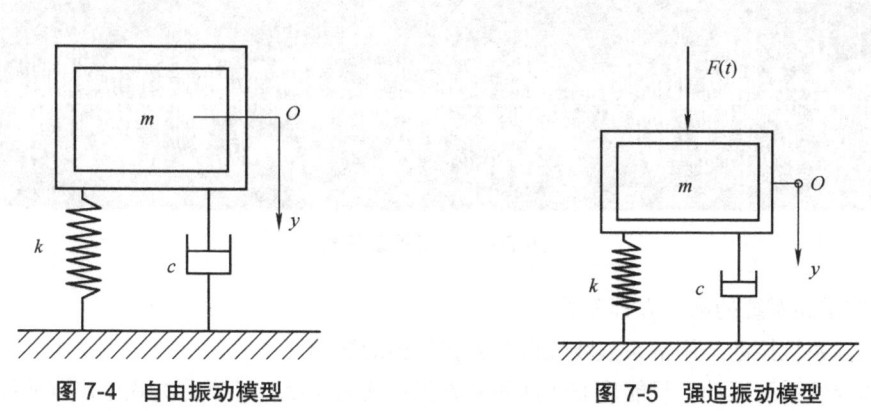

图 7-4 自由振动模型　　　　图 7-5 强迫振动模型

（3）按系统的响应类型分类

1）简谐系统振动。能用一项时间的正弦或余弦函数表示系统响应的振动（图 7-6）。

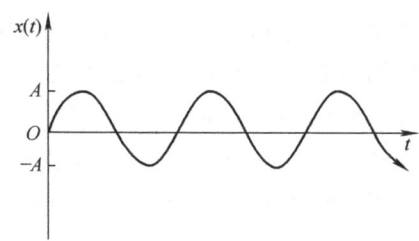

图 7-6 简谐振动信号

2）周期系统振动。能用时间的周期函数表示系统响应的振动（图 7-7）。

图 7-7 周期振动信号

3）瞬态系统振动。只能用时间的非周期衰减函数表示系统响应的振动（图 7-8）。

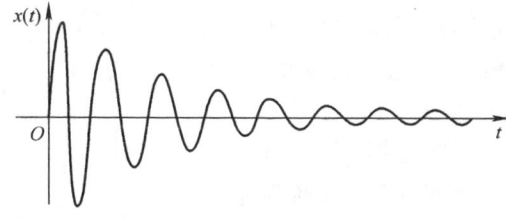

图 7-8 瞬态振动信号

4）随机系统振动。不能用简单函数或函数的组合表达运动规律，而只能用统计学方法表示系统响应的振动（图 7-9）。

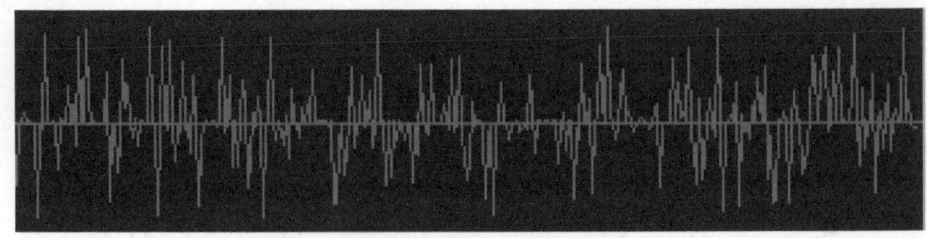

图 7-9　随机振动信号

（4）按描述系统的微分方程分类

1）线性系统振动。用常系数线性微分方程描述的振动。

2）非线性系统振动。只能用非线性微分方程描述的振动，即微分方程中出现非线性项。

7.3.4　声学基础

1. 什么是声波

物体振动时激励着它周围的空气质点振动，由于空气具有可压缩性，在质点的相互作用下，振动物体四周的空气就交替地产生压缩与膨胀，并且逐渐向外传播，从而形成声波（图 7-10）。声波传播方式不是物质的移动，而是能量的传递。也就是说质点并不随声波向前扩散，而仅在其原来的平衡位置附近振动，靠质点之间的相互作用影响到邻近的质点振动，因此，振动得以向四周传播，形成波动。

微课视频
声学基础

图 7-10　声波的产生

质点振动方向平行于传播方向的波，称为纵波。质点振动方向垂直于波传播方向的波，称为横波。声波在空气中传播时只能发生压缩与膨胀，空气质点的振动方向与声波的传播方向一致，所以空气中的声波是纵波。声波在液体中传播时，一般也是纵波，但在固体中传播则既有纵波又有横波。

相比于振动，声波也分为周期性声波和非周期性声波，最简单的周期性声波是单频的声波，也称为纯音。它是由简谐振动产生的频率固定、并按正弦函数变化的声波（图 7-11）。与单频音相对应的是复合声，复合声（也称为复声）是由一些频率不同的单频音组成。由傅里叶变换可知，可将任何复声分解成一系列的单频音。

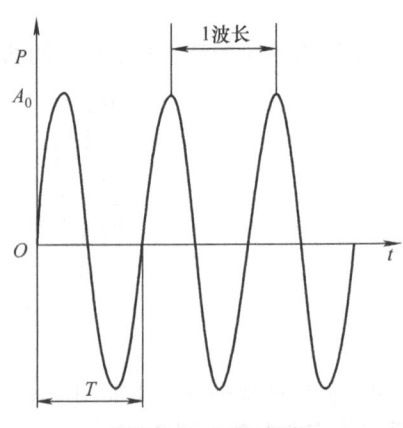

图 7-11　纯音声波

2. 声波的基本物理量

（1）声压

声波作用于物体上的效果产生声压 P，单位是 Pa（帕）。声波引起的压强变化叠加在大气压之上，因此，测量的声压是变化的声压与静压强之差，声压变化的平均值为零，可见平均声压不是一个有用参数。而人耳对瞬时声压波动也没有响应，但对动态声压的均方根值（RMS）有响应，且平均响应时间间隔约为 35ms。因此，声压测量的是有效声压。以正常人耳的听觉为例，在 1000Hz 的频率下，可听到的最小声压幅值为 20μPa，称之为听阈声压，人耳感觉疼痛的声压为 20Pa，称之为痛阈声压。

（2）质点振动位移

质点振动的位移是相对于平衡位置的位移。通常，空气中声波振动的幅度非常小，大约在 10^{-7}mm 到数毫米之间，位移下限对应于听阈，上限对应于痛阈。因为振动位移太小，而位移又很难直接测量到。

（3）质点振动速度

振动速度是指声波的传播引起小部分介质波动的速度，而非声速的振动速度远小于声速。测量质点振动速度的应用之一是测量声强。我们知道声强大小也等于声压与质点速度的乘积，因此，有一种声强探头称为声压-粒子速度探头 [Pressure-（Particle）Velocity probe, P-V 探头]，如图 7-12 所示，则是通过测量粒子的振动速度来测量声强。

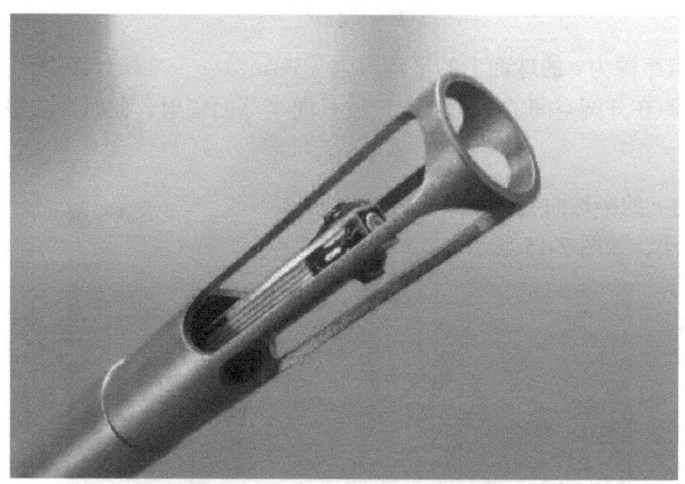

图 7-12　声压-粒子速度探头

（4）声阻抗

声阻抗是声波波振面某一面积上的声压与通过该界面的质点速度之比，为复值函数。实部对应"声阻"，虚部对应"声抗"。声波传播时引起介质振动需要克服阻力，声阻抗越大，则推动介质所需的声压就越大；声阻抗越小，则所需的声压就越小。

（5）声强

指单位时间内，通过与声波前进方向垂直的单位面积上的平均声能量流（图 7-13）。声强是矢量，可以简单地理解为：某点的声强 = 该点的声压 × 质点的速度。以 I 表示，单位是 W/m^2。通常通过声强探头来测量声强，某型号声强探头如图 7-14 所示。

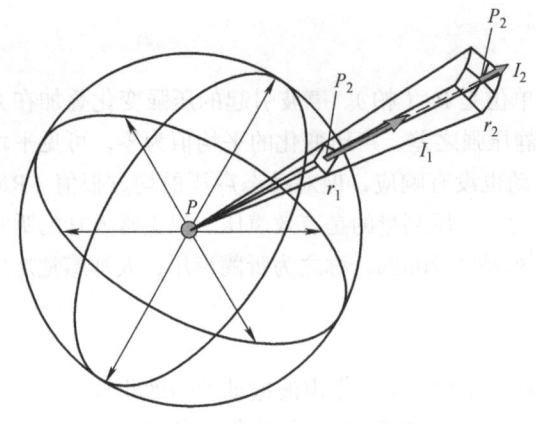 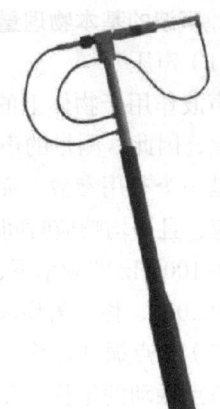

图 7-13 声强概念示意图　　　　　　　　　图 7-14 声强探头

（6）声功率

声源在单位时间内辐射的总声能，称之为声源的声功率，用 P 表示，单位是瓦（W），它等于包围声源的一个封闭面上的声强总和。

例如：在自由声场中，声波无反射地自由传播，点声源向四周辐射球面波，其声功率计算公式为

$$P = I_r 4\pi r^2 \tag{7-1}$$

式中　I_r——距离点声源为 r 的球面上的平均声强（W/m²）。

又如，如果声源在开阔空间的地面上，声波只向半球面辐射，此时声功率计算公式为

$$P = I_r 2\pi r^2 \tag{7-2}$$

式中　I_r——半径为 r 的半球面上的平均声强（W/m²）。

声功率测试方法，如图 7-15 所示。

图 7-15 开阔空间地面上声功率测试方法

3. 声波的传播特性

（1）平面声波

当声波的波阵面垂直于传播方向的平面时，就称其为平面声波。远离声源的波可近似地看

作是平面声波。平面声波在空气中传播时，它的声压与质点速度同相位。在理想的介质中，声压和质点速度不随距离变化，平面声场中声阻抗是常数。在自由空间中，当声波的尺寸比波长小得多时，远离声源处的声场一般可作平面声波来处理。

（2）球面声波

波阵面为同心球面的波称为球面声波。任何形状的声源，只要它的尺寸比波长小的多得都可以看作是点声源，辐射球面声波。对于球面声波，在离声源任意距离上的声强与距平方成反比，声压与距离成反比，声压与振动速度之间的相位差与球面声波的半径对波长的比值成反比。辐射球面声波时媒质的声阻抗率是复数，它具有纯阻和纯抗两部分，并与半径和波长有关。当球面声波半径很大时，纯抗分量可以忽略。

（3）柱面声波

波阵面是同轴圆柱面的波称为柱面声波。设想在无限均匀媒质里有一无限长得均匀线声源，它所产生的波就是理想的柱面声波。在柱面声波中，声压振幅沿轴向分布是均匀的，沿径向与距轴的距离平方根成反比。其径向声强与离轴的距离的一次方成反比。交通繁忙的公路上，汽车往往连成一条线行驶，这些汽车可认为是线声源，所辐射的噪声就是柱面声波。

三种形式的声波示意图，如图7-16所示。图中各个面为波阵面。

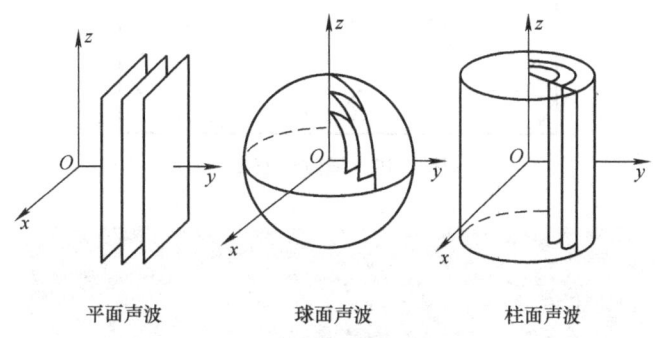

平面声波　　　　球面声波　　　　柱面声波

图7-16　三种形式的声波示意图

4. 常见声场

（1）自由声场

自由声场指一种理想化的声场，其各处的声能量流方向均背离声源，声压和声强均随测量点离声源距离的增加按反平方律而衰减（图7-17）。

在自由声场中，声波将声源的辐射特性向各个方向不受阻碍和干扰地传播。如：消声室，房间中的声场基本上可以认为是自由声场（图7-18）。若消声室地面不做吸声处理，将地面用瓷砖或水磨石铺面以形成镜面，则这种声场消声结构为半自由声场。

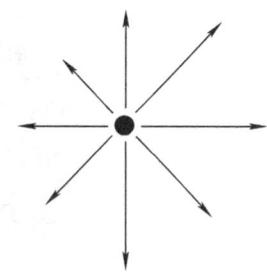

图7-17　自由声场

（2）扩散场

扩散场也称为混响场。在混响场中，声波在所有边界上来回地发生全反射，从而使得各处的声强都等于零。从统计观点来讲，可认为声束通过任何位置的概率相同，并且通过任意方向也是概率相同，由此造成室内声场的平均能量密度均匀分布。混响场原理图，如图7-19所示；常见混响实验室，如图7-20所示。

图 7-18 消声室（自由声场）

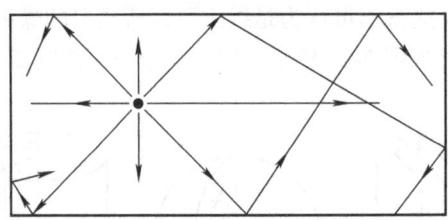

图 7-19 混响场原理

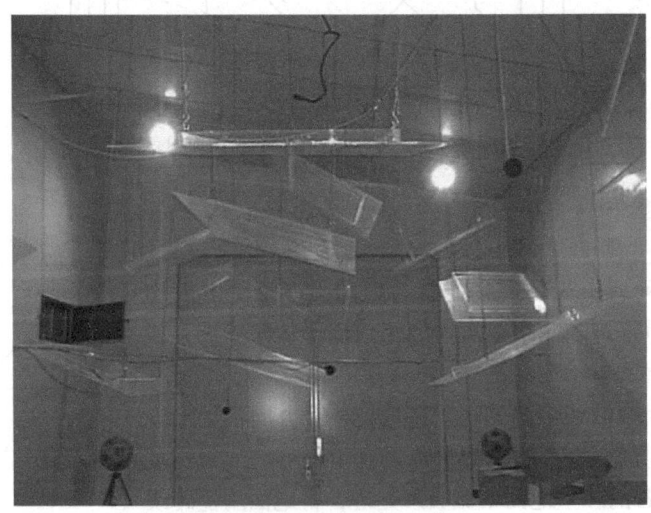

图 7-20 混响实验室

7.3.5 常用 NVH 试验设备

1. LMS Test.Lab 振动噪声测试系统

西门子 LMS Test.Lab 是 LMS 公司 20 多年的技术和众多 LMS Cada-X 系统用户的工程经验的总结。这是一整套的振动噪声试验解决方案，是高速多通道数据采集与试验、分析、电子报告工具的完美结合,包括数据采集、数字信号处理、结构试验、旋转机械分析、声学和环境试验。LMS Test.Lab 分为数据采集前端(图 7-21)和软件分析两部分。目前,LMS Test.Lab 系统是汽车 NVH 试验测试的主流设备之一。

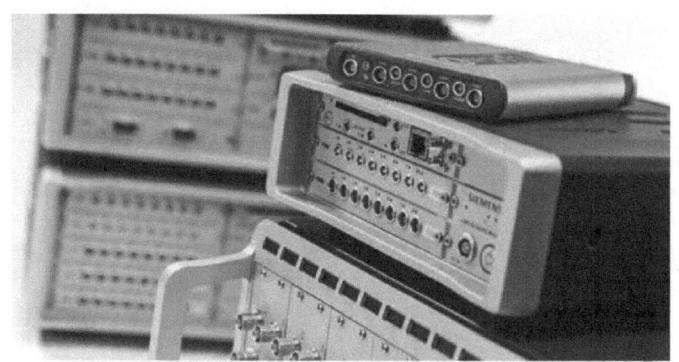

图 7-21　LMS Test.Lab 系统数据采集前端

2. 整车半消声室

汽车整车半消声室(图 7-22)是声学试验和噪声测试中及其重要的试验场所。其作用是提供一个稳定的、不受外界条件(如风雨、过往车辆等)影响的半自由场空间的低噪声测试环境。半自由场是指声波在无限大空间传播时,除地面外,不存在任何反射体(面),声波只能在180°半球方位自由传播。常见的半自由场空间如水泥地面的大型露天停车场、室外篮球场、停机坪等。通常,整车半消声室墙面及弧形屋采用金属/织物尖劈,或者采用 1.5mm 冷轧钢板内置成型吸声棉来营造一个半自由场环境。地面则安装有高低温环境静音转鼓,可以模拟不同车速,以及四驱、两驱等不同模式。

图 7-22　汽车整车半消声室

3. 激光测振仪

最新发展的多普勒激光测振仪是振动试验和模态分析的通用非接触式振动测量仪器。激光测振仪是一种公认的,被证实的通过宽幅度的测试软件来获取振动数据的测量方法。对比传统的接触式加速度传感器(图 7-23),它们拥有几个决定性优势。例如,足够大的频带宽、纳米级别的位移约束（<10^{-12}m）、零质量载荷（不反应）、动态响应快、抗干扰能力强、快速测量、快速可视化结果和易重复操作。因此，激光扫描测振仪可用来测量汽车发动机、车身、排气系统、操纵系统、仪表板和其他与声学相关的振动模态（图7-24）。

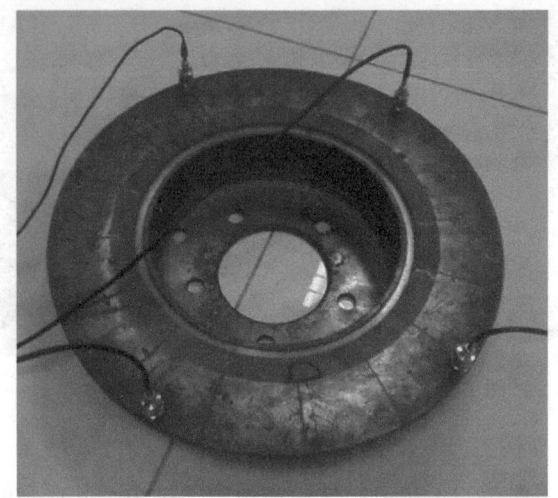

图7-23　用传统加速度传感器进行制动盘模态试验

图7-24　激光扫描测振仪进行车速模态测试

4. 声学人工头

汽车NVH声学测试的目的是评价人耳对声音的感受，精准的声学测试是声音品质乃至声学研究的前提。要进行双耳精准的采集和回放，首先要了解人耳辨识声源的机理，进而根据其特征设计出合理的测试方法及选用合适的工具。

通常认为大脑是根据双耳的时间差来辨识声源位置，如图7-25中，1号声源传到左右耳存在一定的时间差。但有些情况却无法定位时间差，如位于正中间的2号声源，其到达两耳的时间相同；3号和4号声源，二者传到双耳的效果一致，故无法辨识声源在3号还是4号位置。

项目 7　NVH 性能试验

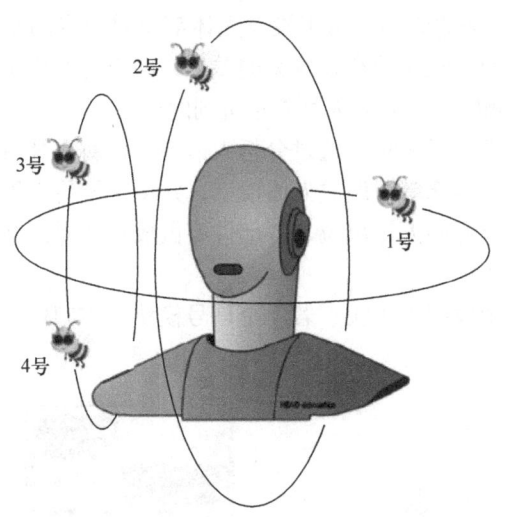

图 7-25　声源辨识定位示意图

那么人耳是如何辨识出这些声源位置的呢?

其实人耳在监听声音时,肩膀、头部、耳郭等会对声场造成一定的改变,如反射、衍射等。也就是说,声音在传到耳朵前,人体结构对其传播方向做了相关的改变,即对其频谱做了一些与方向相关的滤波,而大脑可以根据滤波后的信号判断其位置。例如:3 号和 4 号虽然传到左右耳的时间差相同,但会经过不同的滤波,故人耳能辨识其位置。

根据上述的分析,用传统传声器(俗称麦克风)进行测试声学就存在一些问题:

1)缺少空间信息。单个传声器(图 7-26)没有空间信息,如图 7-27 声源绕头部移动时,人耳感受的音量大小随时间变化、类似正弦曲线,而传声器的测试结果则为一条直线。

图 7-26　汽车 NVH 测试声学传声器

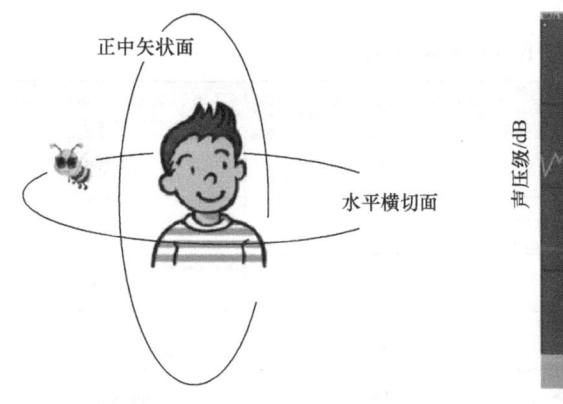

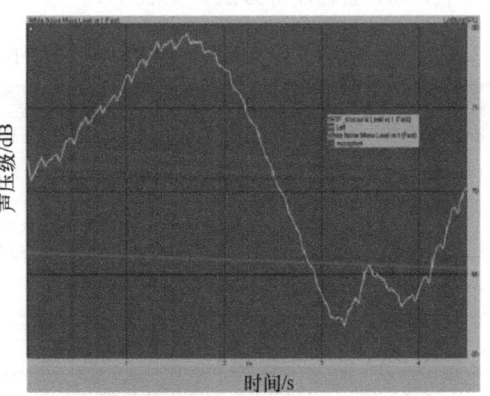

图 7-27　声源绕头部移动时,人耳感受的音量随时间变化

2）缺少人体部位对声场的影响。由于没有人体部位对声音的反射、衍射等作用，传声器测到的数据，与人耳实际的听觉感受存在较大的差异，即声音发生了扭曲。故传统传声器无法采集精准的声学信号，所测的结果并非人耳真正听到的声音。

为实现精准的双耳声学信号采集，通过分析人体各部位对人耳听觉造成的影响，将影响较大的部位，如肩膀、头部、耳郭等，做成人体模型，并将传统传声器放入左右耳中，即为我们熟知的人工头。当然要选择哪些人体部位、各部位要做成什么样的几何结构，是一门很深的学问，这也是人工头的高深之处。

人工头测试系统主要由模拟人工头、若干个信号模块、控制模块、电源模块和软件系统等组成（图 7-28）。

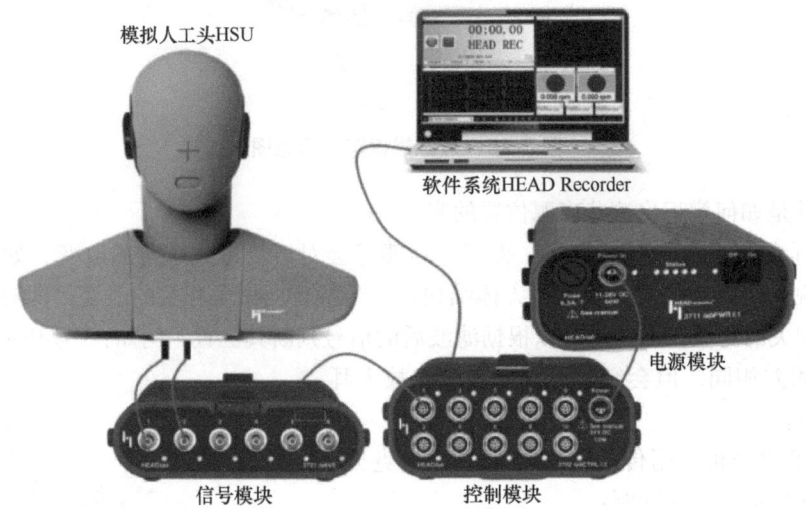

图 7-28　人工头测试系统

7.3.6　整车 NVH 评价方法

1. 主观评价方法

整车 NVH 主观评价方法，见表 7-1。

表 7-1　整车 NVH 主观评价方法

分值	描述	分值	描述
1	不能忍受	6	可接受
2	令人难受	7	好
3	根本不能接受	8	非常好
4	不能接受	9	优秀
5	有待提高	10	非常优秀
不可接受		可接受	

2. 试验测试评价

在新车型开发过程中，振动噪声指标首先要满足国家或地区的强制性法规要求。随着日益激烈的市场竞争和客户对乘坐舒适性越来越高的要求，性能指标已经从原有的法规强制转变为客户强制。因此在实际开发过程中，一是要对竞争车型的 NVH 性能进行测试，即测试标杆值；二是要对开发过程中的车型进行 NVH 性能测试，与标杆值对比分析。两个测试完成之后，提交测试结果，给出试验结论或主观评价结果，确保提供满足客户要求的"产品"。

在测试过程中，NVH 开发是一个"目标制定—分解—验证"的过程。根据项目开发需要，需对竞争车型或新开发车型开展整车、子系统和零部件层面的 NVH 性能目标分解和性能测试。新车型 NVH 性能研发流程，如图 7-29 所示。

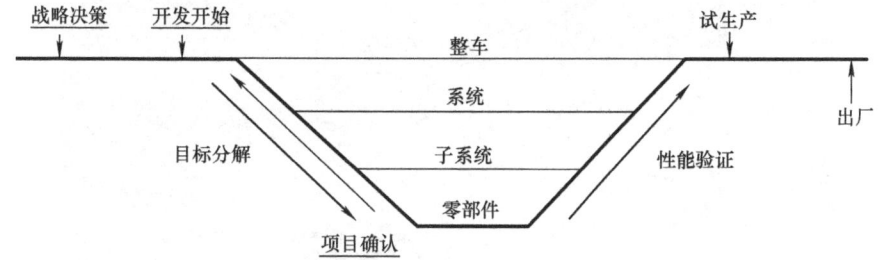

图 7-29 新车型 NVH 性能研发流程

下面介绍几种整车 NVH 性能测试常见的典型测试项目。

（1）整车怠速测试

1）工况描述：分为怠速空调开启和怠速空调关闭两种测试工况。

2）评价指标：方向盘、座椅导轨、变速杆等测点振动性能；驾驶员右耳、后排座椅中间位置等的噪声性能。

（2）整车加速测试

1）工况描述：分为 2 档（AT/MT）急加速（节气门全开）和 2 档（AT/MT）缓加速（0.1g 加速）两种测试工况。

2）评价指标：方向盘、座椅导轨、变速杆等测点振动性能；驾驶员右耳、后排座椅中间位置等的噪声性能。

（3）整车匀速测试

1）工况描述：分为 40km/h、60km/h、80km/h、100km/h、120km/h 等测试工况。

2）评价指标：方向盘、座椅导轨、变速杆等测点振动性能；驾驶员右耳、后排座椅中间位置等的噪声性能。

7.3.7 某乘用车整车 NVH 试验方案设计

1. 试验准备

1）运行车辆，检查发动机和变速器是否正常工作，并确认测试车辆是否存在机械噪声和异响。在试验前必须消除所有不正常噪声，排除任何不满足试验要求的因素和问题。检查备胎安装是否牢固。

2）调整轮胎气压至制造商的规定值（冷态）。保证油箱至少有 3/4 的燃油。如果车辆带伪装贴纸，测试前应该拆除所有的伪装贴纸，试验完再把伪装贴纸复位。

3）若需要对车辆称重，车上不应该包含驾乘人员和额外的设备。称重完成后，在测试记录上注明车重（kg）和车重+70kg的质量。

4）调整座椅和头枕到合适位置。若测试车辆的方向盘可调节，则将转向管柱调整至行程中间位置。确保关闭所有车窗、天窗。

5）起动发动机使之达到正常工作温度。关闭空调至少10min后进行试验。关闭收音机及音响等车载娱乐系统。

6）将试验车辆停放于整车半消声室（图7-30），检查室内设备是否正常运行。

图7-30　试验车辆停放于整车半消声室

2. 安装数据采集设备

1）安装传声器：前排驾驶员右耳传声器的安装位置，如图7-31所示。后排布置传声器的座椅应空置，将传声器布置在后排座椅中央，如图7-31和图7-32所示。

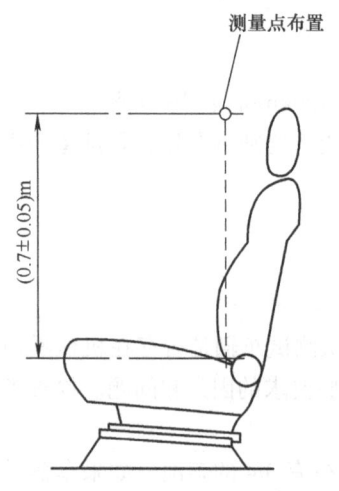 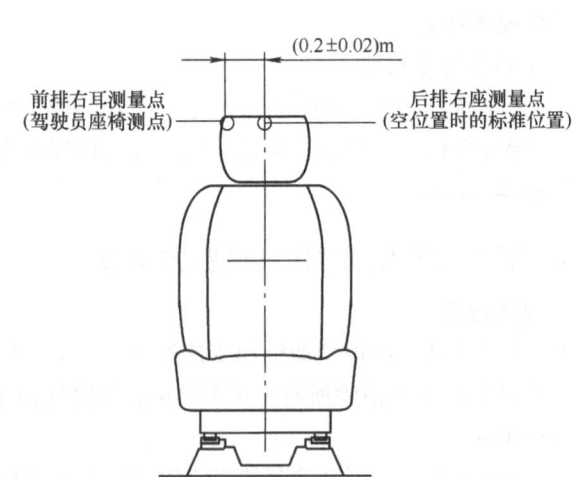

图7-31　传声器测量点的布置

图 7-32　传声器布置示意图

2）三向加速度传感器固定在方向盘的 12 点位置（图 7-33）。驾驶员座椅靠车门侧的座椅导轨也应布置加速度传感器（图 7-34），以测试车辆前后和垂直方向的振动加速度。

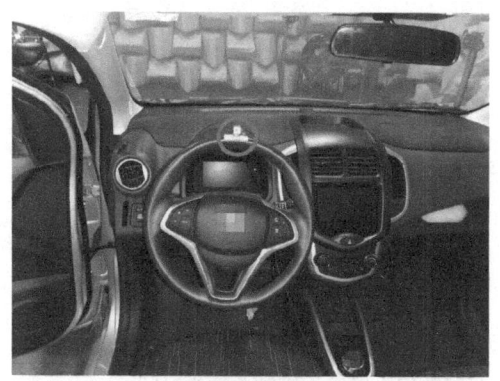 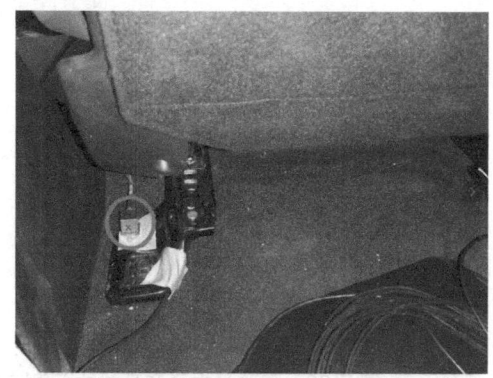

图 7-33　方向盘加速度传感器布置示意图　　　图 7-34　座椅导轨加速度传感器布置示意图

3）连接 LMS 数据采集前端，启动 LMS Test.Lab 测试软件（图 7-35）。

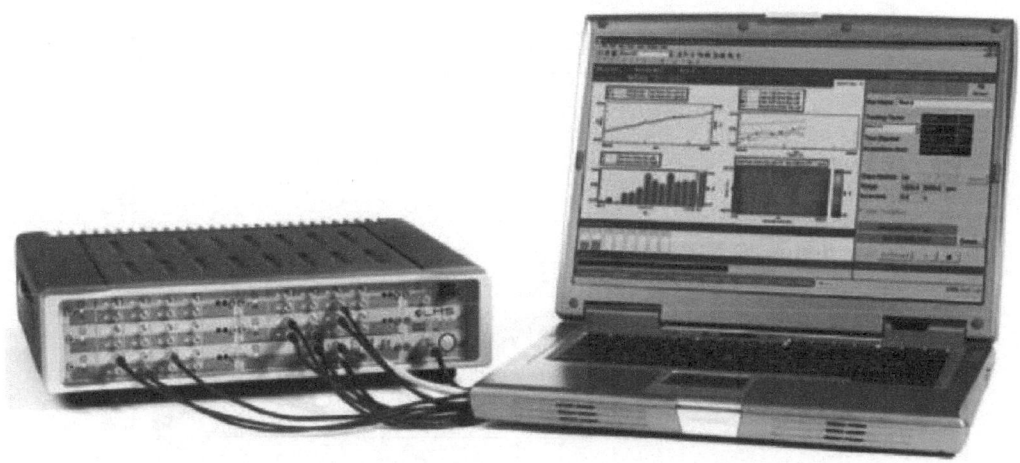

图 7-35　LMS 数据采集前端和 LMS Test.Lab 测试软件示意图

3. 开始测试

1）测试工况：怠速、空调开启。

装配自动变速器的车辆在怠速状态，变速杆置于 N 位。

开启空调通风系统，设置送风温度为最低，风速为最小状态。

确保整个过程中的发动机冷却风扇处于开启状态。

2）LMS 软件操作：

详细操作可查阅《LMS Test.Lab 中文操作指南》。

4. 数据分析

1）驾驶员右耳和后排中间测点噪声测试数据，如图 7-36、图 7-37 所示。

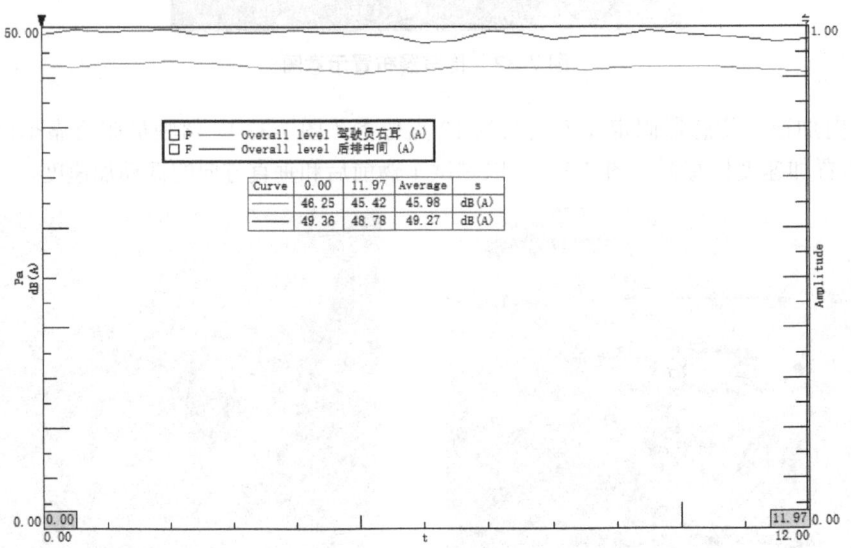

图 7-36　驾驶员右耳和后排中间测点噪声时域数据（提示：横轴单位为时间 s）

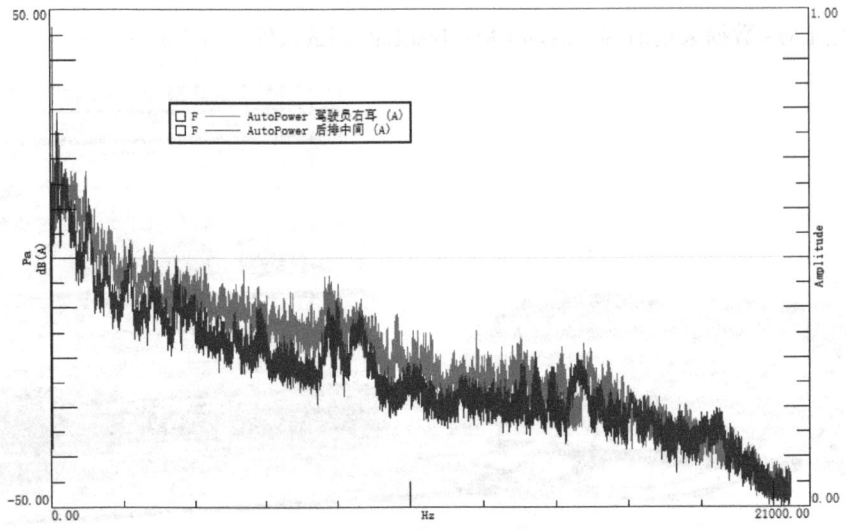

图 7-37　驾驶员右耳和后排中间测点噪声频域数据（提示：横轴单位为频率 Hz）

2）方向盘和座椅导轨测点振动测试数据，如图 7-38、图 7-39 所示。

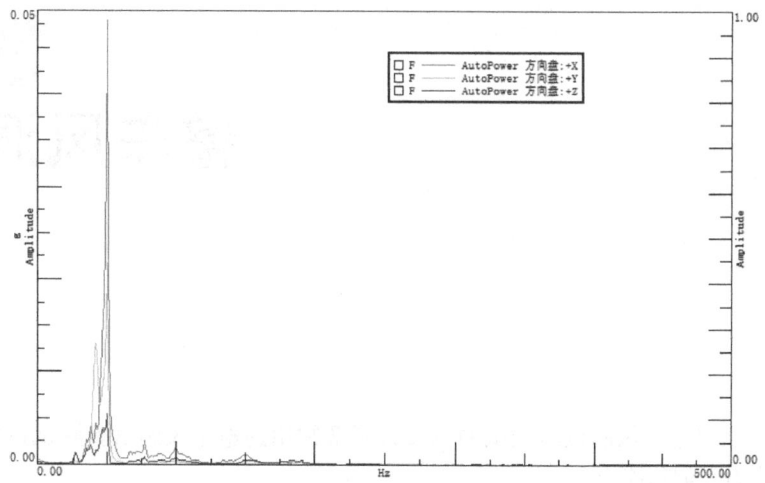

图 7-38　方向盘测点振动频域数据（提示：横轴单位为频率 Hz）

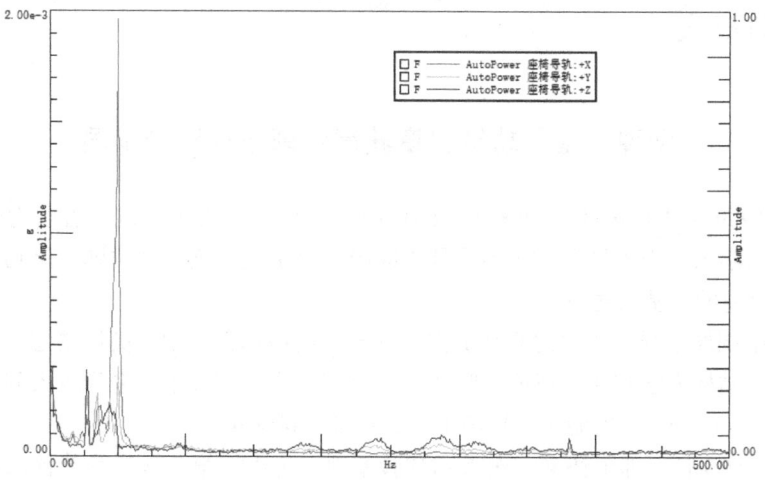

图 7-39　座椅导轨测点振动频域数据（提示：横轴单位为频率 Hz）

备注：如图 7-38、图 7-39 所示，+X、+Y、+Z 方向为整车坐标系方向。对于乘用车整车坐标系符合右手法则，如图 7-40 所示。

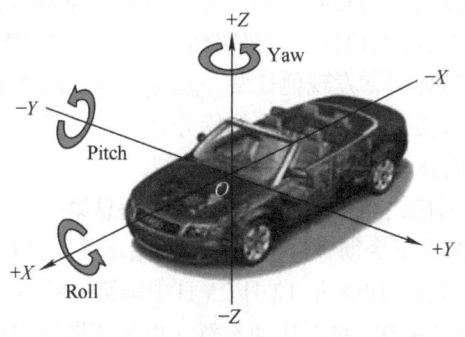

图 7-40　乘用车整车坐标系示意图

项目 8
整车风洞试验

本项目主要学习整车风洞试验测试的意义，了解常用的整车风洞试验测试设备，培养学生试验方案设计能力和创新能力。

8.1 案例育人

"两弹一星"功勋奖章获得者郭永怀以身殉国

郭永怀（1909年4月4日—1968年12月5日），出生于山东荣成，著名力学家、应用数学家、空气动力学家，中国科学院学部委员（即中国科学院院士），"两弹一星功勋奖章"获得者，近代力学事业的奠基人之一。

郭永怀在中国原子弹、氢弹的研制工作中领导和组织爆轰力学、高压物态方程、空气动力学、飞行力学、结构力学和武器环境实验科学等研究工作，解决了一系列重大问题，是唯一一位为中国核弹、氢弹和卫星实验工作均做出巨大贡献的科学家。

1968年10月3日，郭永怀又一次来到试验基地，为中国第一颗导弹热核武器的发射从事试验前的准备工作。1968年12月4日，在青海基地整整待了两个多月的郭永怀，在试验中发现了一个重要线索。他要急着赶回北京，就要人争分夺秒地联系飞机。他匆匆地从青海基地赶到兰州，在兰州换乘飞机的空闲时间里，他还认真听取了课题组人员的工作汇报。

当夜幕降临的时候，郭永怀拖着疲惫的身体登上赶赴北京的飞机。5日凌晨，飞机在首都机场徐徐降落。在离地面约400m的位置，飞机突然失去平衡，坠毁在1km以外的玉米地里。

当人们辨认出郭永怀的遗体时，发现他往常一直穿在身上的夹克已烧焦了大半。他和警卫员牟方东紧紧抱在一起，当救援人员费力地将他俩分开时，才发现郭永怀那只装有绝密资料的公文包却完好无损地夹在他们胸前。

据国务院工作人员后来回忆，当郭永怀飞机失事的消息第一时间传到国务院，周恩来总理当场失声痛哭，良久不语，随即下令彻查这一事故，并指示《人民日报》发布这一不幸的消息。此时郭永怀刚满59岁，22天后的1968年12月25日中国第一颗热核导弹爆炸试验获得成功。

1999年，郭永怀被授予"两弹一星"功勋奖章，也是该群体中唯一一位获得"烈士"称号的科学家。

8.2 项目目标

8.2.1 技能目标

1）培养学生归纳和学习相关资料的能力。
2）培养学生试验方案设计能力和创新能力。

8.2.2 项目内容

1）国内外汽车风洞试验场介绍。
2）风洞试验测试的主要意义。
3）风洞的结构组成。
4）风洞试验评价。

8.3 相关知识

8.3.1 国内外汽车风洞试验场介绍

1. 国外整车风洞试验场

早期的汽车风洞多来自航空风洞的改造。随着汽车空气动力学越来越受到企业的重视，国内外企业、研究所兴建了一批可开展汽车空气动力学试验的风洞，其中不乏一些可开展声学试验的声学风洞，这些风洞为企业新车型的开发和新技术的应用提供了大量的试验数据支撑。

1993年德国斯图加特内燃机与车辆研究所（FKFS）风洞改建为空气动力学-声学（也称为"气动-声学"）风洞，改造后的风洞在风速为80km/h时，背景噪声为56dB；在风速为180km/h时，背景噪声为78dB，已完全能满足车内外空气动力学-声学噪声的试验研究。改造后的FKFS风洞，如图8-1所示。

图8-1 改造后的FKFS风洞

2003年7月,戴姆勒-克莱斯勒公司建成了一座气动-声学风洞,该风洞最大气流风速为240km/h。当气流速度为140km/h时,试验段背景噪声低于62.5dB,是汽车工业最安静的风洞设施之一。该风洞实验室,如图8-2所示。

图8-2　戴姆勒-克莱斯勒公司的风洞实验室

2009年6月,宝马汽车公司空气动力学测试中心建成,该测试中心用于整车试验的风洞采用了五带滚动路面,可最大限度地模拟车辆在实际道路行驶时遇到的状况。该风洞情况,如图8-3、图8-4所示。

图8-3　宝马汽车公司风洞实验室

奥迪汽车公司的气动-声学风洞,最高风速可达300km/h,加速后的气流沿安装有拐角导流叶片的管状区域流动,以防止出现湍流和背景噪声。风洞安装有可消除反向频率主动地抑制气流噪声的降噪设备和消声材料,能够最大限度地降低风洞背景噪声。该风洞情况,如图8-5、图8-6所示。

项目 8
整车风洞试验

图 8-4　宝马汽车公司风洞开展摩托车风洞实验室

图 8-5　奥迪汽车公司风洞实验室

图 8-6　奥迪汽车公司风洞主动降噪设备

2. 国内首座汽车风洞

2009年9月19日，斥资4.9亿元建造的我国第一个"汽车风洞"，上海地面交通工具风洞中心在同济大学嘉定校区正式落成启用，填补了我国汽车研发设计领域多个空白。

上海地面交通工具风洞中心的气动声学整车风洞，最大风速可达250km/h，测试段风速160km/h、噪声小于61dB。该风洞情况，如图8-7、图8-8所示。

图8-7　同济大学汽车风洞风扇

图8-8　同济大学汽车风洞实验室

3. 国内最大汽车风洞

2019年6月28日，我国中西部首座汽车风洞，由中国通用技术集团中国汽车工程研究院股份有限公司（简称"中国汽研"）投资5.5亿元在重庆两江新区礼嘉片区建成。该风洞情况，如图8-9所示。

图 8-9 中国汽研汽车风洞

8.3.2 风洞试验测试的主要意义

风洞是指在按一定要求设计的管道系统内,使用动力装置驱动一股可控制的气流,根据运动的相对性和相似性原理进行空气动力学试验的设备。汽车空气动力学是一门经验科学,其中许多的重要结论都来自对大量试验数据处理分析的结果,因此汽车风洞是汽车空气动力学研究中的重要试验设备。

汽车风洞可分为比例模型风洞、整车风洞和环境风洞三类。其中,比例模型风洞主要对油泥模型进行试验,在汽车前期造型开发阶段扮演着重要的角色(图 8-10);整车风洞主要用于对整车或全尺寸模型进行试验,在阻塞比较小的情况下,其获得的车型流场测量数据不必做任何修正,可真实地反映出该车型的空气动力学特性;环境风洞可用于模拟各种实际的气候环境,如降雨、结冰、降雪、高温、低温等条件下进行测试(图 8-11)。

图 8-10 汽车比例模型风洞

图 8-11 汽车环境风洞

风洞试验具有以下意义：

（1）模拟环境因素对汽车的影响

在没有环境风洞的条件下，车辆的热力学测试就要看实际环境如何。而有了环境风洞，一年四季都可以充分利用模拟的环境为整车开发进行试验。可见，无论是研发成本还是试验时间都得到了更好的控制，大大提高了工作效率。

（2）降低风阻提高燃油经济性

汽车的空气阻力会极大地影响汽车燃油消耗率。当乘用车以 80km/h 在高速公路上行驶时，克服空气阻力所需要的燃油消耗可以占到总燃油消耗的 60%。因此，对于汽车的开发来说，汽车空气动力学性能需要投入大量精力进行研究。

当汽车在道路上行驶，其空气阻力的直接测量较为困难。许多汽车企业在汽车空气动力学研究方面，通常是 CFD 仿真和风洞试验同步进行。

（3）降低车外气动噪声提高驾乘舒适性

随着车速的提高，气动噪声已经成为高速车辆行驶中的主要噪声源，并对车内噪声产生明显的影响。如在 1972 年，德国学者 Buchhim 等人在对 15 种不同汽车进行测试时发现，在车速为 113km/h 的情况下，气动噪声引起的车内噪声的范围是 62~78dB；而车速在 177km/h 时，由气动噪声引起的车内噪声范围为 72~87dB，因此人们开始关注在汽车风洞试验中开展有关气动噪声的测量试验。如研究车身外附件（后视镜、刮水器、车载天线、门把手等）对气动噪声的影响，研究整车高速行驶下的气动噪声，这便对风洞本身的背景噪声提出了较高的要求。

根据气动噪声试验要求，风洞试验段背景噪声声压级要比待测的声源声压级低 10dB 以上，且风洞的辐射噪声不能破坏声源产生的声场，才可开展相应的声学测量试验。

8.3.3 风洞的结构组成

风洞洞体由稳定段、收缩段、低速试验段、高速试验段、扩散段、动力段、拐角导流片、蜂窝器等部分组成。风洞动力系统由大功率直流电机驱动，风扇系统由玻璃钢桨叶组成。

（1）稳定段

稳定段的作用主要是消除旋涡、稳定气流状态。在稳定段中通常装置有整流网（阻尼网）和蜂窝器，如图8-12所示。整流网一般采用金属丝制成，整流网主要用以将气流旋涡转换成大量的能迅速衰减的小旋涡，因此虽然在离网很近的距离内会增加紊流度，但离开网一定距离后，气流的紊流度会大大降低。蜂窝器一般由一定宽度的金属薄片制成，用以消除气流的低频脉动以及和整流网一起消除空间的不均匀性。由于蜂窝器在沿风洞轴线方向有一定的宽度，故而可以减少气流速度对于风洞轴线的倾斜脉动，如图8-12所示。

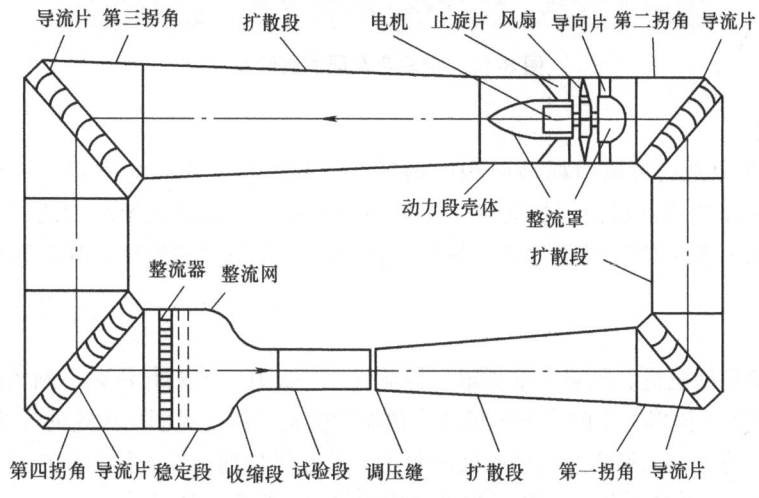

图8-12 风洞整体图

（2）收缩段

收缩段位于试验段的前面，随着其横截面积的不断缩小，气流从入口被逐渐加速到试验段所需要的流动参数值。收缩段的一个重要特性参数是收缩比，通常用K表示：

$$K = 收缩段进口面积 / 收缩段出口面积$$

收缩段的形状和收缩比对流场的品质和风洞功率消耗有很大的关系。最好选择的收缩段形状在出口处得到一种速度分布均匀和平行于风洞轴线的气流，从而保证试验段中的气流速度均匀而平直。收缩比大的风洞所消耗的能量大，但可得到紊流度较低的气流，一般建议汽车风洞的收缩比为$K = 2 \sim 4$。

（3）试验段

试验段是风洞的核心部位，试验对象、模拟环境条件的一些装置以及测量仪器、观察控制室等都设置在这里。试验段的三维尺寸和风速是风洞的重要参数，三维尺寸不仅决定了所能进行汽车风洞的性质（是实车还是模型），而且还直接影响到流场品质和试验结果的可靠性。试验段应当足够长，以便能将汽车或汽车模型以不同位置安置在地板与天平上，试验段的长度一般建议大于或等于横截面直径的二倍。如图8-13所示为宝马实车风洞实验室。

图 8-13　宝马实车风洞实验室

（4）扩散段

扩散段的作用是通过风道横截面积的增加，降低风洞中气流的速度，从而降低能量损失。它一般位于试验段的后面。扩散段管道的横截面积通常采取逐渐增大的方法，将试验段出口处的动能最有效地转变成压力能。另外，扩散段应有适当的长度，其扩散角一般不超过 $50°\sim 60°$。

（5）动力段

动力段一般包括电机、风扇、整流罩、等流计、止旋片。它的作用是不断为风洞中的气流补充动力，以保证气流以一定的速度恒稳地在风洞中流动。调节风洞中风速的方法通常有两种：一是加大电机的功率，二是调节风扇的桨叶角度。装在风扇前的导流片和装在风扇后的止旋片都是用于消除风扇所造成的旋流，从而改善气流的状态，提高流场品质。

8.3.4　风洞试验评价

风洞试验流场显示结果，主要用于观测车辆内外的空气流动、车身表面的尘土污染以及车窗上的水滴流动等现象。流场定量测量可以测得流场中待测点的流场数值（一般为与速度有关的数值），主要用于分析流场特性，如汽车尾部流场特性等。目前，流场显示试验常用的方法有丝带法、烟流法、油膜法，粒子图像测速法（PIV）等。

1. 丝带法

丝带法是用于观察表面流场的常用方法。通过观察黏贴在模型表面上的丝带的运动状况来确定模型表面的流谱。通过长丝带带来显示连续的气流状况。丝带的飘动方向和范围，即为模型表面该点处的气流速度和方向的变动范围。通常选用轻柔的绸带和细小的丝线。丝带的长度和间距根据模型部位和流场的复杂情况等确定，长度一般在 50~100mm，间距一般在 5~10mm。在流场较复杂的部位，如前侧窗附近，采用较短的丝线，间距也较小。反之，在一些结构变化较小、流动较简单的表面上布置较长的丝带，间距也较大。丝带法简单易行，各点流态清晰可见。但因丝带本身的重量和惯性，与真实的流态略有差异，如图 8-14 所示。

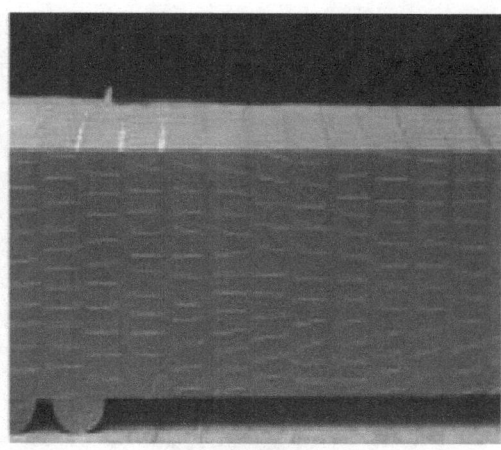

图 8-14　丝带法

2. 烟流法

烟流法显示周围的气流流场以及模型表面的分离流和尾部涡流等。试验时，烟流发生器产生烟，并由梳状管排出烟丝，如图 8-15 所示。烟流试验风速，通常选择在 10~20m/s。

3. 油膜法

油膜法是将混有一定颜色的不易挥发、黏度较大的油液均匀地喷涂在模型或汽车表面。根据模型表面油膜上的风纹，可看出气流的方向和流速大小，如图 8-16 所示。油的常用原料是液体石蜡、油酸和二氧化钛、氧化铝或石墨，制成一定重量比的混合物。使用油膜法可使表面流谱图像一目了然，并可在风洞停止吹风后的一段时间内仍保持其表面流谱。但是需要长时间吹风，油易流淌、模型及风洞易脏。

图 8-15　烟流法　　　　　　　　　　　图 8-16　油膜法

4. PIV 法

PIV（Particle Image Velocimetry），即粒子图像测速法，是一种瞬态、多点、无接触式的流体力学测速方法。PIV 技术的特点是超出了单点测速技术（如激光多普勒测速仪，LDV）的局限性，在同一瞬态记录下大量空间点上的速度分布信息，并可提供丰富的流场空间结构以及流动特性，如图 8-17 所示。

PIV 基本原理：在流场中撒布大量示踪粒子跟随流场运动，把激光束经过组合透镜扩束成片光照明流场，使用数字照相机拍摄流场照片，得到的前后两帧粒子图像，对图像中的粒子图像进行互相关计算,得到流场一个切面内定量的速度分布,进一步处理可得流场涡量、流线以及等速度线等流场特性参数分布,如图 8-18 所示。

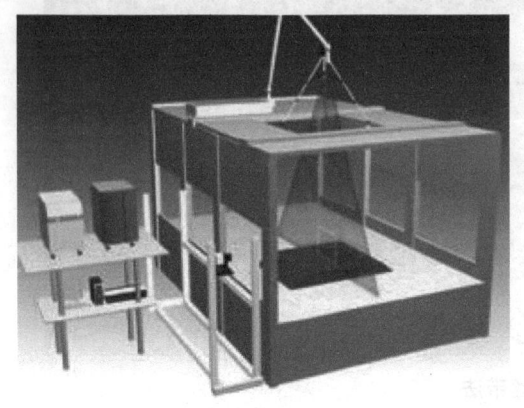

图 8-17　PIV 法

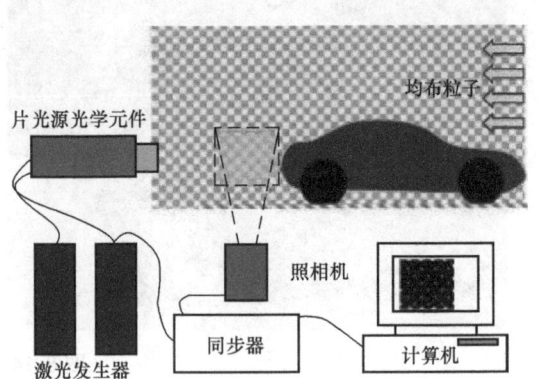

图 8-18　PIV 系统组成

项目 9 整车排放试验

本项目主要学习整车排放试验的意义,了解汽车排气污染物及危害,汽车排放试验流程及测试设备,掌握汽车整车排放试验评价方法及评价指标,培养学生试验方案设计能力和创新能力。

9.1 案例育人

中国工程院院士、发动机专家李骏

李骏,1958年3月24日出生于吉林省长春市,汽车发动机专家,清华大学车辆与运载学院教授、博士生导师。2013年当选为中国工程院院士。

李骏院士长期主持中国一汽技术中心产品自主研发与科技创新工作,形成国内领先的自主研发体系和能力,完成多项重大产品的换代研发以及国家863、973和重大装备型号研制项目;主持研发出一汽解放品牌重型商用车系列柴油机、自主高压共轨电控系统产品,发明双轨电控可变喷油规律高压喷油系统和气驱动尿素喷射NO_x排放后处理系统,并实现产业化;主持研发出一汽红旗品牌直喷增压汽油机L4、L6、V6和V12系列产品、我国首款基于双离合器自动变速器的P2插电式混合动力总成产品;主持研发出我国第三代高机动战术MV3车辆平台;在清华大学主持科技部"十三五"、国家自然科学基金和北京市科委"下一代汽车技术创新"等智能新能源汽车科技创新项目。

李骏院士为了实现自己的理想和志向不断地奋斗、求索、创新,由一名普通的工程师成长为卓越的汽车技术专家,并成为在我国企业界和学术界均具有很强影响力的风云人物。他不仅是卓越的专业技术型人才,也是一位具有战略眼光、不畏挑战的领军人物。

9.2 项目目标

9.2.1 技能目标

1)培养学生归纳和学习相关资料的能力。

2）培养学生试验方案设计能力和创新能力。

9.2.2 项目内容

1）汽车排放污染物及危害。
2）排放试验的意义。
3）常用排放试验仪器。
4）整车排放试验评价。

9.3 相关知识

9.3.1 汽车排放污染物及危害

微课视频
汽车排放
污染物及危害

汽车排放污染物是指汽车排放物中污染环境的各种物质，主要有CO（一氧化碳）、HC（碳氢化合物）、NO_x（氮氧化物）、PM（固体悬浮颗粒）等150~200种不同的化合物。它们都是发动机在燃烧做功过程中产生的有害气体。汽车废气排放的离地高度主要在0.3~2m之间，正好是人体的呼吸高度范围，对人体的健康损害非常严重，而产生这些有害气体的原因各异。

CO是燃油氧化不完全的中间产物，当氧气不充足时会产生CO，混合气浓度太大、混合气不均匀都会使排气中的CO增加。HC是燃油中未燃烧的物质，由于混合气不均匀、发动机缸壁激冷效应等原因，造成部分燃油没及时燃烧就被排放出去。NO_x是燃油在燃烧过程中产生的一种物质。PM也是燃油燃烧时因缺氧产生的一种物质，其中以柴油机最明显。因为柴油机采用压燃方式，柴油在高温高压下裂解更容易产生大量肉眼看得见的碳烟。

1）固体悬浮颗粒：固体悬浮颗粒的成分很复杂，并具有较强的吸附能力，可以吸附各种金属粉尘、强致癌物苯并芘和病原微生物等。固体悬浮颗粒随呼吸进入人体肺部，以碰撞、扩散、沉积等方式滞留在呼吸道的不同部位，引起呼吸系统疾病。当固体悬浮颗粒积累到临界浓度时，便会诱发形成恶性肿瘤。此外，固体悬浮颗粒物还能直接接触皮肤和眼睛，堵塞皮肤的毛囊和汗腺，引起皮肤炎和结膜炎，甚至造成眼角膜损伤。

2）一氧化碳：一氧化碳与血液中的血红蛋白结合的速度比氧气快约250倍。一氧化碳经呼吸道进入血液循环系统，与血红蛋白结合后生成碳氧血红蛋白，从而削弱血液向各组织输送氧气的功能，危害中枢神经系统，造成人的感觉、反应、理解力、记忆力等功能障碍。严重时会损害血液循环系统，导致生命危险。

3）氮氧化物：氮氧化物主要是指NO、NO_2，它们都是对人体有害的气体，特别是对呼吸系统有损害。在NO_2浓度为9.4mg/m^3的空气中暴露10min，即可造成人的呼吸系统功能失调。

4）碳氢化合物：还不清楚它对人体健康的直接危害。但氮氧化物和碳氢化合物在太阳紫外线的照射下，会产生一种具有刺激性的浅蓝色烟雾，其中包含臭氧、醛类、硝酸酯类等多种复杂化合物。对人体最突出的危害是刺激眼睛和上呼吸道黏膜，引起眼睛红肿或咽喉炎。

我国对治理汽车尾气排放造成的城市环境污染非常重视。为了降低或消除这些有害气体的排放，促使汽车厂家改进生产产品以在源头上降低有害气体的排放，我国借鉴欧洲的汽车排放标准，要求国产新车都要标明发动机废气排放所要达到的标准。

9.3.2 排放试验的意义

微课视频
排放试验的意义

我国《机动车排放污染防治技术政策》中明确规定：加强车辆维修、保养，使其保持良好的技术状态，是控制在用车污染排放的基本原则。在用车的排放控制，应以强化 I/M（检查/维护）制度为主，并根据各城市的具体情况，采取适宜的鼓励车辆淘汰和更新措施。完善城市在用车 I/M 管理制度，加强检测能力和网络的建设，强化对在用车的排放性能检测，强制不达标车辆进行正常维修保养，保证车辆发动机处于正常技术状态。逐步建立汽车维修企业的认可制度和质量保证体系，保证维修后的车辆污染物排放达到国家规定的标准要求。

汽车及其发动机生产企业，应在其产品使用说明书中，专门列出维护排放水平的内容，为在用车的 I/M 制度提供技术支持。在《机动车排放污染防治技术政策》附件机动车排放污染防治技术指南中指出：实施车辆的 I/M 制度是最经济、合理、科学、有效的控制在用车排放的措施。要大力加强在用车 I/M 制度，使车辆保持正常的技术水平，努力达到出厂时的排放状态。

汽车排放试验主要涉及的国家标准：

《轻型汽车污染物排放限值及测量方法（中国第五阶段）》（GB 18352.5—2013）；

《轻型汽车污染物排放限值及测量方法（中国第六阶段）》（GB 18352.6—2016）；

《汽油车污染物排放限值及测量方法（双怠速法及简易工况法）》（GB 18285—2018）；

《装用点燃式发动机重型汽车 曲轴箱污染物排放限值及测量方法》（GB 11340—2005）；

《柴油车污染物排放限值及测量方法（自由加速法及加载减速法）》（GB 3847—2018）；

《轻型汽车燃料消耗量试验方法》（GB/T 19233—2020）；

《乘用车燃料消耗量限值》（GB 19578—2021）；

《轻型商用车辆燃料消耗量限值》（GB 20997—2015）；

《压缩天然气汽车燃料消耗量试验方法》（GB/T 29125—2012）。

我国现行轻型汽车排放标准为 GB 18352.6—2016《轻型汽车污染物排放限值及测量方法（中国第六阶段）》（简称国六），分国六 a、国六 b 两个阶段分步实施。国六标准较国五标准做了较大的调整和修改，主要包括（表 9-1）：

1）增加了 N_2O 污染物限值。

2）增加了汽油车 PN 限值。2020 年 7 月 1 日前，汽油车 PN 适用于 6.0×10^{12} 个/km 的过渡限值。

3）汽油车与柴油车的限值进行了统一。

4）国六 b 排放限值大幅降低。

表 9-1 Ⅰ型试验排放限值（国五与国六限值对比）

污染物	THC/(mg/km)		CO/(mg/km)		NO_x/(mg/km)		NMHC/(mg/km)		N_2O/(mg/km)		PM/(mg/km)		PN/(个/km)	
	汽油	柴油	汽油	柴油	汽油	柴油	汽油	柴油	汽油	柴油	汽油	柴油	汽油	柴油
国五	100	—	1000	500	60	180	68	—	无	—	4.5	4.5	—	6.0×10^{11}
国六 a	100		700		60		68		20		4.5		6.0×10^{11}	
国六 b	50		500		35		35		20		3.0		6.0×10^{11}	

9.3.3 常用排放试验设备

1. 汽油车排放污染物的测量仪器

（1）不分光红外分析仪

汽车排放中的 CO、HC、NO_x 等气体都具有能吸收一定波长范围红外线的性质，且红外线被吸收的程度与排气浓度之间有一定的关系。不分光红外线分析仪（图9-1）就是利用这一原理，检测排放中各种污染物的含量。

（2）氢火焰离子检测器

氢火焰离子检测器（图9-2）利用碳氢化合物在氢火焰燃烧产生高温（2100℃左右）中热致电离形成自由离子，且离子数与碳原子数基本成正比。

它可测量体积分数为 $10^{-7} \sim 10^{-2}$ 含量的 HC，且线性和频响特性较好。

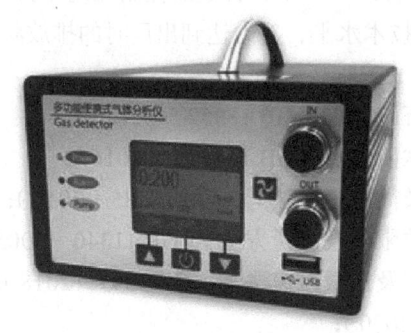

图9-1 不分光红外线分析仪

图9-2 氢火焰离子检测器

（3）化学发光分析仪

化学发光分析仪（图9-3）是目前测定汽车排气中 NO_x 的最好方法，也是各国汽车排放法规优选的测试方法。

化学发光分析仪灵敏度高、反应速度快，在 NO_x 体积分数为 0～0.1 范围内输出特性呈线性关系，适用于低浓度连续分析等。

化学发光法只能直接测定 NO，不能直接测量 NO_2。

通常用加入 O_3 的方法使 NO 产生化学发光现象。放射的光子强度直接与 NO、O_3 浓度的乘积成正比。正常工况下 O_3 量较大，其浓度几乎无变化，故化学发光强度正比于 NO 的浓度。

（4）四气体与五气体分析仪

对于 CO、HC、NO_x、CO_2 和 O_2 这五种气体成分的浓度，通常采用两类不同方法来测定，见图9-4。CO、CO_2 和 HC 通过吸收一定波长范围红外线的原理来测定，可获得足够的测试精度。NO_x 与 O_2 的浓度通常采用电化学的原理来测定，排气中含氧量的浓度通过在测试通道中设置氧传感器即可测定。

图9-3 化学发光分析仪

（5）气相色谱仪

气相色谱仪是一种将混合气体中各种成分相互分离，以便于对混合气的组成和各成分的浓度进行详细分析的方法。气相色谱仪（图9-5）可用于确定排放气体中 HC 的具体组分以及各种成分的体积分数，而一般的汽车排放分析仪只能给出 HC 的总体积分数。

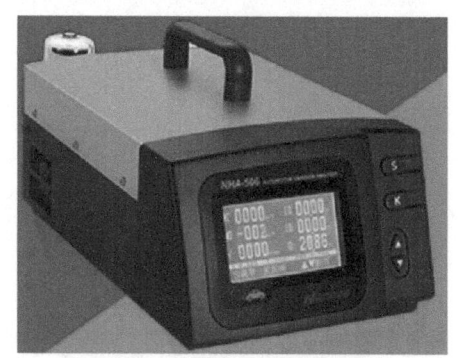

图 9-4　四气体与五气体分析仪

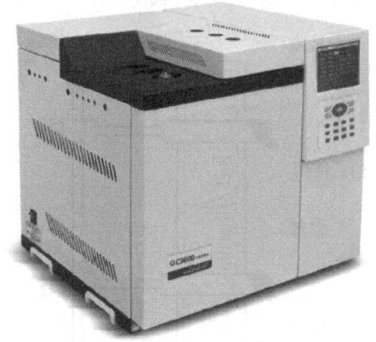

图 9-5　气相色谱仪

（6）顺磁分析仪

顺磁性物质的特性是在无外磁场作用时，由于热运动，使原子磁矩取向无规则；在有外磁场作用时，原子的磁矩有沿磁场方向取向的趋势，显示出磁性。

汽车排放中的顺磁性气体有 O_2 和 NO 等，且 NO 的顺磁性较弱，仅为 O_2 的 44%。在汽车排放中，一般情况下氧的浓度要比 NO 高，故可以根据顺磁性物质特性制作的顺磁分析仪来测量排气中的 O_2 含量。

2. 柴油车排放污染物的测量仪器

柴油车排放污染物的测量仪器主要有滤纸式烟度计、不透光烟度计。滤纸式烟度计用于柴油车的烟度测量，不透光烟度计用于柴油车的可见污染物测量。

（1）滤纸式烟度计

滤纸式烟度计是一种非直接测量仪器，通过测量介质被所测烟度污染的程度来间接得出烟度的大小。

烟度用符号 S_F 表示，烟度值的大小用 FSN 表示。滤纸染黑的程度不同，则对照射到滤纸表面光线的反射能力也不同。

烟度 S_F 可表示为

$$S_F = 10(1 - R_b / R_o)$$

式中　R_b——污染滤纸的反射因数；

　　　R_o——洁白滤纸的反射因数。

全黑滤纸 FSN 为 10，全白滤纸 FSN 为 0。

检测示意图，见图 9-6。

（2）不透光烟度计

按照国家排放标准的规定，对柴油车的可见污染物应采用不透光烟度计（图 9-7）进行测量。

不透光烟度计可分为全流式和分流式两类。

全流式：测量全部排气的透光衰减率。

分流式：将排气中的一部分废气引入取样管，然后送入不透光烟度计进行连续分析。

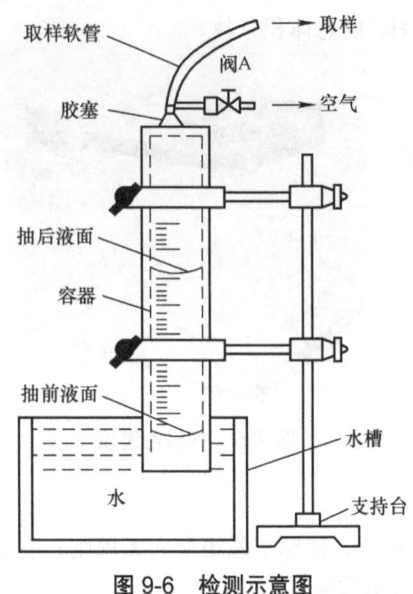

图 9-6 检测示意图

图 9-7 不透光烟度计

9.3.4 整车排放测量试验

汽车排放污染物测量试验一般包括汽车型式核准试验、生产一致性试验、新生产汽车检测试验、在用汽车检测四种试验。

1. 汽油车排放污染物测量

国家标准《汽油车污染物排放限值及测量方法（双怠速法及简易工况法）》（GB 18285—2018）规定，M_1、M_2 和 N_1 类在用汽油车排放污染物的检测应采用双怠速法与简易工况法（稳态工况法、瞬态工况法、简易瞬态工况法）。

单一燃料汽车，仅按燃用单一燃料进行排放检测；两用燃料汽车，要求使用两种燃料分别进行排放检测。

有手动选择行驶模式功能的混合动力电动汽车应切换到最大燃料消耗模式进行测试，如无最大燃料消耗模式，则应切换到混合动力模式进行测试，若测试过程中发动机自动熄火，汽车将自动切换到纯电模式，无须中止测试，可进行至测试结束。

（1）双怠速法

怠速工况是指汽车发动机最低稳定转速工况，即离合器处于接合位置、变速器处于空档位置（对于自动变速器的车辆应处于"停车"或 P 位）；加速踏板处于完全松开位置。高怠速工况指满足上述（除最后一项）条件，用加速踏板将发动机转速稳定控制在 GB 18285—2018 规定的高怠速转速下（GB 18285—2018 中将轻型汽车的高怠速转速规定为 2500r/min ± 200r/min，重型车的高怠速转速规定为 1800r/min ± 200r/min）。如不适用，按照制造厂技术文件中规定的高怠速转速。

测试方法与步骤如下：

1）应保证被检测车辆处于制造厂规定的正常状态，发动机进气系统应装有空气滤清器，排气系统应装有排气消声器和排气后处理装置，排气系统不允许有泄漏。

2）进行排放测量时，发动机冷却液或润滑油温度应不低于 80℃，或者达到汽车使用说明

微课视频
整车排放测量试验

书规定的热状态。

3）发动机从怠速状态加速至70%额定转速或企业规定的暖机转速，运转30s后降至高怠速状态，见图9-8。将双怠速法排放测试仪取样探头插入排气管中，深度不少于400mm，并固定在排气管上。维持15s后，由具有平均值计算功能的双怠速法排放测试仪读取30s内的平均值，该值即为高怠速污染物测量结果。对使用闭环控制电子燃油喷射系统和三元催化转化器技术的汽车，还应同时计算过量空气系数（λ）的数值。

4）发动机从高怠速降至怠速状态15s后，由具有平均值计算功能的双怠速法排放测试仪读取30s内的平均值，该值即为怠速污染物测量结果。

5）在测试过程中，如果任何时刻CO与CO_2的体积分数之和小于6.0%，或者发动机熄火，应终止测试，排放测量结果无效，需重新进行测试。

6）对于多排气管车辆，应取各排气管测量结果的算术平均值作为测量结果。

7）若车辆排气系统设计导致的车辆排气管长度小于测量深度时，应使用排气延长管。

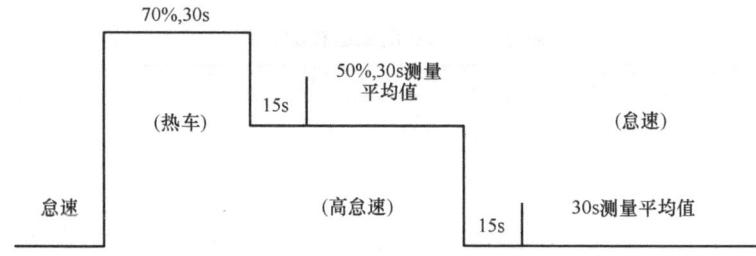

图9-8 双怠速排放试验过程

注：从70%N_e到高怠速过程中是缓慢下降到50%N_e，不能降到怠速再提升到50%N_e。

排放检验的同时，应进行过量空气系数（λ）的测定，如表9-2所示。发动机在高怠速转速工况时，λ应在1.00 ± 0.05之间，或者在制造厂规定的范围内。

表9-2 双怠速法检验排放污染物限值

类别	怠速		高怠速	
	CO（%）	HC（$\times 10^{-6}$）[①]	CO（%）	HC（$\times 10^{-6}$）[①]
限值a	0.6	80	0.3	50
限值b	0.4	40	0.3	30

① 对于以天然气为燃料的点燃式发动机汽车，该项目为推荐性要求。

（2）稳态工况法（ASM）

稳态工况测试在底盘测功机上的测试运转循环由ASM5025和ASM2540两个工况组成。

ASM5025工况是经预热后的车辆，在底盘测功机上以25.0km/h的速度稳定运行，系统根据测试车辆的基准质量自动施加规定的载荷，测试过程中应保持施加的转矩恒定，车速保持在规定的误差范围内。

ASM2540工况是经预热后的车辆，在底盘测功机上以40.0km/h的速度稳定运行，系统根据测试车辆的整备质量自动施加规定的载荷，测试过程中应保持施加的转矩恒定，车速控制在规定的误差范围内。

具体测试方式与循环，见图9-9、表9-3。

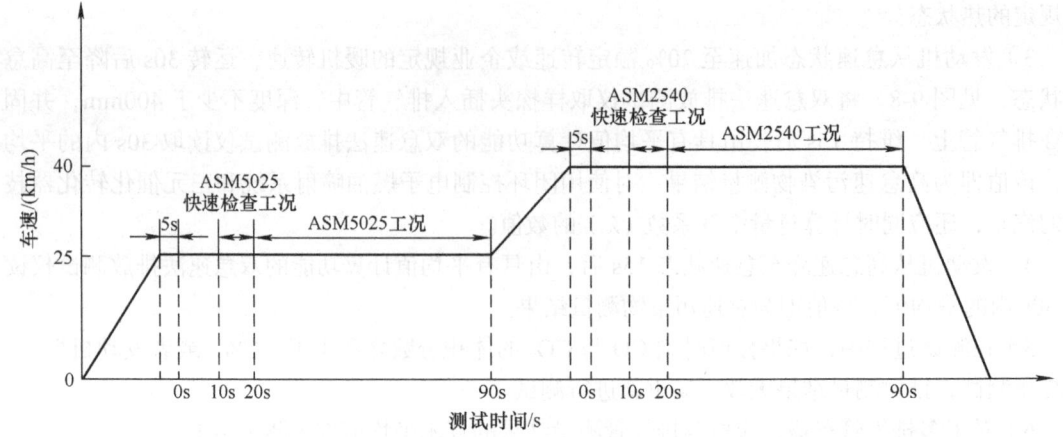

图 9-9 ASM 测试运转循环

表 9-3 ASM 测试运转循环表

工况	运转次序	速度/(km/h)	操作持续时间/s	测试时间/s
5025	1	0~25	—	—
	2	25	5	
	3	25	10	
	4	25	10	90
	5	25	70	
2540	6	25~40	—	—
	7	40	5	
	8	40	10	
	9	40	10	90
	10	40	70	

测试程序如下：

1）车辆驱动轮置于测功机滚筒上，将排气分析仪取样探头插入排气管中，插入深度至少为 400mm，并固定于排气管上，对独立工作的多排气管应同时取样。

2）进行 ASM5025 工况。车辆经预热后，加速至 25km/h，测功机根据车辆基准质量自动进行加载，驾驶员控制车辆保持在 25km/h ± 2.0km/h 等速运转，维持 5s 后，系统自动开始计时 $t=0s$。如果测功机的速度或者转矩，连续 2s 或者累计 5s 超出速度或者转矩允许波动范围（实际转矩波动范围不容许超过设定值的 5%），工况计时器置 0，重新开始计时。ASM5025 工况时间长度不应超过 90s（$t=90s$），ASM5025 整个测试工况最大时长不能超过 145s。

3）ASM5025 工况计时开始 10s 后（$t=10s$），开始进入快速检查工况，排气分析仪器开始采样，每秒测量一次，并根据稀释修正系数和湿度修正系数计算 10s 内的排放平均值，运行 10s（$t=20s$）后，ASM5025 快速检查工况结束，进行快速检查判定。如果被检车辆没有通过快速检查，则车辆继续运行至计时器 $t=90s$，ASM5025 工况结束，期间车速应控制在 25.0km/h ± 2.0km/h 内。

4）在 0s 至 90s 的测量过程中，如果任意连续 10s 内第 1s 至第 10s 的车速变化相对于第 1s 小于 ±1.0km/h，则测试结果有效。快速检查工况 10s 内的排放平均值经修正后如果等于或低于排放限值的 50%，则测试合格，排放检测结束，输出检测结果报告；否则应继续进行完成整个 ASM5025 工况。如果所有检测污染物连续 10s 的平均值经修正后均不大于标准规定的限值，则该车应被判定为 ASM5025 工况合格，排放检验合格，打印检验合格报告。如果任何一种污染物连续 10s 的平均值修正后超过限值，则应继续进行 ASM2540 工况检测；在检测过程中如果任意连续 10s 内的任何一种污染物 10s 排放平均值经修正后均高于限值的 500%，则测试不合格，输出检测结果报告，检测结束。

在上述任何情况下，检验报告单上输出的测试结果数据均为测试结果的最后 10s 内，经修正后的平均值。

ASM5025 工况排放检验不合格的车辆，需要继续进行 ASM2540 工况排放检验。

5）进行 ASM2540 工况。被检车辆在 ASM5025 工况结束后应立即加速运行至 40.0km/h，测功机根据车辆基准质量自动加载，车辆保持在 40km/h ± 2.0km/h 范围内等速运转，维持 5s 后开始计时（$t = 0s$）。如果测功机的速度或者转矩，连续 2s 或者累计 5s 超出速度或者转矩允许波动范围（实际转矩波动范围不容许超过设定值的 5%），工况计时器置 0，重新开始计时，ASM2540 工况时间长度不应超过 90s（$t = 90s$），ASM2540 整个测试工况最大时长不能超过 145s。

6）ASM2540 工况计时 10s 后（$t = 10s$），开始进入快速检查工况，计时器为 $t = 10$，排气分析仪器开始测量，每秒测量一次，并根据稀释修正系数及湿度修正系数计算 10s 内的排放平均值，运行 10s（$t = 20s$）后，ASM2540 快速检查工况结束，进行快速检查判定。如果没有通过快速检查，则车辆继续运行至 90s（$t = 90s$），ASM2540 工况结束，期间车速应控制在 40.0km/h ± 2.0km/h 内。

在 0s 至 90s 的测量过程中，任意连续 10s 内第 1s 至第 10s 的车速变化相对于第 1s 小于 ±1.0km/h，测试结果有效。快速检查工况 10s 内的排放平均值经修正后如果不大于限值的 50%，则测试合格，排放检测结束，输出检测结果报告；否则应继续进行至 90s 工况。如果所有检测污染物连续 10s 的平均值经修正后均低于或等于标准规定的限值，则该车应判定为排放检验合格，排放检测结束，输出排放检验合格报告。如果任何一种污染物连续 10s 的平均值经修正后超过限值，则车辆排放测试结果不合格，继续进行到本工况检测结束，输出不合格检验报告。在检测过程中如果任意连续 10s 内的任何一种污染物 10s 排放平均值经修正后均高于限值的 500%，测试不合格，检测结束。

在上述任何情况下，检验报告单上输出的测试结果数据均为测试结果的最后 10s 内经过修正的平均值。

测试车辆的要求如下：

1）车辆的机械状况应良好，无影响安全或引起测试偏差的机械故障。

2）车辆排气系统无泄漏。

3）车辆的发动机、变速器和冷却系统无液体渗漏。

4）轮胎表面磨损应符合有关标准的规定，轮胎压力应符合生产厂的规定。

5）应关闭车辆的空调、暖风等附属装备，对具有牵引力控制功能的车辆，应关闭牵引力控制装置。

6）车辆驱动轮应置于滚筒上，必须确保车辆的横向稳定，驱动轮轮胎应干燥防滑。

7）车辆应限位良好，对于前轮驱动车辆，测试前应使驻车制动起作用。

8)在测试工况计时过程中,不允许对车辆进行制动。如果车辆被制动,工况起始计时应重新置零($t = 0s$)。

9)车辆预热:进行测试前,车辆动力总成系统的热状态应符合汽车技术条件的规定,并保持稳定。测试前如果待检车辆的等候时间超过20min,或在测试前熄火时间超过5min,可以选择下列任何一种方法预热车辆:

① 车辆在无负荷,发动机在2500r/min转速的状态下,连续运转240s。

② 车辆在测功机上,按ASM5025工况连续运行60s。

10)燃料:应使用符合规定的市售燃料,如车用汽油、车用天然气、车用液化石油气等。试验时直接使用车辆中的燃料进行排放测试,不需要更换燃料。

11)车辆变速器档位选择:自动变速车辆应使用D位进行测试,手动变速车辆应使用二档,如果二档所能达到的最高车速低于45km/h,可使用三档。

稳态工况法检验排放污染物限值,见表9-4。

应同时进行过量空气系数(λ)的测定。

表9-4 稳态工况法检验排放污染物限值

类别	ASM5025			ASM2540		
	CO(%)	HC($\times 10^{-6}$)[①]	NO($\times 10^{-6}$)	CO(%)	HC($\times 10^{-6}$)[①]	NO($\times 10^{-6}$)
限值a	0.50	90	700	0.40	80	650
限值b	0.35	47	420	0.30	44	390

① 对于装用以天然气为燃料的点燃式发动机汽车,该项目为推荐性要求。

2. 柴油车排放污染物测量

柴油车排放污染物的测量,应符合《柴油车污染物排放限值及测量方法(自由加速法及加载减速法)》(GB 3847—2018)的要求。

(1)自由加速法

1)试验条件。

① 试验应针对整车进行。

② 试验前车辆发动机不应停机,或长时间怠速运转。

③ 不透光烟度计及其安装应符合附录不透光烟度计的特性和安装要求。

④ 试验应采用符合国家标准的车用燃料。可以直接使用车辆油箱中的燃料进行测试。

2)车辆准备。

① 车辆在不进行预处理的情况下也可以进行自由加速烟度试验。但出于安全考虑,试验前应确保发动机处于热状态,并且机械状态良好。

② 发动机应充分预热,例如:在发动机机油标尺孔位置测得的机油温度至少为80℃。如果由于车辆结构限制无法进行温度测量时,可以通过其他方法判断发动机温度是否处于正常运转温度范围内。

③ 在正式进行排放测量前,应采用三次自由加速过程或其他等效方法吹拂排气系统,以清扫排气系统中的残留污染物。

3)试验方法。

① 通过目测进行车辆排气系统相关部件泄漏检查。

② 在每个自由加速循环的开始点发动机（包括废气涡轮增压发动机）均处于怠速状态，对于重型车用发动机，将加速踏板放开后至少等待 10s。

③ 在进行自由加速测量时，必须在 1s 的时间内，将加速踏板连续完全踩到底，使供油系统在最短时间内达到最大供油量。

④ 对于每个自由加速测量，在松开加速踏板前，发动机必须达到断油转速。对于使用自动变速器的车辆，应达到发动机额定转速（如果无法达到，不应小于额定转速的 2/3）。

⑤ 在测量过程中应监测发动机转速，检查是否符合试验要求（特殊无法测得发动机转速的车辆除外），并将发动机转速数据实时记录并上报。

⑥ 检测结果取最后三次自由加速烟度测量结果的算术平均值。

（2）加载减速法

1）车辆准备。

① 试验前应该对车辆的技术状况进行检查，以确定待检车辆是否能够进行后续的排放检测。如果发现受检车辆的车况太差，不适合进行加载减速法检测，应对车辆进行维修后才能进行检测。

② 对于紧密型多驱动轴车辆，或全时四轮驱动车辆等不能按加载减速法进行试验的车辆可按自由加速法进行检测。其他装有压燃式发动机的在用汽车，应按本方法进行排放检测。检测过程中如果出现发动机故障使检测工作中止时，必须待排除故障后再重新进行排放检测。

③ 待检车辆放在底盘测功机上，按照规定的加载减速检测程序，检测最大轮边功率及相对应的发动机转速和转鼓表面线速度（VelMaxHP），并检测 VelMaxHP 点和 80% VelMaxHP 点的排气光吸收系数 k 及 80% VelMaxHP 点的氮氧化物。排气光吸收系数检测应采用分流式不透光烟度计。

④ 加载减速过程中经修正的轮边功率测量结果不得低于制造厂规定的发动机额定功率的 40%，否则判定为检验结果不合格。

2）试验用燃料。被测试车辆应采用符合国家标准的市售车用柴油，实际测试时，不应更换油箱中的燃料。

3）试验程序。

① 排放检测由三部分组成：第一部分是对车辆进行预先检查，以检查受检车辆身份与车辆行驶证是否一致，以及进行排放检测的安全性；第二部分是检查检测系统和车辆状况是否适合进行检测；第三部分则是进行排放检测，由主控计算机系统控制自动进行排放检测，以保证检测过程的一致性和检测结果的可靠性。

② 每条检测线至少应设置三个岗位，一是计算机操作岗位，二是受检车辆驾驶员岗位，三是辅助检查岗位，各岗位人员均应随时注意受检车辆在检测过程中是否出现异常情况。

4）预先检查。待检车辆完成检测登记后，检测驾驶员应将车辆驾驶到底盘测功机前等待检测，并进行车辆的预先检查。预先检查的目的是核实受检车辆和车辆行驶证是否相符，并评价车辆的状况是否能够进行加载减速检测。

在将车辆驾驶上底盘测功机前，检测员还应对受检车辆进行以下调整：中断车上所有主动型制动功能和转矩控制功能（自动缓速器除外），例如中断防抱制动系统（ABS）、电子稳定程序（ESP）等。对于无法中断车上主动型制动功能和转矩控制功能的车辆，可采用自由加速法进行排放检测。关闭车上所有以发动机为动力的附加设备，如空调系统，并切断其动力传递机构（如果适用）。除检测驾驶员外，受检车辆不能载客，也不能装载货物，不得有附加的动力装置。必要时，可以用测试驱动桥质量的方法来判断底盘测功机是否能够承受待检车辆驱动桥的质量。

在检测准备工作中，应特别注意以下事项：对于非全时四轮驱动车辆应根据车辆的驱动类型选择驱动方式。

5）检测系统检查。检测系统检查的目的是判断底盘测功机是否能够满足待检车辆的功率要求，同时检查检测系统的工作状态是否正常。

如果待检车辆通过了规定的预检程序，检测驾驶员应按以下步骤将待检车辆驾驶到底盘测功机上。

① 举起测功机升降板，并检查是否已将转鼓牢固锁好。

② 小心将车辆驾驶到底盘测功机上，并将驱动轮置于转鼓中央位置。

注意：除测功机允许双向操作外，一定要按测功机的规定方向驶入，否则有可能损坏底盘测功机，当驱动轮位于转鼓鼓面上时，严禁使用倒档。

③ 放下测功机升降板，松开转鼓制动器。待完全放下升降板后，缓慢驾驶使受检车辆的车轮与试验转鼓完全吻合。

④ 轻踩制动踏板使车轮停止转动，发动机熄火。

⑤ 按照测功机设备商的建议将受检车辆的非驱动轮楔住，固定车辆安全限位装置。对于前轮驱动的车辆，应有防侧滑措施。

⑥ 应为受检车辆配备辅助冷却风扇，掀开受检车辆的发动机舱盖板，保证冷却空气流通顺畅，以防止发动机过热。

6）试验准备。

① 安装好发动机转速传感器，测量发动机曲轴转速。

② 选择合适的档位，使加速踏板在最大位置时，受检车辆的最高车速最接近70km/h。

③ 由主控计算机判断测功机是否能够吸收受检车辆的最大功率，如果车辆的最大功率超过了测功机的功率吸收范围，不能在该测功机上进行加载减速检测。

7）排放试验。

① 试验前的最后检查和准备。

a. 在开始检测之前，应检查试验通信系统工作是否正常。

b. 在车辆散热器前方1m左右处放置强制冷却风机，以保证车辆在检测过程中发动机冷却系统能有效地工作。

c. 除检测驾驶员外，在检测过程中，其他人员不得在测试现场逗留。车辆安置到位将测功机举升机放下后，应对车辆进行低速运行检测，确保车辆运行处于稳定状态。

d. 发动机应充分预热，例如：在发动机机油标尺孔位置测得的机油温度应至少为80℃。因车辆结构无法进行温度测量时，可以通过其他方法使发动机处于正常运转温度。若传动系处于冷车状态，应在测功机无加载状态下低中速运行车辆，使车辆的传动部件达到正常工作温度。

e. 发动机熄火，变速器置于空档，将不透光烟度计的采样探头置于大气中，检查不透光烟度计的零刻度和满刻度。检查完毕后，将采样探头插入受检车辆的排气管中，注意连接好不透光烟度计，采样探头的插入深度不得低于400mm。不应使用尺寸太大的采样探头，以免对受检车辆的排气背压影响过大，影响输出功率。在检测过程中，应将采样气体的温度和压力控制在规定的范围内，必要时可对采样管进行适当冷却，但要注意不能使测量室内出现冷凝现象。

② 试验步骤。正式检测开始前，应按以下步骤操作，以使控制系统能够获得自动检测所需的初始数据。

a. 起动发动机，变速器置于空档，逐渐加大加速踏板开度直到达到最大，并保持在最大开度状态，记录此时发动机的最大转速，然后松开加速踏板，使发动机回到怠速状态。

b. 使用前进档驱动被检车辆，选择合适的档位，使加速踏板处于全开位置时，测功机指示的车速最接近 70km/h，但不能超过 100km/h。对于装有自动变速器的车辆，应注意不要在超速档下进行测量。

c. 计算机对按上述步骤获得的数据自动进行分析，判断是否可以继续进行后续的检测，被判定为不适合检测的车辆不允许进行加载减速检测。

在确认车辆可以进行排放检测后，将底盘测功机切换到自动检测状态。

a. 加载减速测试的过程必须完全自动化。在整个检测循环中，均由计算机控制系统自动完成对测功机加载减速过程的控制。

b. 自动控制系统采集两组检测状态下的检测数据，以判定受检车辆的排气光吸收系数 k 和 NO_x 是否达标，两组数据分别在 VelMaxHP 点和 80% VelMaxHP 点获得。

c. 上述两组检测数据包括轮边功率、发动机转速、排气光吸收系数 k 和 NO_x，必须将不同工况点的测量结果都与排放限值进行比较。若测得的排气光吸收系数 k 或 NO_x 超过了标准规定的限值，均判断该车的排放不合格。

检测开始后，检测驾驶员应始终将加速踏板保持在最大开度状态，直到检测系统通知松开加速踏板为止。在试验过程中检测驾驶员应实时监控发动机冷却液温度和机油压力。一旦冷却液温度超出了规定的温度范围，或者机油压力偏低，都必须立即暂时停止检测。冷却液温度过高时，应松开加速踏板，将变速器置于空档，使车辆停止运转。然后使发动机在怠速工况下运转，直到冷却液温度重新恢复到正常范围为止。

检测过程中，检测驾驶员应时刻注意受检车辆或检测系统的工作情况。

检测结束后，打印检测报告并存档。

（3）柴油车排放污染物限值

对于有手动选择行驶模式功能的混合动力电动汽车应切换到最大燃料消耗模式进行测试，如无最大燃料消耗模式，则切换到混合动力模式进行测试，在测试时若发动机自动熄火自动切换到纯电模式，无须中止测试，可进行至测试结束。

应按照自由加速法或加载减速法进行检测，其检测结果应小于规定的排放限值，见表9-5。

表 9-5　柴油车排放污染物限值

类别	自由加速法	加载减速法		林格曼黑度法
	光吸收系数 /m^{-1} 或不透光度（%）	光吸收系数 /m^{-1} 或不透光度（%）[①]	氮氧化物 /×10^{-6}[②]	林格曼黑度 / 级
限值 a	1.2（40）	1.2（40）	1500	1
限值 b	0.7（26）	0.7（26）	900	

① 海拔高于1500m 的地区加载减速法限值可以按照每增加1000m 增加0.25m^{-1}幅度调整，总调整不得超过0.75m^{-1}。
② 2020 年 7 月 1 日前限值 b 过渡限值为 1200×10^{-6}。

结果判定：

1）如果污染物检测结果中有任何一项不满足限值要求，则判定排放检验不合格。

2）车辆排放有明显可见烟度或烟度值超过林格曼黑度 1 级，则判定排放检验不合格。

3）加载减速法功率扫描过程中，经修正的轮边功率测量结果不得低于制造厂规定的发动机额定功率的 40%，否则判定为检验结果不合格。

4）对于 2018 年 1 月 1 日以后生产车辆，如果 OBD 检验不合格，也判定排放检验不合格。

5）禁止使用降低排放控制装置功效的失效策略。所有针对排放控制装置的篡改都属于排放检验不合格。

项目 10
整车盐雾试验

本项目主要学习整车盐雾试验的意义，了解常用整车盐雾试验测试设备，熟悉整车盐雾试验评价方法及指标，培养学生试验方案设计能力和创新能力。

10.1 案例育人

节能与新能源汽车专家欧阳明高院士

欧阳明高院士（1958—），湖北天门人，1982 年毕业于中南大学车辆工程专业，1993 年在丹麦技术大学能源工程系获博士学位，2004 年入选"长江学者奖励计划"特聘教授，2017 年当选为中国科学院院士。

欧阳明高从"十一五"开始连续三个五年计划担任国家节能与新能源汽车科技重点专项首席专家。他长期从事节能与新能源动力系统研究；聚焦发动机排放问题、动力电池安全问题和燃料电池寿命问题，提出了发动机电控高压柴油喷射新方法，发明了毫秒级燃油压力波精确调控技术；揭示了高比能量锂离子动力电池热失控诱发与蔓延机制，实现了主动安全防控；发展了质子交换膜燃料电池系统非线性动态建模与状态辨识理论，建立了燃料电池/动力电池混合动力系统设计与最优控制方法；研制出系列新装置与新系统，并实现产业化应用，为我国汽车节能减排和新能源汽车发展做出了重要贡献。

欧阳明高院士发表《科学引文索引》（SCI）收录学术论文 200 余篇，多次被列入中国和全球高被引学者榜；授权发明专利 100 余项，两次获得国家技术发明二等奖（第一发明人）；还获得国际氢能与燃料电池联盟 IPHE 技术成就奖、何梁何利科学技术奖等奖励。

10.2 项目目标

10.2.1 技能目标

1）培养学生归纳和学习相关资料的能力。
2）培养学生试验方案设计能力和创新能力。

10.2.2 项目内容

1）整车盐雾试验的意义。
2）整车盐雾试验设备。
3）整车盐雾试验评价。

10.3 相关知识

10.3.1 整车盐雾试验的意义

腐蚀是材料或其性能在环境的作用下引起的破坏或变质。大多数的腐蚀发生在大气环境中，大气中包括氧气、湿度、温度变化和污染物等腐蚀成分和腐蚀因素。盐雾腐蚀就是一种常见的最有破坏性的大气腐蚀。盐雾是指大气中包括含盐微小液滴，它的主要腐蚀成分是氯化钠，来源于海洋和内地盐碱地区。

微课视频
整车盐雾试验的意义

盐雾对金属材料表面的腐蚀，是由于其含有的氯离子穿透金属表面的氧化层或防护层与内部金属发生电化学反应引起的。同时，氯离子有一定的水合能，易被吸附在金属表面的孔隙、裂缝中，排挤并取代氧化层中的氧，把不溶性的氧化物变成可溶性的氯化物，使钝化态表面变成活泼表面，发生对产品造成极坏的不良反应。

汽车作为机械产品，主要由金属等材料构成。汽车在使用过程中，必须考虑到气候环境对金属表面的影响。为保证其可靠耐久性，需要对整车及零部件系统进行腐蚀性试验，即盐雾试验。

盐雾试验是一种主要利用盐雾试验设备所营造的人工模拟盐雾环境条件，考核零部件系统或金属材料耐腐蚀性能的试验。由于自然环境下暴露试验的时间非常漫长，难以在有限的时间内得出相应的结论，不利于汽车产品的研发与验证。而将汽车产品放在人工模拟的盐雾试验环境中，会大大提高腐蚀速度，大大缩短得出结果的时间。例如：在天然暴露环境下，对某零部件样品进行试验，待其腐蚀可能要1年，而在人工模拟盐雾环境条件下试验，可能只要24h就可以得到接近的试验结果。

盐雾试验的参考标准有：

《电工电子产品环境试验 试验Ka：盐雾》（GB/T 2423.17—2008）

《环境试验 第2部分：试验方法 试验Kb：盐雾，交变（氯化钠溶液）》（GB/T 2423.18—2021）

《环境试验 第2部分：试验方法 试验Kca：高浓度二氧化硫试验》（GB/T 2423.33—2021）

《光伏组件盐雾腐蚀试验》（GB/T 18912—2002）

《色漆和清漆 耐中性盐雾性能的测定》（GB/T 1771—2007）

《环境试验设备检验方法 第8部分：盐雾试验设备》（GB/T 5170.8—2017）

《人工大气中的腐蚀试验 交替暴露在腐蚀气体、中性盐雾及干燥环境中的加速腐蚀试验》（GB/T 28416—2012）

《电工电子产品环境参数测量方法 第2部分：盐雾》（GB/T 10593.2—2023）

《轻工产品金属镀层和化学处理层的耐腐蚀试验方法乙酸盐雾试验（ASS）法》（QB/T 3827—1999）

《轻工产品金属镀层和化学处理层的耐腐蚀试验方法中性盐雾试验（NSS）法》（QB/T 3826—1999）

《轻工产品金属镀层和化学处理层的耐腐蚀试验方法铜盐加速乙酸盐雾试验（CASS）法》（QB/T 3828—1999）

盐雾试验主要有以下四种类型：

1）中性盐雾试验。中性盐雾试验（NSS试验）是出现最早、应用最广的一种加速腐蚀试验方法。它采用5%的氯化钠盐水溶液（质量分数），溶液pH值调至中性范围（6~7），并作为喷雾用的溶液。试验温度取35±2℃，要求盐雾的沉降率在1~2mL/（80cm²·h）之间。

2）醋酸盐雾试验。醋酸盐雾试验（ASS试验）是在中性盐雾试验的基础上发展起来的。它是在5%氯化钠溶液中加入一些冰醋酸，使溶液的pH值降为3左右，溶液变成酸性。最后形成的盐雾也由中性盐雾变成酸性，它的腐蚀速度要比NSS试验快3倍左右。

3）铜盐加速醋酸盐雾试验。铜盐加速醋酸盐雾试验（LRHS-663P-RY）是国外近些年发展起来的一种快速盐雾腐蚀试验。试验温度为50℃，盐溶液中加入少量铜盐（氯化铜），诱发强烈腐蚀。它的腐蚀速度大约是NSS试验的8倍。

4）交变盐雾试验。交变盐雾试验是一种综合盐雾试验，它实际上是中性盐雾试验加恒定湿热试验。它主要用于空腔型的整机产品，通过潮态环境的渗透，使盐雾腐蚀不但在产品表面产生，也在产品内部产生。它是将产品在盐雾和湿热两种环境交替转换，最后考核整车及零部件产品的电性能和机械性能有无变化。

10.3.2 整车盐雾试验设备

1. 整车盐雾实验室

汽车整车盐雾实验室作为一种重要的试验设备，在汽车行业中的应用十分广泛，可以检测不同膜厚、不同部位、不同结构的电泳涂层耐加速盐雾腐蚀试验的能力，对这些容易发生腐蚀的部位进行识别、分析，从而采取相应的防护工作。整车盐雾实验室主要结构如下。

1）内箱及其加强件材料：一般采用不锈钢板SUS316。

2）外箱及其加强件材料：一般采用不锈钢板SUS304。

3）箱体/大门保温材料：一般采用硬质聚氨酯泡沫+玻璃纤维（保温厚度为100mm）。

4）箱体大门：试验箱的大门密封采用硅橡胶条；为防止低温试验时门框和门的边沿凝露或结霜，门框和门的边沿需有低压电热除霜装置。

5）盐水桶：一般采用进口PP板，超大盐水箱设计，需支持48h。

6）室体底座：一般情况下底板的承重约500kg/m²，采用8#槽钢焊接成网式框架。

7）饱和空气桶：一般采用不锈钢板（SUS304），所有管道需采用加厚型氟硅橡胶管。

8）引线测试孔：一般是在机器右侧有1个ϕ50mm孔，用于外接测试电源线或信号线（配软塞）。

9）观察窗：一般需要395mm×395mm以上尺寸，可以采用多层中空钢化玻璃，内侧胶合片式导电膜加热除霜，带刮水设备，用于清除玻璃表面的盐雾。

10）其他设计：为保证车辆进出方便，在实验室门口设置斜坡，工作室底部四周需安装排水槽。

整车盐雾实验室主要能完成中性盐雾试验、醋酸盐雾试验以及铜盐加速醋酸盐雾试验等，如图10-1所示，如车身、底盘、发动机、各种金属零部件、电子五金元器件、金属材料的防护层以及工业产品的盐雾腐蚀试验等，也可以应用于动力蓄电池包或电子系统装置的盐雾试验。

2. 盐雾循环试验箱

盐雾循环试验箱的主要性能指标有温度范围、饱和桶温度、温度均匀度、温度波动度、盐雾沉降量、压缩空气压力、喷雾方式、试验时间、周期时间、试样架角度、试验方法等，如图10-2所示。

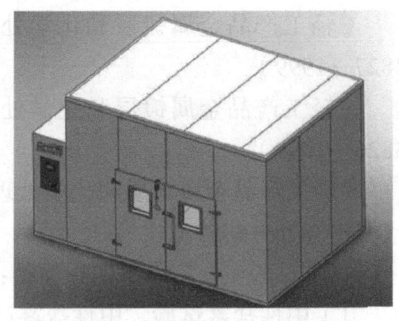

图10-1　整车盐雾实验室

图10-2　盐雾循环试验箱

微课视频
整车盐雾试验设备

盐雾循环试验箱将含有氯化铜的醋酸-氯化钠等组分试验液，以雾状喷于电镀被覆膜或氧化膜上，主要通过腐蚀结果来评定被测试产品的表面抗腐蚀能力和可靠性。

10.3.3　整车盐雾试验评价

1. 盐雾试验结果的判定方法

盐雾试验结果的判定方法有评级判定法、称重判定法、腐蚀物出现判定法、腐蚀数据统计分析法。

评级判定法是把腐蚀面积与总面积之比的百分数，按一定的方法划分成几个级别，以其中某一个级别作为合格判定依据，它适合平板类样品评价。

微课视频
整车盐雾试验评价

称重判定法是通过对腐蚀试验前后样品的重量进行称重，计算出受腐蚀损失的重量来对样品的耐腐蚀性能进行评判，它特别适用于金属耐腐蚀质量考核。

腐蚀物出现判定法是一种定性的判定法，它以盐雾腐蚀试验后产品产生腐蚀的程序来对样品进行判定，一般零部件技术要求中大多采用此方法。

腐蚀数据统计分析法提供了设计腐蚀试验、分析腐蚀数据、确定腐蚀数据置信度的方法，它主要用于分析、统计腐蚀情况，而不具体用于某一产品的质量判定。

2. 试验结果的评价依据

1）试验后的外观。

2）除去表面腐蚀物后的外观。

3）腐蚀缺陷如点蚀、裂纹、气泡等的分布、数量和状态。
4）被腐蚀时间。

3. 试验结果评级原则

1）对镀件外观或使用性能起重要作用的部分镀层表面，即主要表面进行外观和保护等级评定。
2）试样检查结果用（/）对两种等级分别记录，保护等级记录在第一位。
3）除记录试样的级别外，还应注明评级的缺陷种类和严重程度。

4. 试验结果缺陷的类型

1）保护缺陷包括凹坑腐蚀、针孔腐蚀、鼓泡、腐蚀产物以及金属腐蚀产物的其他缺陷。
2）外观缺陷除了因基材金属引起的缺陷外，还包括试样外观所有的损坏。典型的缺陷有表面麻点、"鸡爪状"缺陷、开裂、表面油污或失去光泽。

5. 保护等级的评定

根据腐蚀缺陷所覆盖的面积得出保护等级。例如，镀锌等对基材呈阳性的电镀层，其表面的外观变化包括变色、失光、覆盖层腐蚀和基体金属腐蚀等；把其产生的各种变化分成A~I共9个级别，评级可参照表10-1、表10-2中所列现象进行评定。

表10-1　等级与外观评级（样品表面外观的变化关系）

评级	评级描述
A	A级无变化
B	B级轻微到中度的变色
C	C级严重变色或极轻微的失光
D	D级轻微的失光或出现极轻微的腐蚀产物
E	E级严重失光，或试样表面局部有薄层的腐蚀产物或点蚀
F	F级有腐蚀产物或点蚀，且其中之一种分布在整个试样表面上
G	G级整个表面布有厚的腐蚀产物或点蚀，并有深的点蚀
H	H级整个表面布有非常厚的腐蚀产物和点蚀，并有深的点蚀
I	I级出现基体金属腐蚀

表10-2　金属镀层的腐蚀评级（腐蚀缺陷面积与腐蚀评级的关系）

缺陷面积（%）	腐蚀评级
无缺陷	10
≤0.1	9
>0.1~0.25	8
>0.25~0.5	7
>0.5~1.0	6
>1.0~2.5	5
>2.5~5	4
>5~10	3

(续)

缺陷面积（%）	腐蚀评级
>10～25	2
>25～50	1
>50	0

注：1. 金属镀层的腐蚀评级是根据腐蚀缺陷所占总面积的百分数，按下列公式计算得到

$$R = 3(2 - \log_{10} A)$$

式中　R——腐蚀评级数/保护等级（化整到最接近的整数）；

　　　A——腐蚀缺陷所占总面积的百分数。

2. 对于没有缺陷的样件，可人为地规定为 10 级。

3. 对于那些比 9 级好，但又非完整无缺陷的样件，如有必要可在 9 级和 10 级之间定出分数值以示区别。

6. 对油漆涂层的盐雾腐蚀结果的评级

油漆涂层的盐雾腐蚀结果的评级与金属镀层的评级略有不同，它将评定结果分成了三个等级，按三块样板中级别一致的两块为准，其评判原则，见表 10-3。

表 10-3　油漆涂层的盐雾腐蚀结果的评级

序号	评级原则	油漆涂层腐蚀等级破坏程度
1	一级轻微变色	漆膜无气泡、生锈、脱落、点蚀、裂纹等现象
2	二级明显变色	漆膜表面起微泡面积小于 50%；局部小泡面积在 4% 以下；中泡面积在 1% 以下；锈点直径在 0.5mm 以下；漆膜无脱落
3	三级严重变色	漆膜表面起微泡面积超过 50%；小泡面积在 5% 以上；出现大泡锈点面积在 2% 以上；漆膜出现脱落现象

注：1. 气泡面积计算：使用百分格板，其中 1% 的面积只要起泡，则算为 1% 的面积。以此类推，气泡等级如下：微泡是肉眼可见；小泡是肉眼明显可见，直径在 0.5mm 以下；中泡是直径为 0.6～1mm；大泡是直径为 1.1mm 以上。

2. 板的四周边缘（包括边在内）及孔周围 5mm 不考核，对外来因素引起的破坏现象不做计算。

3. 生白锈面积 10% 以下合格，红锈全面不合格。

4. 漆膜破坏现象凡符合表中规定等级的任何一条，即属该等级。

项目 11
汽车动力性试验

本项目主要学习汽车动力性试验的意义，了解常用汽车动力性试验评价方法及评价指标，培养学生试验方案设计能力和创新能力。

11.1 案例育人

汽车设计与制造技术专家钟志华院士

钟志华（1962—），湖南省湘阴县人，车辆工程专家。1988 年毕业于瑞典林雪平（Linkoping）大学，获工学博士学位。2005 年当选为中国工程院院士。曾任国家"十五" 863 计划"先进制造与自动化技术"领域专家委员会委员，同济大学校长、博士生导师，并兼任国务院学位委员会学科评议组成员和教育部科学技术委员会工学部委员等学术职务。现任中国工程院党组成员、副院长。

钟院士多年来一直从事汽车设计与制造技术的研究与应用，主要研究方向为汽车碰撞安全技术、车身冲压成形技术和模块化轻量化汽车技术等。在国内外主持过多项与上述研究方向相关的理论与方法研究、工程软件研发、制造工艺与装备研发和新产品研发等方面的国家级项目、国际合作项目和企业重大研发项目，并提出了多项新理论和新方法，开发了多项新工艺、新装备和新产品。先后发表论文 120 多篇，出版著作 3 部。获国家科技进步一等奖和二等奖各 1 项，省部级科技进步一等奖 2 项、二等奖 2 项，省部级技术发明和自然科学二等奖各 1 项，发明专利 6 项等。指导硕士生 39 名，博士生 27 名。获中国工程院光华工程科技奖（青年奖）、GM（通用汽车）中国科技成就 2000 年度一等奖（唯一）、湖南省光召科技奖等其他多项奖励和荣誉称号。

11.2 项目目标

11.2.1 技能目标

1）培养学生归纳和学习相关资料的能力。
2）培养学生试验方案设计能力和创新能力。

11.2.2 项目内容

1）汽车动力性试验的意义。
2）汽车动力性评价指标。
3）汽车动力性试验方法。

11.3 相关知识

11.3.1 汽车动力性试验的意义

微课视频
汽车动力性
试验的意义

汽车动力性是汽车的主要性能之一。汽车是一种高效率的运输工具，运输效率的高低在很大程度上取决于汽车的动力性。动力性是汽车各种性能中最基本、最重要的性能。随着我国经济的飞速发展，汽车产业也日益壮大并成为我国的支柱产业之一。我国汽车保有量逐年攀升，同时对汽车动力性的要求也越来越高。汽车驾驶员都希望汽车具有良好的动力性，以便能多拉快跑，提高运输效率和能力，同时也可缓解交通堵塞，促进道路畅通。因此有必要对汽车进行动力性试验，以保证汽车高效安全行驶。

影响汽车动力性的因素主要有以下几个方面。

（1）发动机的功率和转矩

发动机功率越大，汽车的动力性越好。设计中发动机最大功率的选择必须保证汽车的最高车速。最高车速越高，要求汽车发动机功率越大；后备功率越大，加速爬坡能力越好。但是发动机功率不宜过大，否则在常用条件下，发动机负荷率过低，必然增加油耗。发动机转矩越大，在主减速器传动比、变速器档位与传动比一定时，最大动力因数较大，汽车的加速和爬坡能力也越强。

（2）传动系统参数

传动系统对汽车动力性的影响取决于主减速器传动比、变速器档位与传动比等。

1）主减速器传动比。变速器处于直接档时，主减速器传动比将直接影响汽车的动力性能。对于变速器无超速档的汽车，主减速器传动比将决定汽车的最高车速和克服行驶阻力的能力。

2）变速器档位与传动比。变速器档位增多，发动机在最高功率附近工作的频率增加，发动机的平均功率利用率增高，后备功率增大。

（3）汽车流线形

汽车流线形影响汽车的空气阻力系数，对汽车的动力性也有影响。因为空气阻力和车速的二次方成正比，克服空气阻力消耗的功率和车速的三次方成正比，所以汽车的流线形对汽车的最高车速影响很大。

（4）轮胎尺寸与形式

汽车的驱动力与驱动轮的半径成反比，汽车的行驶速度与驱动轮的半径成正比。在良好路面行驶的汽车，由于附着力较大，允许用较小直径的轮胎，可得到较大的驱动力。车速的提高可以用减小主减速器传动比来解决。轮胎尺寸与主减速器传动比的减小，使汽车质心高度降低，提高了汽车行驶的稳定性，有利于汽车高速行驶。软路面上行驶的汽车，车速不高，要求轮胎半径稍大，主要是为了增加附着系数。

轮胎形式、花纹对汽车动力性也有影响。为提高汽车的动力性，应尽量采用滚动阻力较小的轮胎，如子午线轮胎。同时选用合理的花纹，以增加道路与轮胎间的附着力。

（5）汽车整备质量

汽车整备质量对汽车动力性影响很大。除空气阻力外，其他行驶阻力都与汽车的质量成正比。动力因数与汽车整备质量成反比。因此。随着汽车整备质量的增大，其动力性变差，汽车行驶的平均速度下降。如果能减小整备质量，则可减小汽车行驶的阻力，使汽车动力性能得到改善。

（6）使用因素的影响

汽车在实际使用过程中受使用因素的影响，对汽车动力性影响较大，主要有以下几方面的影响。

1）发动机状况。发动机技术状况不良，其功率、转矩下降，汽车的动力性随之下降，这是显而易见的。

2）汽车底盘技术状况。汽车传动系统各传动零部件的松紧与润滑、四轮定位的调整、轮胎气压、制动性能的好坏、离合器的调整、传动系统润滑油的质量等都直接影响汽车的动力性。

3）驾驶技术。熟练的驾驶、适时和迅速换档以及正确地选择档位等，对汽车的动力性发挥有很大的影响。

4）汽车行驶条件。当汽车长时间在高温条件下工作时，由于发动机过热，功率下降，致使汽车的动力性下降。当汽车行驶在高原地区或土路上时，滚动阻力增加，更主要的是由于附着系数减小，致使汽车的动力性大大降低。

11.3.2　汽车动力性评价指标

汽车动力性评价指标一般包括最高车速、加速时间、最大爬坡度、驱动力、行驶阻力及附着力等。在实验室内可测量汽车的驱动力和各种阻力。动力性试验可在道路上和实验室内进行。道路试验主要是测定最高车速、加速能力、最大爬坡度等评价指标。在实验室内可测量汽车的驱动力和行驶阻力等。汽车动力性试验相关标准主要有：

《汽车最高车速试验方法》（GB/T 12544—2012）

《汽车最低稳定车速试验方法》（GB/T 12547—2009）

《汽车滑行试验方法》（GB/T 12536—2017）

《汽车加速性能试验方法》（GB/T 12543—2009）

《汽车爬陡坡试验方法》（GB/T 12539—2018）

《汽车牵引性能试验方法》（GB/T 12537—1990）

11.3.3　汽车动力性试验方法

1. 车速试验

车速试验包括最低稳定车速试验和最高车速试验。

（1）最低稳定车速试验

最低稳定车速能保证汽车在急速踩下加速踏板时，发动机不熄火，传动系统不抖动，汽车能够平稳不停顿地加速，且对应的发动机转速不能下降。具体试验过程如下：

1）试验之前，应选取50m长的平坦、坚实的直线路段，并在该路段的两端各插上一根直杆作标杆。

2）试验时，汽车变速器置于所要求的档位，使汽车保持较低的稳定车速驶入试验路段。各种汽车的变速器档位要求如下：对于货车、客车、专用汽车及重型矿用汽车，都挂直接档；对于越野车，除挂直接档试验外，还要增加挂传动系统最低档位的最低稳定车速试验。另外，还可以根据试验要求，挂超速档或其他档位进行试验；对于没有直接档的汽车，应选速比最接近的档位。

3）当汽车驶出试验路段时，快速踩下加速踏板，此时，发动机不应熄火，传动系统不得发生抖动，汽车能平稳地加速行驶。如果踩下加速踏板后，发动机没有熄火并且传动系统也未发生抖动，应适当降低车速继续进行试验。反之，若发动机熄火或传动系统抖动，应适当提高车速再进行试验，直至找到符合要求的该档位最低稳定车速，试验往返至少各两次。另外，在试验过程中，不允许为保持汽车稳定行驶而切断离合器或使用制动踏板制动汽车。

（2）最高车速

最高车速是指汽车在无风情况下，在水平良好的（混凝土或沥青）路面上能达到的最高行驶速度。

车辆条件：车辆应清洁，车窗和驾驶室内通风装置应关闭，除非试验车辆有特殊要求；除试验必需的设备和车辆日常操纵部件外，应关闭车上的照明装置及行驶辅助装置。

直线道路上的最高车速试验，可选择双方向试验或单方向试验。在符合试验条件的道路上，选择中间200m为测量路段，并用标杆做好标记，测量路段两端为试验加速区。根据试验汽车加速性能的优劣，选定充足的加速区间（包括试车场内环形高速跑道），使汽车在驶入测量路段之前能够达到最高稳定车速。

试验汽车在加速区间以最佳的状态加速行驶，在到达测量路段前保持变速器（及分动器）在汽车设计最高车速的相应档位，节气门全开，使汽车以最高的稳定车速通过测量路段。试验过程中注意观察汽车各总成、部件的工作状况并记录异常现象。对于双方向试验，往返各进行一次，测定汽车通过测量路段的时间，并按下列公式计算试验结果：

$$v_{max} = \frac{L \times 3.6}{t}$$

式中 v_{max}——速度（km/h）；

t——往返方向试验所测时间的算术平均值（s）；

L——测量道路长度（m）。

2. 加速试验

加速试验是为得到汽车加速能力而进行的试验，一般在平坦、干燥路面上测定加速时间、车速和距离等以求得加速能力。试验应在环境温度为0～40℃时进行，不应有雾、雨或冰雹，风速不大于3m/s。试验道路应为清洁、干燥、平直的混凝土或沥青路面，纵向坡度不大于0.1%。试验前，应对车辆进行磨合，所有的轮胎应经过至少100km的磨合，车轮胎面应留有至少75%的花纹，且胎面良好。

加速试验包括节气门全开起步加速性能试验和节气门全开超越加速性能试验两种。对于装配不同变速器的汽车，应参照标准选用合适的档位进行试验。

（1）节气门全开起步加速性能试验

车辆由静止状态节气门全开加速到100km/h，如果最高车速的90%达不到100km/h，应取最高车速的 90% 向下圆整到 5 的整数倍的车速作为试验终了车速。

使车辆由静止状态节气门全开加速通过 400m 的距离，记录以上项目的行驶时间。

（2）节气门全开超越加速性能试验

试验时，车辆由 60km/h 节气门全开加速到 100km/h，如果最高车速的 90% 达不到 100km/h，应取最高车速的 90% 向下圆整到 5 的整数倍的车速作为试验终了车速，记录行驶时间。

3. 爬坡试验

坡度是指坡路的高度和水平距离的比值。一般用百分比来表示，也可以用小数表示如图 11-1 所示。注意：它是一个比值，没有单位。而坡度角 α 是指坡路的路面与水平面之间的夹角，单位是（°）。例如，某段道路坡度为 30%，事实上就是在水平前进 100m 距离的情况下，垂直高度上升 30m，但是这段坡路的坡度角 α 是 16°42″，而不是 30°。而对于 100% 的坡度，坡度角 α 是 45°。

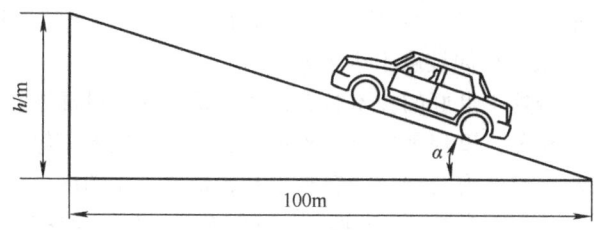

图 11-1　坡度示意图

爬坡试验是评价在各种坡度的坡路上起步和爬坡能力而进行的试验，一般有爬陡坡和爬长坡两种试验。

爬坡试验对道路的主要要求有：测试路段坡道长度不小于 25m，测试路段的前后设有渐变路段，坡前平直路段 8~10m，应为表面平整、坚实、干燥、坡度均匀一致的自然坡道。测试路段的纵向坡度变化率不大于 0.1%，横向变化率不大于 3%，如图 11-2 所示。

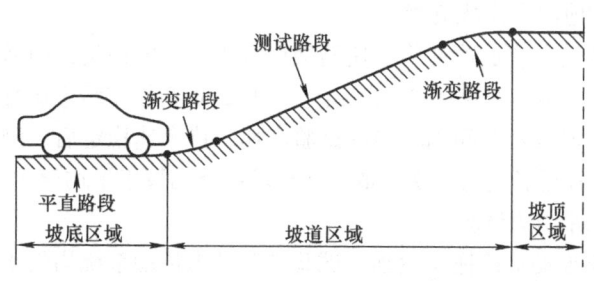

图 11-2　爬坡试验道路示意图

（1）爬陡坡试验

陡坡一般指坡度大于 10% 的坡。试验一般有两种：一种是从坡下平直路段起步后向上爬坡；另一种是在坡路中途紧急停车之后再起步加速，从而测试起步的难易程度和加速能力。爬陡坡试验可以采用坡路试验法和负荷拖车测量法。采用坡路试验的实测方法如下：

1）汽车档位置于最低档，自动档汽车置于 D 位，四驱车使用四轮驱动。

2）将汽车停于接近坡道区域的平直路段上。

3）起步后将节气门全开，在测试路段采集汽车的车速及发动机转速变化数据，爬坡中车速不断升高或趋于稳定通过测试路段，则爬坡成功并记录平均车速。

4）爬坡过程中监视各仪表的工作状况，爬至坡顶后，停车检查汽车有无异常现象发生，并做详细记录。

5）第一次爬坡失败时，分析爬坡失败的原因。如果爬坡过程中发动机转速未达到最大转矩点，可放宽车辆前端距坡道区域的距离，使车辆进入测试路段前发动机转速提升至最大转矩点，进行第二次爬坡，但不允许超过两次。

6）越野车起步后，将节气门全开进行爬坡；当汽车处于测试路段时，靠自身制动系统停住，变速器置于空档位，发动机熄火 2min，再起步爬坡，记录发动机转速。

（2）爬长坡试验

一般在坡度小于 10%（5.7°）的长坡路进行爬长坡试验。爬长坡试验不仅测试动力性能，同时测试行驶时的发动机冷却液温度、各种润滑油温度及其各部分温度并进行整体的实用性评价。

试验坡道应为表面平整、坚实的连续上坡道，要求该坡道长为 8~10km，其中上坡路段应占坡道长度的 90% 以上，最大纵向坡度不小于 8%。

试验前，检查汽车是否处于良好的技术状态，尤其是发动机供油系统和冷却系统、动力传动系统及制动系统的工作状况，里程表应经过校正。试验时，试验车停放在坡道起点处，记录里程表的显示里程数，起动燃油流量计，然后起步开始爬坡。在爬坡过程中，每行驶 0.5km 记录一次各部位的温度值，记录仪表板上的数据，发动机及动力传动系统等工作状况。

当汽车运动至试验终点时，记录数据，计算平均车速和平均百公里燃料消耗量。

4. 牵引性能试验

汽车牵引性能试验主要用于确定汽车牵引挂车的动力性能，它分为牵引试验与最大拖钩牵引力试验两种。

（1）汽车牵引试验

汽车牵引试验最好采用试验汽车牵引负荷拖车的方式进行，没有负荷拖车时，也可以用处于最大总质量状态的其他汽车代替负荷拖车。

试验时，汽车起步后尽快加速并将变速器档位置于需要的档位，而后逐渐将加速踏板踩到底，使汽车加速到该档位最高车速的 80% 以上。然后，负荷拖车缓慢施加负荷，在试验汽车发动机正常转速范围内，取五六个间隔均匀的试验车速，待车速稳定后，测量车速值及相应车速下的拖钩牵引力。试验往返各进行一次，取两次试验结果的算术平均值作为最后的试验结果。

（2）汽车最大拖钩牵引力试验

试验时，由试验车拖动负荷拖车运动，试验汽车动力传动系统均处于最大传动比状态，自锁差速器应锁住。如果用钢丝绳牵引，两车之间的钢丝绳不得短于 15m。

试验开始时，试验汽车应缓慢起步，待钢丝绳（或牵引杆）拉直后，逐渐将加速踏板踩到底，以该工况下最高车速的 80% 行驶。当行驶到测定路段时，负荷拖车开始平稳地施加负荷，使试验车车速平稳下降，直到试验车发动机熄火或驱动轮完全滑转为止，并从驱动力测量仪器上读取最大拖钩驱动力。试验往返各进行一次，以两个方向测得的最大拖钩驱动力的算术平均值为最终试验结果。

项目 12
悬架系统性能试验

本项目主要学习汽车悬架系统性能试验测试的意义，了解悬架系统性能试验的测试设备及悬架性能的评价指标，培养学生的试验方案设计能力和创新能力。

12.1 案例育人

汽车系统动力学专家郭孔辉院士对大学生寄语

郭孔辉，1935 年 7 月 12 日出生，福建省福州市人。1994 年当选为中国工程院院士。郭院士是著名汽车设计研究专家、教授、博士生导师、中国工程院首批院士。他在汽车系统动力学及其相关领域造诣精深；在轮胎力学、汽车动力学，以及人 - 车闭环操纵动力学等方面的研究成果均达到世界先进水平。他是最早把近代系统力学与随机振动引入汽车科学研究的学者。在汽车振动与载荷方面，郭院士系统的、具有开创性的著述在国内外都有重要的影响；是我国汽车科学技术领域中汽车操纵稳定性、平顺性、制动与驱动稳定性及轮胎力学等领域的主要开拓者和学术带头人。

郭院士出生于一个较富有的华侨家庭，年轻的时候有不少机会到国外去过安逸的生活，但他却选择了一条留在国内从事汽车科研的路。有些人觉得难以理解："康庄大道你不走，为何独踏荆棘路？"他觉得主要原因大概有两方面：其一是 20 世纪 50 年代青年所受的教育，以报效祖国为荣，觉得到国外去当"资产阶级接班人"并不光彩；其二是他爱科学，好探索，喜欢钻牛角尖，在探索中偶有收获，就会有许多快慰。在中学时他就立志要当一名"为祖国工业化做贡献的科学家"。

郭院士经常说："你和别人有差距，但你认真一些，一天、两天你可能感觉不到变化，一年、两年以后，你就会发现巨大的变化。搞学问一定要精益求精，态度决定一切。"

12.2 项目目标

12.2.1 技能目标

1）培养学生归纳和学习相关资料的能力。

2）培养学生试验方案设计能力和创新能力。

12.2.2 项目内容

1）悬架系统性能试验的意义。
2）悬架系统性能试验设备。
3）悬架系统性能试验评价。

12.3 相关知识

12.3.1 悬架系统性能试验的意义

汽车振动是影响汽车性能的重要因素之一，其不仅对汽车的平顺性和操纵稳定性及汽车零部件的疲劳寿命均产生影响，严重时还会影响汽车的行驶速度并产生噪声。汽车的减振一般有三个环节，即轮胎、悬架和座椅，起主要作用的是汽车的悬架系统。其阻尼元件——减振器位于车桥和车身之间，根本任务是确保车辆具有良好的行驶平顺性和行驶安全性，具体地说，就是把路面作用于车轮上的垂直反力（支承力）、纵向反力（牵引力和制动力）和侧向反力，以及这些反力所造成的力矩都要传递到车架（或承载式车身）上；同时，将作用于车架上的载荷传递给车轮，以保证汽车的正常行驶；防止车身过大和过长时间的横向摆动，快速衰减由路面激起的振动，减小车身所受冲击。悬架是保证汽车具有良好行驶平顺性、操纵稳定性、舒适性和行驶安全性的重要机构。悬架技术状况的好坏直接影响汽车的使用性能。因此，有必要对悬架的性能进行全面的检测并做出正确的评价。

现代汽车的悬架尽管有各种不同的结构形式，但是一般都由弹性元件、减振器和导向机构（纵、横向推力杆）三部分组成，有些还加有横向稳定器。如何确保汽车悬架性能稳定和可靠工作，对在用汽车悬架特性进行有效检测，及早发现并排除故障隐患是极为重要的环节。该环节对汽车行驶安全性有着非常重要的意义。为此，世界各汽车制造大国都制定了汽车使用过程中对其进行检测的要求和标准，我国现行的相关标准也已要求对在用汽车悬架进行检测，并推荐汽车综合性能检测A级站装备悬架特性检测台。汽车悬架有独立悬架和非独立悬架两种，如图12-1所示。

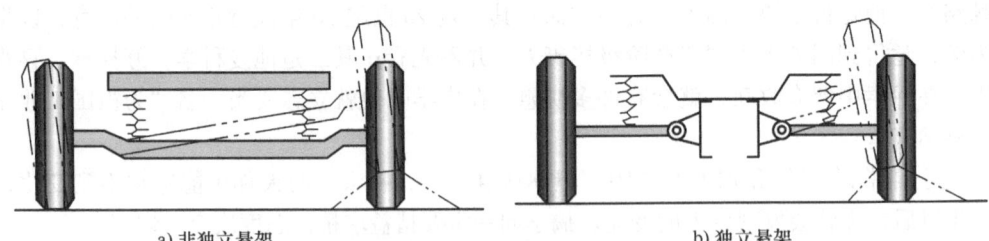

a) 非独立悬架　　　　　　　　　　　b) 独立悬架

图 12-1　非独立悬架和独立悬架

非独立悬架系统的结构特点是两侧车轮由一根整体式车桥相连，车轮连同车桥一起通过弹性悬架系统悬挂在车架或车身的下面。非独立悬架系统具有结构简单、成本低、强度高、保养容易、行车中前轮定位变化小的优点，但由于其舒适性及操纵稳定性都较差，在现代乘用车中基本上已不再使用，多用在货车和大客车上。

独立悬架系统是每一侧的车轮都是单独地通过弹性悬架系统悬挂在车架或车身下面。其优点是：质量小，减小了车身受到的冲击，并提高了车轮的地面附着力；可用刚度较小的软弹簧，改善汽车的舒适性；可以使发动机位置降低，汽车重心也得到降低，从而提高汽车的行驶稳定性；左右车轮单独跳动，互不相干，能减小车身的倾斜和振动。不过，独立悬架系统存在结构复杂、成本高、维修不便的缺点。现代乘用车大都采用独立悬架系统，按其结构形式的不同，独立悬架系统又可分为横臂式、纵臂式、多连杆式、烛式及麦弗逊式悬架系统等。

汽车悬架性能试验按试验方法可分为三类：第一类是整车室外道路试验；第二类是整车试验场试验；第三类是整车室内振动模拟台架试验。其中最常用的是整车室内振动模拟台架试验。

12.3.2 悬架系统性能试验设备

目前，国内外对悬架性能的检测都是在室内的检测设备上进行的，检测设备主要是谐振式和平板式这两种悬架性能检测台。

国家标准推荐使用谐振式检测台和平板式检测台进行检验，其中前者以共振法激励，后者以制动法激励。共振法是目前应用较多的一种形式，通过垂直方向的激振，迫使汽车悬架装置产生强迫振动，使汽车发生共振现象，通过检测在共振后的振动衰减过程中力或位移的振动曲线，求出频率和衰减特性，进而判断悬架减振器的性能，如图12-2所示。谐振式检测台是通过激振器驱动汽车上下振动，然后断开电动机电源，储能飞轮产生扫频激振。由于电动机的频率比车轮固有频率高，飞轮逐渐减速的扫频激振过程总可以扫到车轮固有频率处，从而使台面 - 汽车系统产生共振，根据共振时汽车振动频率和振幅来判断悬架装置工作性能。这种方法的优点在于检测台性能稳定，数据可靠性好，并且结构简单，操作也比较方便，得到了广泛应用。

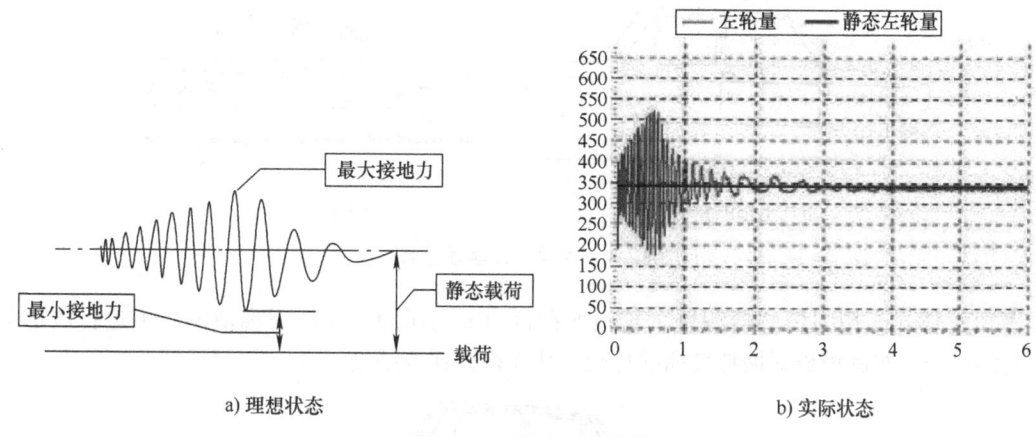

图12-2 振动衰减曲线

汽车悬架性能检测台按激振方式的不同可分为以下四种：按压车体式、跌落式、共振式和平板制动式。

1. 按压车体式

按压车体式悬架性能检测台是在早期的人工按压车体观察法的基础上发展出来的，其结构如图12-3所示。其检测基本原理是通过检测装置将车体压缩到一定位置时突然松开，车体回弹做衰减振动，通过光脉冲测量装置记录振动峰值的变化，按指数衰减规律求得阻尼值，并与厂家或有关标准曲线对照,以此评价悬架装置的性能。

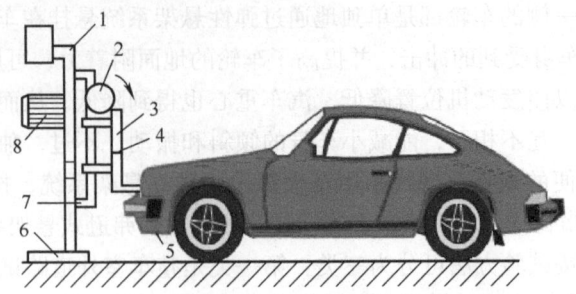

图 12-3 按压车体式悬架性能检测台结构

1—支架 2—凸轮 3—推杆 4—光脉冲测量装置 5—汽车保险杠 6—水平导轨 7—垂直导轨 8—电动机

这种检测方法比较简单方便,但控制精度和结果可靠性差,而且对同一轴左右悬架装置不能独立评价,同轴的一个性能良好的减振器可能会掩盖另一个性能不良的减振器。

2. 跌落式

跌落法按施力方式不同又可以分为向上起升车体式、向下拉紧车体式和跌落车体式三种,如图 12-4 和图 12-5 所示。

向上起升车体式又可分为整体式起升和单轴起升两种方式。在测试过程中,用机械装置将汽车升到一定高度,突然释放使之做自由落体运动。通过分析车体的响应曲线来评价减振器的阻尼状态。

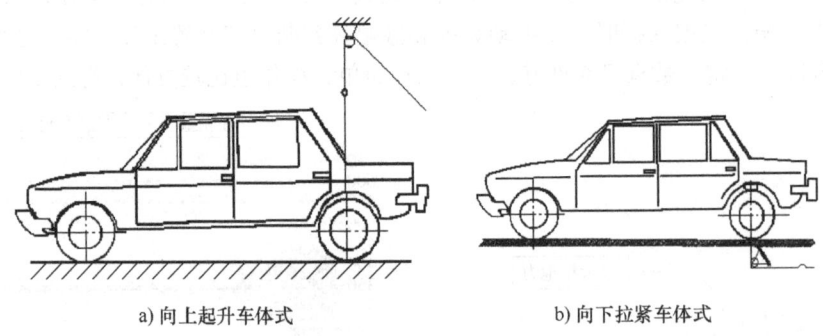

a) 向上起升车体式　　　　　　b) 向下拉紧车体式

图 12-4 跌落式试验示意图

跌落车体式是用力传感器测量车轮施加在台面上的压力,然后对离散的压力进行波形分析,将结果与汽车的理想减振特性曲线比较,从而得出评价结论。

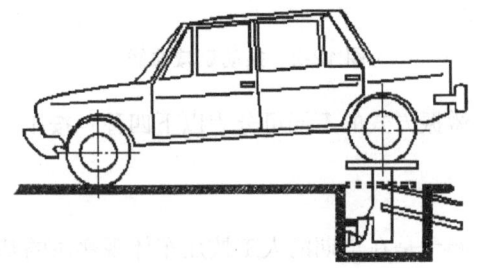

图 12-5 跌落车体式试验示意图

跌落车体式对减振器的评价方法与按压车体法的评价标准相同。这种方法也存在性能良好减振器掩盖性能不良减振器的弊端，而且施力方式不满足快速检测的要求。

3. 共振式

按激振方式的不同，共振式检测台可以分为转鼓式和平台式两种，如图 12-6 所示。转鼓式检测台是将转鼓的表面做成正弦状的不平度，改变转鼓转速，即可改变激振频率。其优点是结构简单，由于车轮的转动，转鼓表面的不平度对汽车的作用接近实际条件，但也存在严重的缺点：由于转鼓具有曲度，因而轮胎与支承面的接触性质失真；在检测时将汽车固定在转鼓上比较困难，并且固定得好坏对检测结果影响较大；由于轮胎半径的不均匀，可以带来一定程度的随机振动，可能产生操纵轮的振动；另外，这种方法需要使用调速电动机，检测周期较长，价格比较昂贵，目前已不再使用。

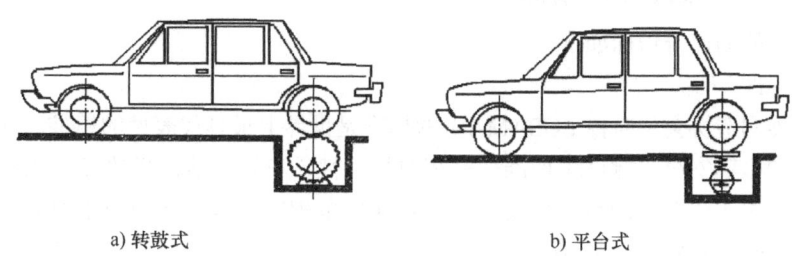

a) 转鼓式　　　　　　　　　　　　b) 平台式

图 12-6　共振式检测台示意图

平台式检测台是将车轮置于根据正弦规律做往复运动的平台上，通过改变调速电动机的转速达到改变激振频率的目的。该检测台多采用偏心结构产生正弦激振信号，这种方法容易调整激振的振幅。平台式检测台是目前应用较为广泛的一种形式。

4. 平板制动式

平板制动式检测台实际上是一种组合式的检测台，如图 12-7 所示。

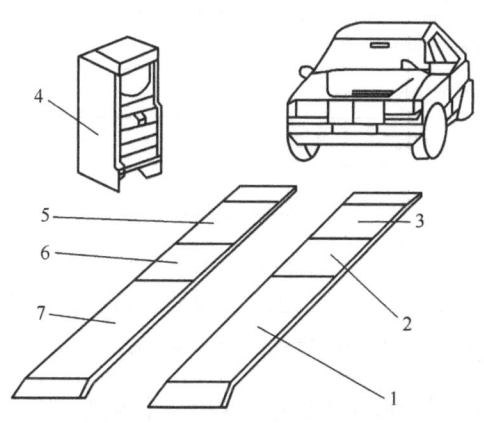

图 12-7　平板制动式检测台示意图

1、3、5、7—"制动力悬架效率轴重"测试板　2—侧滑测试板　4—数据处理分析系统　6—空板

平板制动式检测台采用平板式结构，可以测量汽车制动、轴重、侧滑及悬架效率等项目。该系统由测试平板、数据采集、处理分析等单元组成，测试平板共 6 块，其中"制动力悬架效率轴重"测试板有 4 块，侧滑测试板有 1 块，空板（为前后两块板起过渡作用）有 1 块。每块

"制动力悬架效率轴重"测试板下有 2 个力传感器,分别用来测试轮胎作用在平板上的水平力和垂直力。悬架特性的检测原理是在检测时,车辆以 5~10km/h 的速度驶上平板后,驾驶员迅速踩下制动踏板,使各车轮分别在 4 块"制动力悬架效率轴重"测试板上制动,利用"制动点头"现象产生振动,车身加速向下时,车轮处载荷增加;车身加速向上时,车轮处载荷减少。由于车辆的悬架系统能衰减、吸收车身的振动,所以车身的振动经过一段时间后就会消失,制动引起的车身振动被悬架系统逐渐衰减,在此过程中,可以测得车身振动曲线的变化,并以此来评价汽车悬架装置的性能。这种测试方法简单、快速,测试过程更接近路试,可以真实地反映车辆悬架的减振性能,并且具有综合性(四合一),比较经济,适合车辆检测和维修单位使用。但是检测中对驾驶员操作技术要求较高,也就是说,检测结果受人为因素影响较大。

12.3.3 悬架系统性能评价指标

汽车悬架性能的评价指标如下。

(1)欧洲标准

欧洲减振器制造协会(简称 EUSAMA)的标准是世界上最具代表性的标准。此标准规定了一个非常有用的车辆安全检测度量标准——相对接地性。车轮接地性指数 A 是指汽车在检测台上振动衰减过程中车轮与检测台台面之间在给定频率范围内的最小法向作用力 $F_{\min}$ 与汽车在检测台上静态时法向静载荷 P_a 的比值。

$$A = \frac{F_{\min}}{P_a} \times 100\%$$

EUSAMA 车轮接地性指数评价标准见表 12-1。

表 12-1　EUSAMA 车轮接地性指数评价标准

序号	车轮接地性指数	车轮接地状态
1	60%~100%	非常好
2	45%~60%	好
3	30%~45%	欠好
4	20%~30%	不足
5	1%~20%	危险
6	0	车轮与路面脱离

注:该表中数据是在悬架检测仪的振幅为 3mm 时测量的,这也是大部分检测仪采用的激振振幅。

标准中规定,汽车悬架系统吸收率不得小于 40%,同轴左右吸收率之差不得大于 15%。它反映的是汽车具有的最小路面附着力,也反映了悬架的性能。

(2)我国标准

我国交通运输部 2021 年颁布的检测标准 JT/T 448—2021《汽车悬架装置检测台》提出了吸收率的概念,即被测汽车最小的车轮动态垂直接地力与车轮静态垂直接地力之比,以百分数表示。该评价指标与欧洲施行的相对接地性概念完全相同。

$$吸收率 = \frac{共振时最小动态车轮垂直接地力}{静态时车轮垂直接地力} \times 100\%$$

吸收率评价指标是一个百分数,范围为 0%~100%,它反映了悬架在最恶劣条件下保证与路面接触的最小能力,汽车悬架系统吸收率曲线如图 12-8 所示。吸收率值越大,说明行驶附着情况越好,从而说明行车安全性越好。当吸收率为 0% 时,表明车轮与路面脱离接触;当吸收率为 100% 时,表示汽车处于静止状态,这时车轮的接地性最好。

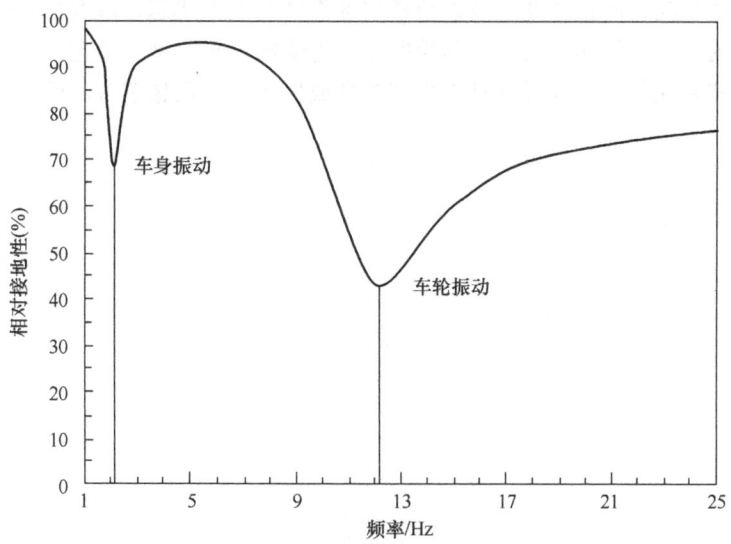

图 12-8 汽车悬架系统吸收率曲线

在图 12-8 中,在整个频段内发生了两次共振:一次是低频共振,此时是车身和检测台面发生了共振;一次是高频共振,此时是车轮与检测台面发生了共振。

目前我国标准规定使用谐振式悬架性能检测台,对于最大设计车速大于或等于 100km/h、轴载质量小于或等于 1500kg 的载客汽车,按规定进行悬架特性检测。

非簧载质量共振时,其振幅随振动系统的阻尼比 ζ 减少而增加,而动态接地力(汽车悬架性能检测台台面与被测汽车悬架的车轮部分出现共振时,汽车车轮作用在台面上的垂直作用力)与振幅有关。

谐振式悬架性能检测台通过电动机、偏心轮、储能飞轮、弹簧组成的激振器,迫使汽车悬架装置产生振动,并由储能飞轮产生扫频激振。测量此时振动频率、振幅,输出振动波曲线,以系统地评价汽车悬架系统性能。

阻尼比计算方法为:

$$\zeta = \frac{c_2}{2\sqrt{m_1(k_2 + k_1)}}$$

式中 m_1——非悬架质量;

k_1、k_2——轮胎、悬架系统弹性元件的刚度系数;

c_2——悬架系统的阻尼系数,主要取决于减振器的阻尼系数。

非悬架质量动态接地力（或振幅）与振动系统的阻尼比有关。一般来说，在正常行驶过程中，悬架系统各部件中性能变化较明显的是减振器的阻尼系数和轮胎刚度，若在轮胎气压与磨损均属正常范围，而出现动态接地力明显变化时，则可认为此变化主要是由减振器性能变化所引起的。因此，用这种方法可以独立地测定汽车每一车轮的悬架装置的性能。

一般来说，汽车的四个车轮的吸收率是不同的，这主要是由于各车轮悬架部件的性能不尽相同，每个车轮承受的载荷不等，汽车中心位置相对四个车轮分布不均等。吸收率不但定量地表达了车轮的接地状况，而且据此可以诊断悬架各部件的工作状态，以及在有缺陷存在的情况下，判断其出现的原因。例如，可以判断减振器是否受损、轮胎型号或轮胎压力是否合适、车轮轴颈是否出现咬紧现象、弹性部件是否出现断裂或损伤，以及悬架各部件是否出现过大的摩擦力等。

项目 13 整车制动性试验

本项目主要学习整车制动性试验方法及政策和制动性能的评价指标，培养学生试验方案设计能力和创新能力。

13.1 案例育人

电动车辆专家孙逢春院士对大学生的寄语

孙逢春，1958年6月6日出生，车辆电动化专家，湖南省常德市临澧县人。1981年毕业于湖南大学应用力学专业，1989年毕业于北京理工大学，获工学博士学位。现任中国电工技术学会副理事长、科技冬奥新能源汽车领域技术专家组组长，曾任电动车辆国家工程实验室主任、北京理工大学副校长，2017年当选中国工程院院士。

孙院士是我国电动车辆工程科技的主要开拓者之一，长期致力于电动车辆总体设计理论、系统集成与控制、一体化电驱动与传动、充/换电站基础设施及运行健康管理等技术研究。创建了我国"电动车辆—充/换电站—远程实时监控"系统工程技术体系。主持实施了国际奥运史上首次奥运中心区零排放公交系统工程。领导组建了电动车辆国家工程实验室、新能源汽车运行国家监测与管理中心以及北京电动车辆协同创新中心。作为第一完成人获国家技术发明奖二等奖2项、国家科技进步奖二等奖1项、何梁何利奖及省部级奖多项。出版著作8部，学术论文200余篇。

孙逢春院士对大学生寄语："抓住大学这四年的时光，好好锻炼自己，苦难是人生最好的磨砺！"

13.2 项目目标

13.2.1 技能目标

1）培养学生归纳和学习相关资料的能力。
2）培养学生试验方案设计能力和创新能力。

13.2.2 项目内容

1）汽车制动性能评价指标。
2）汽车制动性能试验方法。

13.3 相关知识

制动性是指汽车行驶时能在短时间内停车且维持行驶方向稳定性和在下长坡时能维持一定车速的能力。汽车的制动性也是汽车的主要性能之一。自从汽车诞生之日起，汽车的制动性就显得至关重要，并且随着汽车技术的发展和汽车行驶车速的提高，其重要性也显得越来越明显。制动性直接关系到交通安全，重大交通事故往往与制动距离太长、紧急制动时发生侧滑等情况有关。所以，汽车的制动性是汽车行驶的重要保障。

整车制动性试验是指在规定条件下，测定汽车在进行制动操作时的制动效能的试验，用以评价研究汽车的制动性。在道路制动试验中，主要测试制动距离、制动时间、制动减速度、制动协调时间等。在室内制动试验中，常用反力式制动试验台，主要测试制动力、制动协调时间等。

我国汽车制动性能试验相关标准如下：
1）《乘用车制动系统技术要求及试验方法》（GB 21670—2008）。
2）《机动车运行安全技术条件》（GB 7258—2017）。

按照 GB 21670—2008 标准要求，整车制动性能道路试验内容主要包括：
1）磨合试验。
2）O-型试验（冷态制动性能试验）。
3）制动系统部分回路失效效能试验。
4）应急制动性能试验。
5）I-型试验（热衰退和恢复试验）。
6）涉水试验。
7）制动系统时间特性的测定。
8）防抱制动系统性能试验。

13.3.1 汽车制动性能评价指标

1. 行车制动系统

对于 M 和 N 类车辆的行车制动系统各项性能试验应按 GB 12676—2014 满足表 13-1 的要求。

2. 应急制动系统

无论应急制动系统控制装置是否用于其他制动功能，制动距离和充分发出的平均减速度（英文缩写为 MFDD，对应符号为 d_m）应满足下列要求：

1）M_2、M_3 类车辆：$S \leq 0.15v + (2v^2/130)$（单位为 m），$d_m \geq 2.5 \text{m/s}^2$。
2）N 类车辆：$S \leq 0.15v + (2v^2/115)$（单位为 m），$d_m \geq 2.2 \text{m/s}^2$。
3）采用手控装置时，控制力不应超过 600N。控制装置应在便于驾驶员迅速操作的位置。
4）采用脚控装置时，控制力不应超过 700N。控制装置应在便于驾驶员迅速操作的位置。

表 13-1 行车制动系统试验条件及性能要求

车辆种类		M_2	M_3	N_1	N_2	N_3
试验类型		0、I	0、I、II 或 IIA	0、I	0、I	0、I、II 或 IIA
发动机脱开的 O-型试验	$v/(km/h)$	60	60	80	60	60
	S/m	$\leqslant 0.15v + v^2/130$				
	$d_m/(m/s^2)$	$\geqslant 5.0$				
	F/N	$\leqslant 700$				
发动机接合的 O-型试验	$v \leqslant 80\%v_{max}$	100km/h	90km/h	120km/h	100km/h	90km/h
	S/m	$\leqslant 0.15v + v^2/130.5$				
	$d_m/(m/s^2)$	$\geqslant 4.0$				
	F/N	$\leqslant 700$				

注：1. v 为规定的试验车速。

2. S 为制动距离。

3. d_m 为充分发出的平均减速度。

4. F 为制动力。

5. v_{max} 为车辆的最高设计车速。

3. 驻车制动系统

1）不论是否与其他制动系统相结合，驻车制动系统应能使满载车辆在 18% 的上、下坡道上保持静止。

2）对允许挂接挂车的车辆，牵引车的驻车制动系统应能使满载列车在 12% 的上、下坡道上保持静止。

3）采用手控装置时，控制力不应超过 600N。

4）采用脚控装置时，控制力不应超过 700N。

5）允许通过多次促动驻车制动系统以达到规定的性能。

4. 传输装置失效后的剩余制动性能

1）传输装置部分失效时的试验条件及剩余制动性能要求见表 13-2。试验时，施加在控制装置上的操作力不应超过 700N。

2）应模拟行车制动系统的实际失效状态进行剩余制动效能试验。

表 13-2 传输装置部分失效时的试验条件及剩余制动性能要求

车辆类型	初始车速 /(m/s)	满载		空载	
		制动距离 /m	平均减速度 /(m/s²)	制动距离 /m	平均减速度 /(m/s²)
M_2	60	$\leqslant 0.15v+100/300 \times v^2/130$	$\geqslant 1.5$	$\leqslant 0.15v+100/25 \times v^2/130$	$\geqslant 1.3$
M_3	60	$\leqslant 0.15v+100/300 \times v^2/130$	$\geqslant 1.5$	$\leqslant 0.15v+100/30 \times v^2/130$	$\geqslant 1.5$
N_1	70	$\leqslant 0.15v+100/300 \times v^2/115$	$\geqslant 1.3$	$\leqslant 0.15v+100/25 \times v^2/115$	$\geqslant 1.1$
N_2	50	$\leqslant 0.15v+100/300 \times v^2/115$	$\geqslant 1.3$	$\leqslant 0.15v+100/25 \times v^2/115$	$\geqslant 1.1$
N_3	40	$\leqslant 0.15v+100/300 \times v^2/115$	$\geqslant 1.3$	$\leqslant 0.15v+100/30 \times v^2/115$	$\geqslant 1.3$

13.3.2 汽车制动性能试验方法

1. 试验总体要求

制动系统的性能是基于制动距离和充分发出的平均减速度规定的。制动系统的性能应通过测量与车辆初速度有关的制动距离和试验中充分发出的平均减速度来确定。

试验前应按厂家规定的磨合程序或如下要求对制动器进行磨合：

（1）对于前/后盘式制动系统

1）初始速度为 60km/h，制动至大约 20km/h。

2）首先以约 2m/s² 的制动减速度进行 30 次制动，然后以约 4m/s² 的制动减速度进行 30 次制动。

（2）对于前盘式/后鼓式或前/后鼓式制动系统

1）初始车速为 60km/h，制动至大约 20km/h。

2）首先以约 2m/s² 的制动减速度进行 100 次制动，然后以约 4m/s² 的制动减速度进行 100 次制动。

在磨合过程中，制动盘和制动鼓的温度不应超过 200℃。

制动距离是指从驾驶员开始促动制动系统的控制装置开始至车辆停住所驶过的距离。初始速度是指驾驶员开始促动制动系统控制装置的速度。初始速度不应低于相应试验速度的 98%。

充分发出的平均减速度（d_m）按下式计算：

$$d_m = \frac{v_b^2 - v_e^2}{25.92(s_e - s_b)} \tag{13-1}$$

式中 d_m——充分发出的平均减速度（m/s²）；

v_b——$0.8v_0$ 时的车速（km/h）；

v_e——$0.1v_0$ 时的车速（km/h）；

s_b——从 v_0 到 v_b 期间行驶的距离（m）；

s_e——从 v_0 到 v_e 期间行驶的距离（m）。

车速和距离应在规定试验车速下用精度不低于 ±1% 的仪器测定。

2. 路试检测法

（1）路试检测法的主要检测参数

1）采用便携式制动性能测试仪检测时的主要检测参数为充分发出的平均减速度、制动协调时间、制动初速度、制动距离、踏板力、制动稳定性。

2）采用非接触式速度仪检测时的主要检测参数为充分发出的平均减速度、制动初速度、制动距离、速度、踏板力、制动稳定性。

3）采用 GPS 技术检测时的主要检测参数为充分发出的平均减速度、加/减速度、速度、制动协调时间、制动距离、制动稳定性。

（2）检测方法

1）采用便携式制动性能测试仪进行检测的方法。

①将踏板力计安装在制动踏板上，与主机连接。

② 安装加速度传感器，并调整至水平位置，与主机连接。

③ 设置好车牌号码、车型等参数，操作仪器进入制动性能测试状态。

④ 被检车辆起步，沿测试车道的中线加速行驶至高于规定的初速度后，置变速器于空档，滑行到规定的初速度时急踩制动踏板，使车辆停止，读取便携式制动性能测试仪测得的充分发出的平均减速度、制动协调时间、制动初速度、踏板力，并检查车辆有无驶出测试车道边线。

2）采用非接触式速度仪进行检测的方法。

① 将速度传感器安装在被测车辆的合适位置，使之满足工作要求，并与主机连接。

② 将非接触式速度仪车速显示器安装在便于驾驶员观察的位置。

③ 将踏板力计安装在制动踏板上，与主机连接。

④ 操作仪器，选择制动测试模式并进入测试状态。

⑤ 被检车辆起步，沿测试车道的中线加速行驶至略高于规定的制动初速度后，置变速器于空档，滑行到规定初速度时急踩制动踏板，使车辆停止，读取非接触式速度仪测得的充分发出的平均减速度、制动初速度、制动距离、速度、踏板力，并检查车辆有无驶出车道边线。

⑥ 若检测的制动初速度与规定的制动初速度之差超过 2km/h，此次检测结果无效；或者按下式对测得的制动距离进行校正：

$$s_o = \frac{\left(\dfrac{v_o}{v_e}\right)^2}{s_e} \tag{13-2}$$

式中　　s_o——规定的制动初速度时的制动距离（m）；

　　　　v_o——规定的制动初速度（km/h）；

　　　　v_e——测得的制动初速度（km/h）；

　　　　s_e——测得的制动距离（m）。

3）采用 GPS 技术进行检测的方法。

① 将踏板力计安装在制动踏板上，与主机连接。

② 选择开阔、不易受干扰的地点架设基准站 GPS 接收分系统。

③ 在被测汽车上架设移动站 GPS 接收分系统。

④ 开启基准站 GPS 接收分系统和移动站 GPS 接收分系统，进入测试状态。

⑤ GPS 卫星观测时间应大于 5min，观测卫星应不少于 8 颗，参与解算卫星应不少于 6 颗。

⑥ 采用下述两种方法之一测得基准点的位置坐标参数：

a）通过基准站 GPS 接收分系统持续进行约 10min 的该点坐标测试，对采集到的若干数据进行筛选剔除和算术平均处理，得到该点的坐标值。

b）在已知的大地控制网内设有绝对高标的国家平面已知点上进行偏心观测，通过投影变形和坐标变换求得该点坐标值。

⑦ 安装了移动站的汽车在行驶中实施制动，移动站 GPS 接收分系统采集一系列 GPS 星历信号和来自基准站的差分信号后，送至主机进行分析、处理和计算，从而得到汽车一系列与时间相关的行驶速度、加/减速度、充分发出的平均减速度、协调时间、制动距离等汽车制动性

能参数。

⑧ 检测参数按照以下方法进行计算和处理：

a）按照下式计算充分发出的平均减速度：

$$d_m = \frac{v_b^2 - v_e^2}{25.92(s_e - s_b)} \qquad (13-3)$$

b）按照以下方法测得制动协调时间：

被检汽车以规定的速度行驶，在 t_1 时刻踩制动踏板实施制动，GPS 操作控制系统记录脚接触制动踏板时的时刻 t_1，记录当汽车的减速度达到 GB 7258—2017 规定的汽车充分发出的平均减速度的 75% 的时刻 t_2，t_2 与 t_1 之差，即制动协调时间。

c）按照以下方法测得制动距离：

以规定速度行驶的被检汽车在 t_1 时刻踩制动踏板实施制动，当汽车停止时记录对应时间 t_2，在移动站 GPS 接收分系统储存的数据中读取与时刻 t_1 及 t_2 对应的汽车坐标值，计算出汽车的行驶距离，即制动距离。

d）检查车辆有无驶出测试车道边线，评判其制动稳定性。

3. 平板式检测法

（1）平板式检测法的主要检测参数

1）四轮及以上汽车的检测参数为轮荷、最大轮制动力、整车制动率、轴制动率、制动不平衡率、踏板力、制动协调时间。

2）三轮汽车的检测参数为后轴制动率、驻车制动率。

平板式制动试验台主要由测试平板、控制和显示装置、辅助装置等组成，如图 13-1 所示。平板式制动试验台利用汽车在测试平板上的实际紧急制动过程来测定汽车前、后轴制动力，因此能比较客观地反映汽车制动器产生制动力的大小，正确评价汽车的制动性能。

图 13-1 平板式制动试验台

（2）检测方法

1）检验员将被检车辆以 5～10km/h 的速度滑行，置变速器于空档后（自动变速器车辆可位于 D 位），正向平稳驶上平板。

2）当被测试车轮均驶上平板时，急踩制动踏板，使车辆停止，测得各车轮的轮荷（乘用车和其他总质量小于或等于 3500kg 的汽车应为动态轮荷，对于并装双轴、并装三轴车辆的左右两侧可以按照 1 个车轮计）、最大轮制动力、轮制动力增长全过程的数值等，计算各车轴的制动率、不平衡率、整车制动率等指标。

3）重新起动车辆，待车辆驻车制动轴驶上平板时操纵驻车制动装置，测得驻车制动力数值，计算驻车制动率。

4）车辆制动停止时，如被检车轮已离开平板，则此次制动测试无效，应重新测试。

5）对制动反应迟缓的汽车，必要时应连接制动踏板开关信号，检测其制动协调时间是否符合规定。

6）检测时车辆应摆正，不得转动方向盘。

7）检验员应急踩制动踏板，每次踩制动踏板的动作要尽量一致。

8）当被检汽车经平板台检验后对其检测结果有质疑时，应采用路试检测法裁决。

（3）检测参数计算和结果处理

1）轴制动率：测得的该轴左、右车轮最大制动力之和与该轴轴荷的百分比，对于乘用车和其他总质量小于或等于3500kg的汽车轴荷，取左、右轮制动力最大时刻分别对应的左、右轮荷之和，对于其他汽车，取该轴静态轴荷。

2）制动不平衡率：以同轴左、右任一车轮产生抱死滑移时为取值终点，如果左、右车轮无法达到抱死滑移，则以较后出现车轮最大制动力时刻为取值终点。在取值终点前的过程中测得同时刻左、右车轮制动力差的最大值，制动力最大差与左、右车轮最大制动力中较大者的百分比为制动不平衡率。

3）整车制动率：测得的各轮最大制动力之和与该车各轴（静态）轴荷之和的百分比。

4）驻车制动率：测得的各驻车轴制动力之和与该车所有车轴（静态）轴荷之和的百分比。

项目 14
发动机性能试验

本项目主要学习发动机性能试验的意义，了解发动机性能试验的测试设备，了解发动机性能试验评价方法，培养学生试验方案设计能力和创新能力。

14.1 案例育人

内燃机动力工程专家苏万华院士介绍

苏万华，1941年11月21日出生于黑龙江省佳木斯市，男，汉族，山东宁津人，中共党员，内燃机动力工程专家。1965年毕业于天津大学动力与自动化系，后在天津大学攻读内燃机专业研究生，1968年毕业。曾任天津大学内燃机燃烧学国家重点实验室主任。现任天津大学教授、博士生导师、中国内燃机学会名誉理事长、《内燃机学报》主编、国际刊物 Int. J. Engine Research 和 Int. J. Automotive Technology 编委。2011年当选工程院院士。

苏院士长期从事内燃机动力工程的研究和研究生培养工作。20世纪80年代后期，苏院士在国内最早提出柴油机电子控制的技术方向，"九五"期间完成电控高压共轨燃油系统研发和小批试制；开发了全电控柴油引燃天然气双燃料发动机。2001年之后，苏院士连续作为"973"项目首席科学家，提出"燃烧过程混合率和化学反应率协同控制理论"；提出全工况多模式复合燃烧技术，中低负荷实现低温燃烧，高负荷实现高密度低温燃烧。先后开发成功无后处理器满足国四法规的新型柴油机和可变压缩比高热效率国六柴油机。1996年获中国自然基金会和GM联合颁发的首届GM-CHINA杰出成就一等奖，2005年获中国内燃机学会颁发的首届"中国内燃机杰出科技成就奖"，2010年作为第一完成人获"国家技术发明奖二等奖"。

14.2 项目目标

14.2.1 技能目标

1）培养学生归纳和学习相关资料的能力。
2）培养学生试验方案设计能力和创新能力。

14.2.2 项目内容

1）发动机性能试验的意义。
2）发动机性能试验设备。
3）发动机性能试验评价。

14.3 相关知识

14.3.1 发动机性能试验的意义

随着汽车工业的发展，人们对汽车性能的要求也不断提高。发动机作为汽车的核心技术，一直以来是人们关注的焦点。发动机为汽车的行驶提供动力，其对性能、寿命、质量和成本等有较高要求。而发动机构造复杂、零部件众多，内部物理化学过程极其复杂，因此，发动机的生产和研制离不开测试。

汽车发动机试验的内容非常广泛，按试验目的和对象进行分类，可分为用于定型生产的产品试验、研制开发新产品性能评定试验、科学研究试验，以及用于人才培养的教学培训试验。

1）产品试验：产品试验的目的是检验发动机产品的质量，主要指出厂检验、抽查试验与维修后的性能测试。针对汽车发动机制造厂成批的生产产品，为了保证产品质量，需要在出厂前对每台发动机进行测试，检验其动力性和经济性是否满足国家标准规定。由于生产试验主要是为了保证产品质量，因此这类试验方法相对较固定、测试参数也比较少，但是对设备的可靠性和精度要求较高，并适合长期运转。

2）新产品性能评定试验：性能评定试验是为了验证新研制或者经过重大改进后的发动机是否达到了设计的标准而进行的比较全面的性能测试。性能评定试验主要包括功率试验、负荷特性试验、万有特性试验、可靠性试验、排放性试验、振动与噪声试验等。各种性能评定试验的方法不同，而且试验过程复杂，花费时间较长，因此此类试验需要专门的实验室和测试系统。

3）科学研究试验与教学培训试验：科学研究试验也叫作专项试验，是研究发动机原理、探索新工艺、发现新测试方法等专题的专门试验。而教学培训试验主要是为了普及发动机测试基本试验方法，了解测试基本原理。这两类试验旨在发现问题、提出解决方案，因此试验方法相对灵活，试验对象也不固定。

发动机性能试验内容和方法如下：

我国对汽车发动机试验制定了多个国家标准，规定了10项汽车发动机一般特性试验的内容和试验方法，这10项试验分别是功率试验、负荷特性试验、万有特性试验、机械损失功率试验、起动试验、怠速试验、压燃机调速特性试验、各缸工作均匀性试验、机油油耗量试验和活塞漏气量试验。特别是针对汽车排气污染现状，也制定了一系列排放法规来控制汽车排放污染，同时制定了相关的测试方法，明确了测试参数。发动机试验常用测试参数见表14-1。

14.3.2 发动机性能试验设备

试验台架作为发动机最基本的测试平台，对发动机性能测试有着至关重要的指导意义。发动机台架试验水平的高低直接影响能否如实地反映发动机的性能、能否准确发现故障问题、能否科学地提供发动机改善的方向和依据。为了能够严格控制试验条件并按照国家标准规定进行测试，尽量模拟发动机在实际使用下的各种工况，发动机台架试验对试验环境、试验设备和试验方法都有严格的要求。发动机台架试验是用科学试验的方法来揭示发动机内部特性，评价其动力性、经济性、可靠性等性能的必要途径。

表 14-1 发动机试验常用测试参数

序号	参数	类型	序号	参数	类型
1	转速（节气门开度）	测量量、控制量	8	机油温度	测量量
2	转矩（励磁电流）	测量量、控制量	9	机油压力	测量量、控制量
3	燃油消耗量	测量量、控制量	10	燃油压力	测量量、控制量
4	空燃比	测量量、控制量	11	CO、HC、NO_x 含量	测量量
5	燃油温度	测量量、控制量	12	烟度	测量量
6	进气、排气温度	测量量、控制量	13	噪声	测量量
7	进水、出水温度	测量量、控制量	14	振动	测量量

发动机台架试验的目的是检验发动机的性能，而发动机的性能指标有多种，其中，转速、转矩、功率、燃油消耗量等用来评价发动机经济性能，除此之外，还有负荷特性、速度特性、排放量、振动与噪声等。试验过程中，要对多个参数进行实时监控，并且随着工况的调整，需要在相应的时刻记录下各个测试参数的数值并绘制成相应曲线，作为进一步研究和改进的依据。

1. 发动机台架试验系统

发动机台架试验系统是保证发动机测试和试验研究的基础。一般情况下，发动机台架试验需要在专门的实验室台架上进行。发动机台架试验系统可分为试验测控系统和实验室环境系统。测控系统主要由发动机加载装置和测量装置、燃料供给设备，以及控制和数据采集系统组成；实验室环境系统主要包括通风系统、进排气系统和消声隔离系统等，主要用于保证发动机正常的运行环境，避免噪声和排放物污染。系统的控制部分及操作界面放在控制室内，其余设备都在实验室与发动机相连。

发动机台架控制系统和数据采集系统（简称测控系统）的任务是调节发动机工况、完成试验数据的实时采集、记录、处理和输出。测控系统是整个发动机台架试验系统的核心部分，也是影响发动机试验效果的主要因素。发动机台架试验测控系统利用各种测量设备将各类试验参数以电信号的形式输出。信号经调理和多功能数据采集卡转换，最终由计算机系统集中显示和处理。测量设备因测量参数而定，一般包括测功机、油耗仪和各类传感器。同时计算机输出控制信号经数据采集卡转换，由节气门执行器和测功机执行，从而改变发动机的工况。

2. 测功机

测功机是发动机台架试验的主要装置。通常情况下，测功机由三个机构组成：一是用于吸收发动机功率的加载装置；二是改变发动机转矩的负载调节装置；三是转速、转矩的测量装置。

测功机根据吸能传递和转化形式的不同，可分为电力型、水力型和电涡流型。其中，电涡流型测功机是利用电涡流的制动作用，将吸收的功率变成电涡流，进而转化成热量，再用循环水带走。电涡流型测功机的制动设备主要由定子和转子组成，如图 14-1 所示。当电流通过励磁线圈时，闭合回路中就会产生静态磁通。锯齿状的感应子凹凸不平，因此在其旋转的时候，涡流环内的磁通密度就会不断变化，进而在涡流环表面形成电涡流，以阻止磁通的变化，这就是制动作用的产生原理。在旋转过程中，定子外壳受到磁力的作用，可以通过测功机的测力机构进行转矩测量。另外，通过改变励磁线圈的电流就可实现对负载的调节。

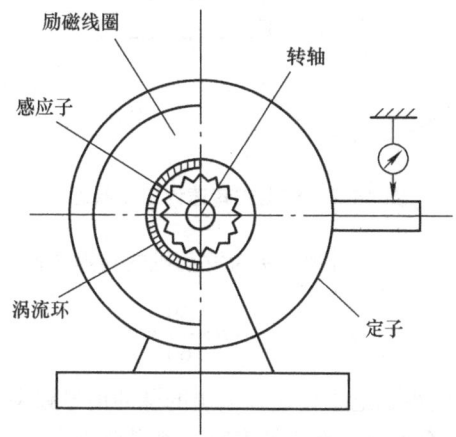

图 14-1 电涡流型测功机结构示意图

发动机台架试验要获得发动机不同工况下的特性曲线，这就需要采用不同的控制方式。电流恒定控制时，测功机的转矩将随转速的稳定而稳定。励磁电流发生改变时，瞬时转矩也将发生相应的改变，因此这种特性非常适合动力传动的测试。这种情况下测功机能够很好地模拟行驶阻力改变发动机的运行工况。转速恒定控制时，测功机自动控制对功率的吸收，从而将被测发动机的转速维持在给定的数值上。转矩恒定控制时，测功机根据转矩测量装置测出的结果加以控制，将测功机吸收的转矩维持在稳定值上，此时发动机的工况和汽车爬坡时的情形类似。综合控制时，测功机的励磁电流随转速增加而增大，这使得测功机的吸收转矩和吸收功率随转速的增加而增加，但是因为转速反馈的控制，吸收功率和吸收转矩的增加速度要快于恒定电流控制。测功机的选用应与被测发动机的特性相匹配，并且被测发动机的工况范围要在测功机的工作范围内。

1）转速和转矩的测量。对于汽车发动机来说，功率是一个十分重要的性能参数。发动机在某工况下的功率 P_e 是由测量转速和转矩计算得出的。计算公式如下：

$$P_e = \frac{2\pi M_e n}{60 \times 1000} = \frac{M_e n}{9550} \quad (14\text{-}1)$$

式中　P_e——有效功率（kW）；

　　　M_e——实测转矩（N·m）；

　　　n——实测转速（r/min）。

从式（14-1）可以看出，发动机输出功率与转速和转矩的乘积成正比关系。

2）转速的测量。在发动机试验中，需要测量的一个重要参数就是转速，它是分析发动机的动态特性和计算调速率的重要依据。一般情况下，测功机都集成转速测量装置。磁电式转速计工作原理如图 14-2 所示。它在转轴上装有测速齿轮盘并在支架上安装磁电传感器。磁电传感器由绕有线圈的永磁铁制成。齿轮盘一般制有 60 个齿。每当转轴旋转一周，磁电传感器就会产生 60 个脉冲信号。

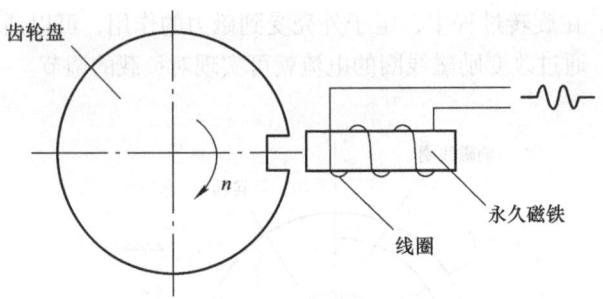

图 14-2 磁电式转速计工作原理

设脉冲信号的频率为 f(Hz)，z 为齿数，n 为发动机的转速（r/min），则有

$$f = n \times \frac{z}{60} = n \times \frac{60}{60} = n \quad (14\text{-}2)$$

齿轮盘采用 60 个齿，这使得磁电式转速计输出的脉冲信号频率与转速的数值正好相等。磁电式转速计结构简单，运行安全可靠，测量精度高，测量范围广。

3）转矩的测量。转矩用来衡量负载大小，是发动机台架试验需要测量的主要参数之一。发动机的转矩可以通过测功机直接测量。测功机通过轴承将外壳定子支撑在支架上。工作时，测功机与发动机相连，外力使测功机自由地旋转，在外壳上安装了力臂，并连接载荷单元，这样就能将作用在外壳上的转矩测量出来，其转矩 M_e 的表达式如下：

$$M_e = WD \quad (14\text{-}3)$$

式中　M_e——转矩（N·m）；
　　　W——作用于载荷单元上的力（N）；
　　　D——力臂长度（m）。

4）燃油消耗量的测量。发动机燃油消耗量单位和车辆行驶燃油消耗量有所不同，车辆行驶燃油消耗量一般用每百公里消耗的燃油体积来表达，即 L/100km。

发动机燃油消耗量指发动机每小时消耗燃油的质量，它是衡量发动机经济性的重要指标。燃油消耗量通常可以用燃油消耗率 g_e 来评价，即每千瓦时消耗燃油多少克，用式（14-4）计算。

$$g_e = \frac{G_f}{P_e} \times 1000 \quad (14\text{-}4)$$

式中　g_e——燃油消耗率 [g/(km·h)]；
　　　G_f——燃油消耗量（kg/h）；
　　　P_e——发动机功率（kW）。

燃油消耗量一般通过容积法、流量法和质量法来测量。其中，容积法是通过测量固定时间内发动机消耗的燃油容积，将其乘以燃油密度，从而计算得到所消耗的燃油质量；流量法则是通过测量发动机运行中燃油的流量，从而间接测量燃油消耗质量的方法；而质量法是通过对燃油质量直接测定而获取燃油质量的一种方法，该方法无须测量燃油的密度，装置结构简单，只要保证时间，就能够获得一定测量精度。为了保证测量结果的准确性，各个工况点应至少测量 3 次，取平均值作为结果。

质量法的测量装置通常由精密天平、秒表、三通阀和油杯等组成,测量过程采用二次平衡的方法,测量消耗固定质量的燃油所用的时间,从而求出燃油消耗量,计算公式如下:

$$G_f = 3.6 \frac{W}{t} \quad (14\text{-}5)$$

式中　G_f——燃油消耗量(kg/h);
　　　W——设定的燃油质量(g);
　　　t——测得时间(s)。

随着技术的不断进步,现都采用传感器技术使测量自动化,如质量式自动油耗仪。使用该装置测量时,油杯中油量变化产生的天平位置偏移由传感器感知并转换为一个电信号输出,再由二次仪表计算出设定时间内的燃油消耗量 G_f,从而计算出单位时间内的燃油消耗量,当油杯中燃油量达到下限时,仪器控制阀门进行自动充油。该仪器量程一般为 0~10kg,误差为 ±0.1%,使用方便,精度高。

5)温度测量。温度是发动机测试中需要测量的主要项目之一,它反映发动机的运行状态。发动机台架试验中主要涉及的温度有机油温度、冷却液温度(进、出水温度)、排气温度、燃油温度和试验环境温度。对以上信息的准确测量对正确控制试验过程、剖析发动机性能有着至关重要的作用。

温度的测量主要由温度传感器完成,目前常见的温度传感器有热电阻式和热电偶式两种。热点偶式温度传感器利用热电效应将温度直接转换成电流输出;而热电阻式温度传感器利用一些材料的电阻对温度的敏感,通过测量材料的电阻变化来获得温度信息。

① 热电偶式温度传感器。热电偶式温度传感器是测量温度最常用的传感器,其测量范围广,有较高的稳定性和可靠性。热电偶式温度传感器靠热电效应原理工作,如图 14-3 所示,A、B 为不同材料的导体,将它们串联在一起,组成一个闭合回路。当导体 A 和 B 结合处有温度差异时,导体中就会产生电势差,这种电势差使得回路中产生一定大小的电流,这种现象称作热电效应,由两导体组成的元器件称作热电偶。两导体焊接在一起的 T0 端为测量端,测温时要将其插入到被测介质中。而另一端 T1 作为参考端,通过导线通向测温仪表。

常规的热电偶式温度传感器主要用于气体、液体和水蒸气等介质的温度测量。目前热电偶最高可测量温度为 1800℃。不同材质的热电偶所适

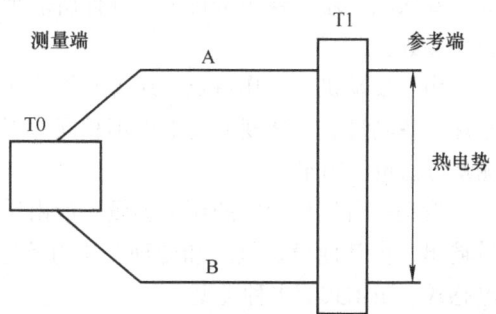

图 14-3　热电偶式温度传感器工作原理

用的测量范围不同,因此可以根据实际的测量范围来选择合适的热电极材料。一般常用的热电极材料有金属铁、铜、耐高温材料、石墨,还有部分贵金属如铂铑合金等。

② 热电阻式温度传感器。热电阻式温度传感器的工作原理是热阻效应,即金属导体或者半导体的电阻随温度的变化而变化。这样,通过将电阻值转换成电信号输出,从而得到温度值。根据敏感元件的材质不同,热电阻式温度传感器可以分为金属热电阻式温度传感器和半导体热电阻式温度传感器。其中,半导体热电阻式温度传感器又称为热敏电阻传感器。

常用的金属热电阻式温度传感器用于测量中低温，一般温度区域在 −200~650℃ 之间。其电阻值和温度可以用以下的表达式近似表示：

$$R_t = R_{r0}[1 + \alpha(t - t_0)] \tag{14-6}$$

式中　R_t——温度为 t 时的电阻值（Ω）；
　　　R_{r0}——温度为 t_0 时对应的电阻值（Ω），通常 $t_0 = 0℃$；
　　　α——温度系数。

如果用铜丝作为热电阻，分度号是 Cu_{50}，在 0℃ 下，它的阻值是 50Ω，温度变化到 100℃ 时，阻值就变为 71.4Ω。如果用铂丝作为热电阻，分度号是 Pt_{100}，在 0℃ 下，它的阻值为 100Ω；200℃ 时，阻值为 175.86Ω；当温度为 −200℃ 时，其阻值为 18.52Ω。

热敏电阻传感器的温度系数是一个负数，即当温度升高时，其阻值下降，同时灵敏度也会有所下降，这个特性限制了热敏电阻传感器只能在低温条件下使用。目前热敏电阻传感器使用的温度上限为 350℃ 左右，其阻值和温度的关系可以由式（14-7）近似表示。

$$R_t = Ae \tag{14-7}$$

式中　R_t——温度为 t 时的阻值（Ω）；
　　　A——取决于半导体材料的结构常数。

分度号是用来反映温度传感器在测量温度范围内温度变化对应传感器电压或者阻值变化的标准数列，即热电阻、热电偶、电阻、电势对应的温度值。热电阻分度号主要有 Pt_{100}、Pt_{1000}、Pt_{10}、Pt_{800}、Pt_{500} 等铂热电阻；Cu_{50}、Cu_{100}、Cu_{10} 等铜热电阻；Ni_{100}、Ni_{500}、Ni_{1000} 等镍热电阻。其中，常用的铂热电阻测温范围为 −200~850℃，铜热电阻测温范围为 −50~150℃。

6）压力测量。发动机台架试验中，经常需要对各种介质压力进行测量。具体来说，介质压力主要包括进气管压力、喷油压力、机油压力、气缸压力、排气背压、排气管压力和大气压等。专项试验还需要测试特定零部件所能承受的压力。压力也是反映和影响发动机工作状态的主要参数。

由于发动机的工作特点，压力和温度一样，经常变化（如缸压）而且规律不定，数值大小悬殊，各测量点对精度的要求也不相同。因此，根据试验目的和试验项目的不同，测量仪器和测量方法也不固定。

发动机台架试验中的压力测量一般由压力传感器完成。压力传感器将压力信号转换为电信号输出，供其他设备显示和处理。压力传感器根据测量原理的不同，可分为电阻式、电容式、电感式、霍尔式等多种类型。

对于发动机台架试验，其中进气管压力、涡轮增压压力频率变化快、要求精度高，可采用压阻式压力传感器；发动机机油回路允许工作压力为 1.0MPa，冷却液回路允许压力为 0.15~0.3MPa，可选用电容式压力传感器；而发动机气缸压力最高为 1.0~1.2MPa，可以采用多晶硅式压力传感器。

14.3.3　发动机性能试验评价

1. 功率试验

速度特性是发动机节气门开度保持不变时，各参数指标随转速变化的规律。功率试验也称外特性试验，就是节气门全开情况下与发动机动力性、经济性有关（M_e、P_e、G_f、g_e、T_e……）的速度特性试验。

功率试验整个过程中，发动机节气门位置始终设定在最大位置，即节气门开度为100%。

在发动机额定转速范围内，均匀地选取不少于8个稳定工况点，其中包括额定点和最大转矩点。测量各稳定工况点的转矩、转速和燃油消耗量，并计算功率和燃油消耗率等，绘制出发动机特性曲线，如图14-4所示。

试验所测量的主要项目有：

1）转速、转矩：转速和转矩的数值可由测功机直接测量，再计算出功率。转速、转矩和功率是发动机动力性能的主要参数，决定了汽车车速、爬坡和加速能力。

2）燃油消耗量：要了解汽车发动机的经济性，就必须对燃油消耗量进行测量，再计算出各工况下的燃油消耗率。

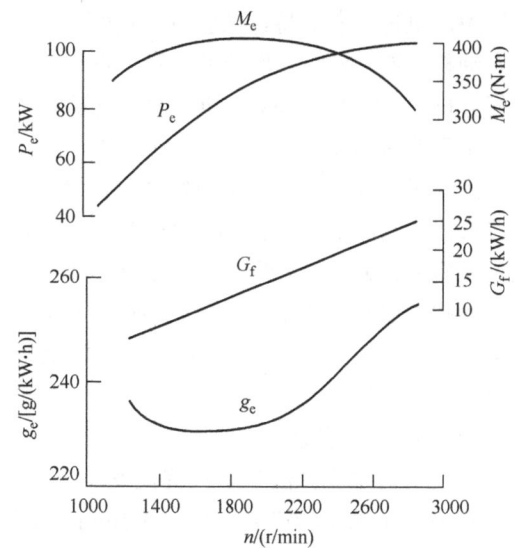

图 14-4 发动机特性曲线

3）排放污染物：国家对压燃式发动机的排气可见污染物、点燃式发动机的空燃比和CO的测量都有明确规定，测试排放污染物也是外特性的一个指标。

4）排气温度、冷却液温度、燃油温度、润滑油温度、油压，以及点火或喷油提前角等，测量目的是确保发动机处于最佳或正常的工作状态。

5）进气状态：主要指大气温度、大气压力、湿度等，测量目的是计算校正有效功率和压燃式发动机的燃油消耗率。

2. 负荷特性试验

负荷特性是在发动机保持转速不变的情况下，发动机主要性能参数随负荷的改变而变化的情况。负荷特性试验的目的是评价发动机在规定转速、不同负荷下的经济性和排放性。

负荷特性试验开始时，首先稍加负荷，使发动机达到规定的稳定热状态。试验从较小负荷开始，逐渐增大节气门开度，直至节气门全开为止，但保持转速始终不变。同样选取不少于8个测量点。试验结束，绘制燃油消耗率随功率变化的曲线，如图14-5所示。

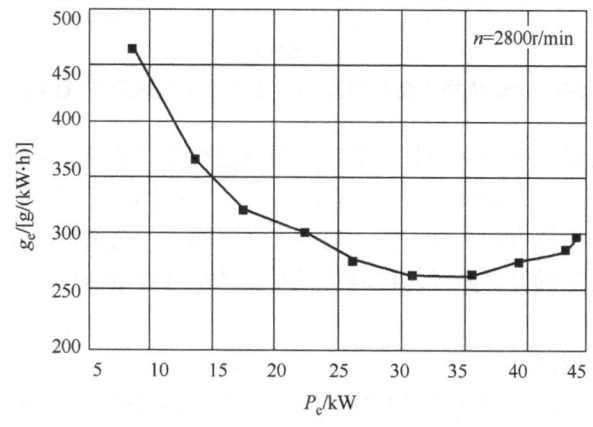

图 14-5 发动机负荷特性曲线

发动机进行负荷特性试验所测量的参数种类与功率试验大体相同，即在每个工况点下，测量发动机转速、转矩、燃油消耗量、点火提前角、空燃比等；另外，负荷试验需要对排气成分进行分析，测定 CO、HC、NO_x 的排放量等。

3. 可靠性试验

发动机可靠性可以定义为发动机在使用期限内和规定条件下，主要性能指标不下降，不发生严重损坏或停车，或发生故障易迅速修复的特性。这是评价发动机产品质量的一个重要指标，也是人们最为关心的问题。检验发动机可靠性的试验称为可靠性试验。

根据试验目的的不同，可靠性试验的内容和方法也存在一定差异。我国目前广泛采用的几种可靠性试验规范，包括模拟道路行驶状况的交变负荷试验、混合负荷试验、全速全负荷试验、冷热冲击试验等。

（1）交变负荷试验方法

交变负荷试验方法如下：首先发动机节气门全开，然后发动机从最大净转矩转速 n_M 均匀地升至最大净功率转速 n_P，历时 1.5min，保持转速 n_P 运行 3.5min；随后再均匀地降低到 n_M，同样用时 1.5min，持续 n_M 运行 3.5min。重复执行上述的交变工况 25min，然后关闭节气门。发动机怠速运行，直到试验进行到 29.5min；再增大节气门开度，使转速在无负荷下均匀地上升到额定转速，历时 0.25min；随即关小节气门，使转速再降回到 n_M，历时 0.25min。至此试验进行 30min 为一个循环，如图 14-6 所示。整个试验需要完成 800 个循环，总共耗时 400h。

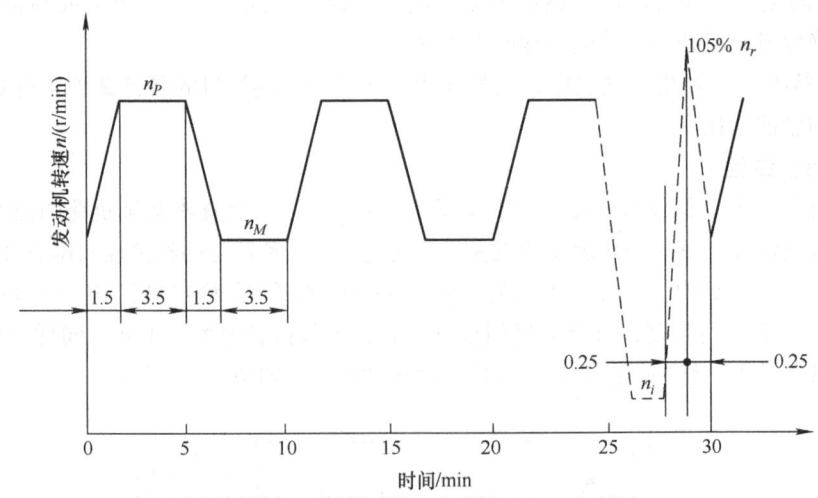

图 14-6　发动机交变负荷循环试验曲线（实线表示节气门全开）

由于发动机可靠性试验持续时间长，所以应对其进行定时检查。国家标准中规定了发动机每运行小时，记录校正最大净转矩、校正最大净功率、额定功率、点火提前角、燃油消耗量、机油压力和温度、进气管压力和温度、排气温度、燃料温度、全负荷活塞最大漏气量及持续时间等信息，并绘制随时间的监督曲线。试验终了对发动机进行全面拆卸，检验主要部件的磨损情况。

（2）混合负荷试验规范

混合负荷试验规范如图 14-7 及表 14-2 所示，不同工况间转换在 1min 内完成，均匀地改变转速及负荷。每循环历时 60min，共 1000 个循环，运行持续时间 1000h。

项目 14 发动机性能试验

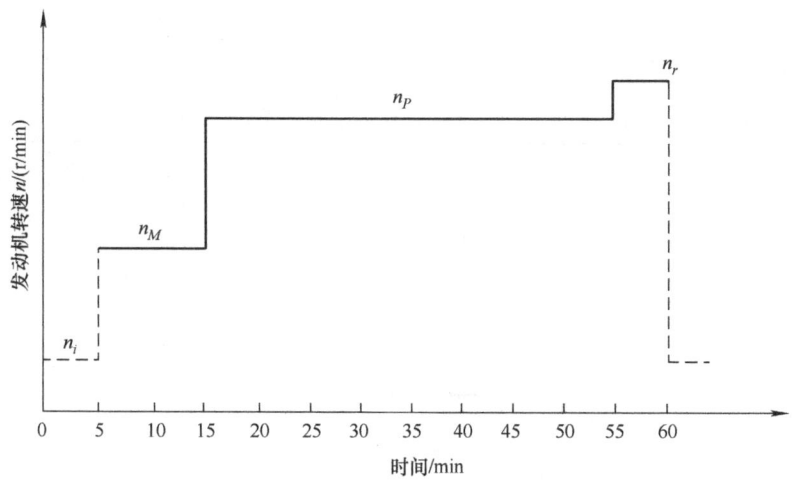

图 14-7 发动机混合负荷试验规范示意图

表 14-2 混合负荷试验规范

工况序号	发动机转速	负荷	工况时间 /min
1	怠速 n_i	0	5
2	最大净转矩的转速 n_M	节气门全开	10
3	最大净功率的转速 n_P	节气门全开	40
4	额定转速 n_r	节气门全开	5

（3）全速全负荷试验

全速全负荷试验规范见表 14-3。

表 14-3 全速全负荷试验规范

转速	负荷	持续运行时间 /h
额定转速 n_r	节气门全开	1000

（4）冷热冲击试验

冷热冲击试验规范如图 14-8 及表 14-4 所示，表中工况 1 到 2 和工况 2 到 3 的转换在 5s 以内完成；工况 3 到 4 和工况 4 到 1 的转换在 15s 以内完成，均匀地改变转速及负荷。每循环历时 6min。不同最大总质量汽车用发动机运行持续时间见表 14-5。

（5）汽车发动机可靠性评定方法

按国标 GB/T 19055—2003《汽车发动机可靠性试验方法》，针对不同车型的可靠性试验要求见表 14-5。

1）为使发动机可靠性有一致的评定基础，在没有重大的结构损坏的前提下，允许更换少量的零部件，运行持续时间（h）达到表 14-5 的规定，才进行评定。试验中更换的零部件未达到设计的寿命，则该零部件可靠性不合格。

2）在运行过程中，校正最大净转矩、校正最大净功率及额定净功率下降不应超过初始值的 5%。

3）额定转速、全负荷时机油 / 燃料消耗比不得超过 0.3%。

4）四冲程发动机在全负荷时最大活塞漏气量（B_{max}）不得超过限值（B_L）。

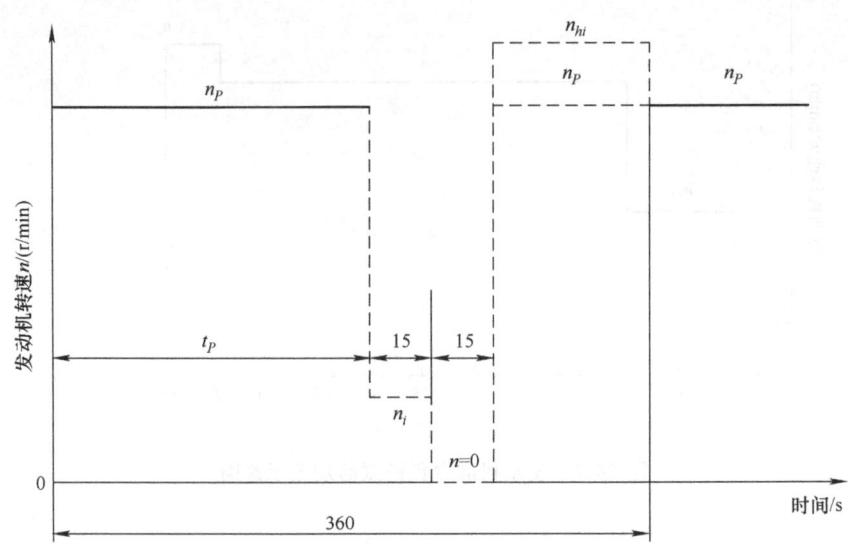

图 14-8 冷热冲击试验规范示意图（实线表示节气门全开）

表 14-4 冷热冲击试验规范

工况序号	转速	负荷	冷却液出口温度 /K	工况时间 /s
1（热）	最大净功率的转速 n_P	节气门全开	升至 378 ± 2[①] 或 385 ± 2[②]	t_P[③]
2	怠速 n_i	0	自然上升	15
3	0	0	自然上升	15
4（冷）	最大净功率的转速 n_P 或高怠速 n_{hi}	0	降至 311_{-4}^{0}	$360-t_P-15-15$

① 散热器盖在绝对压力 150kPa 放气时，冷却液温度升至 378K±2K，或按发动机制造厂的规定。
② 散热器盖在绝对压力 190kPa 放气时，冷却液温度升至 385K±2K，或按发动机制造厂的规定。
③ t_P 系发动机自行加热至规定出水温度所需的时间。

表 14-5 不同最大总质量汽车用发动机可靠性试验规范及运行持续时间 （单位：h）

装机汽车类别	负荷试验规范（在 A 发动机上进行）			冷热冲击试验规范（在 B 发动机上进行）
	交变负荷	混合负荷	全速全负荷	
汽车最大总质量 ≤ 3500kg	400	—	—	200
3500kg< 汽车最大总质量 ≤ 12000kg	—	1000	—	300
汽车最大总质量 > 12000kg	—	—	1000	500

注：装用乘用车和商用车的发动机均按本表分类。

$$B_L = CV_t = 0.6\% \times V_H \left(\frac{n_r}{2}\right) r_r \left(\frac{298}{T_m}\right) \quad (14-8)$$

式中　C——系数（选定为 0.6%）；
　　　V_t——四冲程发动机在标准状态下额定转速时的理论吸气量（L/min），即充气系数 $\eta_v = 1$；
　　　V_H——发动机排量（L）；

n_r——额定转速（r/min）；

r_r——额定转速、全负荷时增压机的压比，即压气机出口的绝对压力 p_o 与压气机进口绝对压力 p_i 之比（$r_r = p_o/p_i$），非增压机取 $r_r = 1$；

T_m——进气歧管内进气温度（K），非增压机令 $T_m = 298K$。

5）发动机可靠性试验故障用首次故障时间、故障停车次数及故障平均间隔时间（即运行持续时间与故障次数之比）来评定。

6）根据紧固件的拧紧力矩松动量，分析松动原因及对发动机可靠性和密封性的影响。

7）发动机不得向内、向外漏油或漏水；空气不得渗入发动机负压系统。发动机内不得有燃气窜入油道或水道、油水混合等，主要评定缸垫、进排气管垫、排气管、油封等零部件的密封性。

8）对零部件裂纹或断裂的评定。分析零部件裂纹或断裂的原因，由机械交变应力引起的疲劳裂纹或断裂，主要发生在连杆、曲轴、缸体、油底壳、齿轮、支架及高压油管等零部件上；由燃烧或摩擦产生的热疲劳裂纹或断裂，主要发生在缸盖、活塞、喷嘴、排气歧管及增压器等零部件上。零部件裂纹或断裂的严重程度分类见表14-6。

表 14-6 零部件裂纹或断裂的严重程度分类

类别	程度	形貌	危害性
A	轻微裂纹	通过探伤仪或用10倍的放大镜才能发现	不会发展，不引起故障
B	中等裂纹	肉眼可见	有可能扩展，引起故障
C	较大的裂纹或断裂	尺寸较大的裂纹或断裂	裂纹很可能扩展引起故障；零件断裂但未引起故障
D	严重裂纹或断裂	关键部位的大裂纹或断裂	导致重大故障

9）摩擦表面的评定。主要摩擦副的表面一般磨损、粘着磨损及磨料磨损的严重程度分类见表14-7~表14-9。按GB/T 17754—2012区分发动机零部件出现的其他磨损形式，如腐蚀磨损（缸套-环换向区、排气门/排气门座锥面等）、疲劳磨损（挺杆、轴瓦、齿轮表面等）、微动磨蚀（轴瓦钢背、飞轮压紧处、飞轮壳压紧处、湿缸套止口处等）、电蚀（火花塞电极等）和穴蚀（水泵叶轮等）。

表 14-7 摩擦表面一般磨损分类

类别	程度	形貌	危害性
A	轻微磨损	不可测出，可见加工痕迹或光亮	无
B	轻度磨损	勉强可测量	无
C	中度磨损	可测量	可能引起故障
D	严重磨损	有深度磨损或局部过量磨损	导致重大故障

表 14-8 摩擦表面粘着磨损分类

类别	程度	形貌		危害性
		擦痕	材料转移	
A	轻微擦伤	表面变颜色、局部光亮或少量擦痕	无	无
B	中度擦伤	擦痕多处、面积较大，感觉有深度	表层材料转移	有可能扩展，引起故障
C	粘着	擦痕分布宽而深	次表层材料转移	引起故障
D	严重粘着（撕裂）	大面积粘着和撕裂	材料撕裂转移	导致重大故障

表 14-9 摩擦表面磨料磨损分类

类别	程度	形貌			危害性
		划痕数量	划痕深度	用指甲或铅笔感觉	
A	轻微划痕	很少	很浅	无	无
B	轻度划痕	少量	较浅	不易	无
C	中度划痕	中等数量	较深	略有	可能有影响，但不会引起故障
D	严重划痕或破坏	很多	深	有	导致重大故障

10）摩擦副接触状态的评定。主要摩擦副（主要摩擦副有轴颈/轴瓦、缸筒（头环换向处）/活塞（裙部）/环凸轮/挺杆/摇臂、气门/气门座等）的接触带应在正常位置，接触面积大小恰当，不得有断带现象。

分析油底壳、罩盖、缸盖上表面、活塞、进气门和凸轮等表面上的沉积物、油泥及漆膜，评定油料品质和零部件工作状态的关系。活塞环槽和环表面沉积物的分类见表 14-10。

表 14-10 活塞环槽和环表面沉积物的分类

类别	程度	形貌		危害性
		环与环槽的状态	沉积物厚度	
A	轻微沉积物	灵活环	几乎看不到沉积物	无
B	中等沉积物	活环	有明显的沉积物，量少，未占满间隙	无
C	较严重沉积物	钝环（转动不灵活）	沉积物较多，几乎占满间隙	可能引起故障
D	严重沉积物	死环（转不动）	占满间隙	导致重大故障

项目 15
电动汽车驱动电机性能试验

本项目主要掌握驱动电机的基本概念，了解驱动电机性能试验设备，学习电机性能试验评价方法及指标，培养学生试验方案设计能力和创新能力。

15.1 案例育人

燃料电池专家衣宝廉院士

衣宝廉，1938 年 5 月 29 日生于辽宁省辽阳市，男，1962 年毕业于吉林大学化学系。同年他考入大连化物所研究生，师从郭燮贤院士，学习催化化学，1966 年毕业，留所工作；现任中国科学院大连化物所研究员；曾任全国燃料电池与液流电池标准委员会主任、新源动力股份公司名誉董事长，国家"863"计划"十五"电动汽车重大专项、"十一五"节能与新能源汽车总体专家组成员、燃料电池发动机责任专家。

他主要从事化学能与电能的相互转化研究，是我国燃料电池开拓者之一，于 20 世纪 70 年代参加并领导了航天碱性石棉膜型氢氧燃料电池研制；80 年代利用燃料电池技术，实现空气氧氮分离制备纯氮气，电解水制备超纯氢，研制电化学 CO 与 H_2 传感器，投放市场，获得良好效益；90 年代作为项目负责人，领导了科技部"九五"攻关和中科院重大项目"燃料电池技术"，组装 30kW 氢氧燃料电池堆与电池系统用作中巴车动力源。他共申报 PEMFC 专利 34 件，形成了一整套 PEMFC 自主知识产权，组建新源动力股份有限公司，致力于燃料电池的产业化；"十五"及"十一五"期间，指导城市客车与轿车用燃料电池系统的研发，研制的燃料电池发动机，用于北京奥运会和上海世博会示范运行的燃料电池客车与轿车。

他获得中科院科技进步一等奖，辽宁省科技发明、科技进步一等奖各一项；发表论文 200 多篇，申报的专利 40 多件已授权，出版《燃料电池原理·技术与应用》等专著；培养了 8 名博士后、博士、硕士研究生 40 多名。

2003 年，衣宝廉当选中国工程院院士。

15.2 项目目标

15.2.1 技能目标

1）培养学生归纳和学习相关资料的能力。
2）培养学生试验方案设计能力和创新能力。

15.2.2 项目内容

1）驱动电机的基本概念。
2）驱动电机性能试验设备。
3）电机性能试验评价。

15.3 相关知识

15.3.1 驱动电机的基本概念

驱动电机系统是进行能量转换的装置，它能够将动力蓄电池中的电能转换成供给汽车运转的机械能。新能源汽车与传统汽车的区别在于有无电机驱动系统，电机有提供动力和发电两个作用，电机提供动力可以保证电动汽车正常行驶，当遇到紧急制动或者减速的时候，电机就可以进行发电，并且产生的电能能够输送到动力蓄电池中进行保存。在电控单元的控制下，功率转换器可以改变输送给电机的电压和电流，从而产生相应的转矩和转速，保证电动汽车的正常运行。电机驱动模块的核心是电子控制系统，它可以根据驾驶员操作信号控制电机运转，从而达到控制整个电动汽车正常运行的目的。

（1）驱动电机一般外观技术要求

1）驱动电机应空转灵活，无定转子摩擦现象或异常响声（如周期性的异响、轴承受损后的异响、微小异物卡滞在转动部位引起的异响等）。

2）驱动电机控制器应具有满足整车要求的通信功能、故障诊断功能。

3）驱动电机及驱动电机控制器表面不应有锈蚀、碰伤、划痕，涂覆层不应有剥落，紧固件连接应牢固，引出线或接线端应完整无损，颜色和标志应正确，铭牌的字迹和内容应清晰无误，且不应脱落。

（2）驱动电机性能要求

电动汽车用驱动电机在负载要求、技术性能以及工作环境等方面有特殊的要求，具体要求如下：

1）低速大转矩、高速恒功率宽调速。为了满足电动汽车的加速和爬坡性能，要求电机在低速时输出大转矩，高速运行时则需要具有恒功率输出和相对较小的转矩，所以宽调速范围是对电机的基本要求。

2）高密度、轻量化。由于电动汽车整车重量和安装空间的限制，要求电机及其控制系统具有高质量功率比和高体积功率比。

3）高效率。由于电动汽车对续驶里程的要求，所以电机及其控制系统在整个速度范围内都要具有很高的效率，运行于基速点附近时，要求电机具有最高的运行效率。

4）能够实现能量回馈。能够在车辆制动或减速时将车辆的部分能量回收是电动汽车的特点和优势之一，能量回馈性能的好坏直接决定车辆的行驶里程、运行性能和能源利用率等。通过在车辆减速时将制动能量回收实现再生制动，回收的能量一般可达总能量10%~15%，这一点在内燃机汽车上是无法实现的。

5）控制精度高、动态响应快。电动汽车要求电机可控性高、稳态精度高、动态性能好，能够适应路面变化及频繁起动和制动等复杂运行工况，而工业用的驱动电机只有某一种特定的性能要求。

6）高可靠性与安全性。与传统的燃油汽车相同，电动汽车的电机工作环境十分恶劣，因此对电机的抗振性、冷却、机械强度等方面均提出了很高的要求。车载电机和各种动力电池组的工作电压都能达到300V以上，因此控制系统和电气系统都必须装备有高压保护设备，以符合国家关于车辆电气控制安全性能的标准和规定。

7）低成本。在与燃油汽车竞争中，电动汽车要想取得优势，在满足性能要求的前提下还必须降低各个零部件的成本。决定电动汽车是否能够取得市场优势的一个重要因素就是电机及其控制系统成本的高低。

电机的种类非常多，但是能够适应在电动汽车上使用的相对比较少，因为它必须满足上文提到过的各种性能，才能保证电动汽车的正常运行。对电动汽车的工况性能进行测试，如动力性能的测试、续驶里程的测试等，特别是针对电动汽车的关键设备进行测试，能够缩短测试电动汽车整车性能的试验周期，还能够减少在研发电动汽车过程中产生的风险以及成本。

（3）驱动电机的几个基本概念

1）驱动电机系统：驱动电机、驱动电机控制器及它们工作必需的辅助装置的组合。

2）驱动电机：将电能转换成机械能为车辆行驶提供驱动力的电气装置，该装置也具备将机械能转化成电能的功能。

3）驱动电机控制器：控制动力电池与驱动电机之间能量传输的装置，由控制信号接口电路、驱动电机控制电路和驱动电路组成。

4）驱动电机控制器工作电流：驱动电机控制器正常工作时，其与驱动电机相连的各动力线上的电流。

5）驱动电机控制器持续工作电流：能够长时间持续工作的驱动电机控制器工作电流最大值。

6）驱动电机控制器短时工作电流：能够在规定的短时间内正常工作的驱动电机控制器工作电流最大值。

7）驱动电机控制器最大工作电流：能达到并能承受的驱动电机控制器工作电流最大值。

8）驱动电机系统效率：驱动电机系统的输出功率与输入功率的百分比。

（4）驱动电机型号命名方式

驱动电机型号由驱动电机类型代号、尺寸规格代号、信号反馈元件代号、冷却方式代号、预留代号五部分组成，如图15-1所示。

1）驱动电机类型代号：KC—开关磁阻电机；TF—方波控制型永磁同步电机；TZ—正弦控制型永磁同步电机；YR—异步电机（绕线式）；YS—异步电机（笼式）；ZL—直流电机。

2）尺寸规格代号：一般采用定子铁心的外径来表示，对于外转子电机，采用外转子铁心外径来表示。

3）信号反馈元件代号：M—光电编码器；X—旋转变压器；H—霍尔元件。无传感器不必标注。

4）冷却方式代号：S—水冷方式；Y—油冷方式；F—强迫风冷方式。非强迫冷却方式（自然冷却）不必标注。

5）预留代号：用英文大写字母或阿拉伯数字组合表示，其含义由制造商自行确定。

（5）驱动电机控制器型号命名

驱动电机控制器型号由驱动电机控制器类型代号、工作电压规格代号、信号反馈元件代号、工作电流规格代号、冷却方式代号、预留代号六部分组成，如图15-2所示。

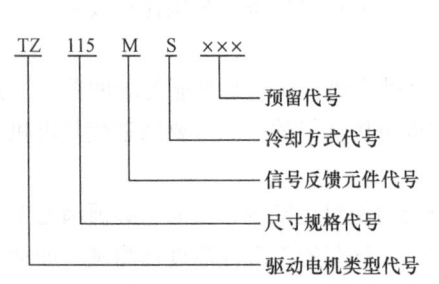

图15-1 驱动电机型号示例

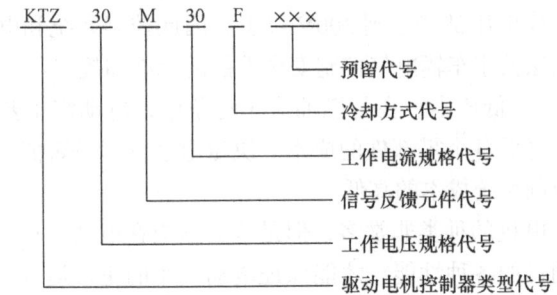

图15-2 驱动电机控制器型号示例

1）驱动电机控制器类型代号：用电机类型代号前面加K来表示。

2）工作电压规格代号：用驱动电机控制器的标称直流电压除以10再圆整后的数值来表示；最少以两位数值表示，不足两位的，在十位上冠以0。若为交流供电，电压值均需折算至直流值。输入电压的单位为伏特（V）。

3）信号反馈元件代号：M—光电编码器；X—旋转变压器；H—霍尔元件。无传感器不必标注。

4）工作电流规格代号：用驱动电机控制器最大工作电流的有效值除以10再圆整后的数值来表示；最少以两位数值表示，不足两位的，在十位上冠以0。输出电流的单位为安培（A）。

5）冷却方式代号：S—水冷方式；Y—油冷方式；F—强迫风冷方式。非强迫冷却方式（自然冷却）不必标注。

15.3.2 驱动电机性能试验设备

电机性能试验一般在驱动电机系统试验台架上完成，负载采用转速闭环控制，被测电机采用转矩闭环控制，两套系统分别采用不同电源进行独立供电，如图15-3所示。

其基本工作原理为三相工频交流电源通过三相断路开关K1同时给两套直流整流电源供电，其中一套直流整流电源与蓄电池组并联，通过软起动电路给被测电机控制器提供直流电源，被测电机控制器通过数据采集与控制系统驱动被测电机做转矩闭环控制运行；另一套直流整流电源直接给负载电机控制器供电，负载电机控制器需带有软起动电路和制动电压保护电路，负载电机控制器通过工业控制计算机驱动负载电机做转速闭环控制运行。负载电机能量通过制动能量泄放电阻消耗；当被测电机作为发电机运行时，能量储存在蓄电池组中。被测电机的电压、电流、转矩、转速等信号通过功率分析仪进行采集与分析。由于在测功过程中，测功电机即负载

项目 15 电动汽车驱动电机性能试验

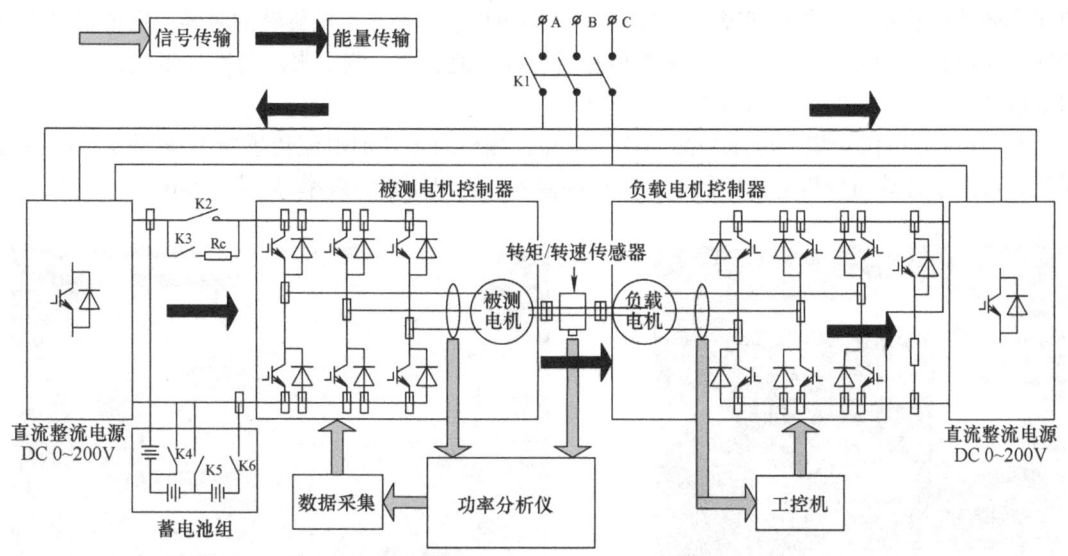

图 15-3 驱动电机系统试验台架原理

电机是用来作为被测电机的负载,负载电机与被测电机在测功的时候,其磁场作用力的方向总是相反的。例如,测试被测电机在电动工况的参数时,测功电机处于发电工况,因此,被测电机消耗了的电能,输入到测功电机,由测功电机又转变成电能,输送到母线上。把母线并联,就实现了能量回馈,这样可以节约大量的电能,初步计算,大约二分之一的能量被收集回来。驱动电机测试系统组成一般如下:

1)直流电源系统:为被测电机系统和负载电机系统提供幅值可调的直流电源,是整个试验台系统能源的输出部件(图 15-4)。

图 15-4 被测电机和测功电机系统

2)负载电机系统(测功电机系统):电机控制器也称逆变器,它是根据电机上的位置传感器输出的信号,把直流电流按照电机轴旋转的需要(转速、转矩)变成交流电流。逆变器内部有六个大功率晶体管,通过一块 DSP 芯片,来控制它们的开和关。测功电机系统为被测电机提供负载,当被测电机为转矩闭环控制,则需要负载电机提供转速闭环控制;当被测电机为转速闭环控制,则需要负载电机提供转矩闭环控制,以保持系统功率与转矩平衡。

3）转矩/转速传感器及其测量仪表：用于测量被测电机输出轴转矩和转速，其测量精度取决于不同的传感器类型和精度等级（图15-5）。转矩传感器是在主轴旋转的时候，把传感器两边的转矩用电信号的形式传送出来。转矩传感器选取数值越大，测出来的精度越粗糙；反之，选取数值越小，测出来的精度越精确。

4）功率分析仪：集成电压检测模块、电流检测模块（外加电流传感器）、转矩/转速检测模块，可用于计算与分析电机控制器，电机的输入、输出功率、效率等（图15-6）。

图15-5 转矩/转速传感器

图15-6 功率分析仪

5）电阻箱：为负载电机提供电阻性负载，通过触发制动桥臂（内置在负载电机控制器中）实现电压泄放。

6）蓄电池组：用于被测电机制动时的能量存储，可通过不同的空气开关的组合实现不同电压等级的切换。

7）工业控制计算机：用于实现对负载电机进行实时控制，进行不同转速指令设定或转矩指令设定。

8）数据采集及控制系统：用于实现对被测电机进行实时控制，进行不同转速指令设定或转矩指令设定；同时实现对功率分析仪数据进行采集与分析。

9）联轴器：用于实现被测电机与转矩/转速传感器、负载电机与转矩/转速传感器的相互连接，实现功率转输。

10）被测电机系统：用于测试的电机及其控制系统。

15.3.3 电机性能试验评价

驱动电机系统性能试验主要有一般性试验项目、温升试验、输入输出特性试验、安全性试验、环境适应性试验、可靠性试验。

1. 电动汽车用驱动电机系统试验准备

1）试验环境条件。如无特殊规定，所有试验应在温度为18~28℃、相对湿度为45%~75%、气压为86~106kPa、海拔不超过1000m的环境条件下进行。若海拔超过1000m，应按GB/T 755—2019《旋转电机 定额和性能》的有关规定进行。

2）试验仪器选择。具体要求如下：

① 仪器准确度：仪器的准确度或误差应不低于表15-1所列要求，并满足实际测量参数的精度要求，尤其对于电气参数测量的仪器仪表，应能够满足相应的直流和波形要求。

项目 15 电动汽车驱动电机性能试验

表 15-1 测量仪器要求

序号	试验仪器	准确度或误差
1	电气测量仪器	0.5 级（兆欧表除外）
2	分流器或电流传感器	0.2 级
3	转速测量仪	± 2r/min
4	转矩测量仪	0.5 级
5	温度计	± 1℃
6	微欧计	0.2 级

② 测量要求：若用分流器测量电流，测量线的电阻应按所用测量仪器选配；测量时，各仪器的读数应同时读取。

3）试验电源。试验过程中，试验电源由动力直流电源提供，或者由动力直流电源和其他储能（耗能）设备联合提供。试验电源的工作直流电压不大于 250V 时，其稳压误差应不超过 2.5V；试验电源的工作直流电压大于 250V 时，其稳压误差应不超过被测驱动电机系统直流工作电压的 ±1%。试验电源应能够满足被测驱动电机系统的功率要求，并能够工作于相应的工作电压状态。

4）布线。试验中布线的规格应与车辆中的实际布线一致，布线长度宜与车辆中的实际布线相同。如果试验中的布线对测量结果产生实质性影响，则应调整相应的外线路阻抗，使之与车辆中布线的阻抗尽可能相等。

5）冷却装置。驱动电机和驱动电机控制器的冷却条件宜模拟其在车辆中的实际使用条件，驱动电机和驱动电机控制器冷却装置的型号、冷却液的种类、流量和温度应记录于试验报告中。

6）信号屏蔽。为确保驱动电机系统能够正常试验，必要时，制造商应对关联信号进行模拟或者通过其他方法进行屏蔽。

2. 一般性试验项目

1）外观。以目测为主，对于具有明确强度要求的技术参数，如紧固件的连接强度等，应辅之以扭力扳手等必要的工具。

2）外形和安装尺寸。根据被测电机系统的外形和安装尺寸要求以及尺寸范围，选择满足测量精度要求的游标卡尺、外径千分尺、直尺等量具进行测量。

3）质量。采用满足测量精度要求的衡器量取驱动电机和驱动电机控制器的质量，衡器测量误差应不超过被测样品标称质量的 ±2%。

4）驱动电机控制器壳体机械强度。试验时，分别在驱动电机控制器壳体的 3 个方向上按照 GB/T 18488.1—2015 的规定，缓慢施加相应压强的砝码，其中砝码与驱动电机控制器壳体的接触面积最少不应低于 5cm × 5cm，检查壳体是否有明显的塑性变形。

5）液冷系统冷却回路密封性能。该项试验宜将驱动电机和驱动电机控制器的冷却回路分开后单独测量。试验前，不允许对驱动电机或驱动电机控制器表面涂覆可以防止渗漏的涂层，但是允许进行无密封作用的化学防腐处理。试验使用的介质可以是液体或气体，液体介质可以是含防锈剂的水、煤油或黏度不高于水的非腐蚀性液体，气体介质可以是空气、氮气或惰性气体。用于测量试验介质压力的测量仪表的精度应不低于 1.5 级，量程应为试验压力的 1.5 ~ 3 倍。试验时，试验介质的温度应和试验环境的温度一致并保持稳定。将被测样品冷却回路的一端堵住，但不能产生影响密封性能的变形，向回路中充入试验介质，利用压力仪表测量施加的介质压力。使用液体介质试验时，需要将冷却回路腔内的空气排净。然后逐渐加压至 GB/T 18488.1—2015 中规定的试验压力，并保持该压力至少 15min。压力保持过程中，压力仪表显示值不应下降，期间不允许有可见的渗漏通过被测样品壳壁和任何固定的连接处。如果试验介质为液体，则不得有明显可见的液滴或表面潮湿。

6) 驱动电机定子绕组冷态直流电阻。驱动电机定子绕组冷态直流电阻宜在实际冷状态下测量，并记录测量时的环境温度数值。

7) 绝缘电阻的测量。绝缘电阻试验应分别在被测样品实际冷状态或热状态（如温升试验或高低温试验或湿热试验后）下进行。常规测试时，如无其他规定，绝缘电阻仅在实际冷状态下测量，并记录被测样品周围介质的温度。若需要在热状态下或者冷却回路通有冷却液的情况下测量绝缘电阻，则周围介质温度是指试验时被测样品所在空间的温度或者冷却液的温度。测试项目包括驱动电机定子绕组对机壳的绝缘电阻、驱动电机定子绕组对温度传感器的绝缘电阻以及驱动电机控制器绝缘电阻。

8) 耐电压测试。驱动电机绕组的匝间冲击耐电压（有刷直流驱动电机电枢绕组除外）按照 GB/T 18488.1—2015 的规定设置试验参数，并按照其规定的连接方式及相应的试验方法进行试验。驱动电机励磁绕组的匝间冲击耐电压按照 GB/T 18488.1—2015 的规定设置试验参数，将冲击试验电压直接施加于励磁绕组的引出线间，与被测绕组相关的未测线圈或绕组的引出线端应短接，并连同铁心接地。有刷直流驱动电机电枢绕组的匝间冲击耐电压按照 GB/T 18488.1—2015 的规定设置试验参数，并采用跨距法或片间法进行试验。试验时，将冲击试验电压直接施加于换向器片间，电枢轴应接地。

① 跨距法。选取跨距内换向片的数目应根据绕组类型和试验设备具体确定，一般推荐 5~7 片。为了使每一片间都经受一个相同条件的电压试验，推荐逐片进行试验（可根据均压线的连接方式减少试验次数）。

② 片间法。依次对换向器上一对相邻换向片进行试验。试验时，若未测线圈中产生高的感应电压，则应在被测换向片两侧的换向片上设置接地装置，并良好接触。

另外需要测试驱动电机绕组对机壳的工频耐电压、驱动电机绕组对温度传感器的工频耐电压、驱动电机控制器的工频耐电压，测试规程与要求按照 GB/T 18488.1—2015 中相关规定进行。

9) 超速试验。让驱动电机运转一段时间，待驱动电机轴承润滑均匀后开始超速试验。超速试验前应仔细检查驱动电机的装配质量，特别是转动部分的装配质量，应采取相应的防护措施，防止转速升高时有杂物或零件飞出。超速试验时，对被测驱动电机的控制及对振动、转速和轴承温度等参数的测量应采用远距离测量方法。超速试验可根据具体情况选用被测驱动电机空载自转或原动机（测功机）拖动法。

① 采用被测驱动电机空载自转的方法。试验时，被测驱动电机在驱动电机控制器的控制下，平稳旋转至 1.2 倍最高工作转速，并在此转速点空载运行不低于 2min。

② 采用原动机（测功机）拖动法。被测驱动电机不通电，在原动机（测功机）拖动下平稳旋转至 1.2 倍最高工作转速，并在此转速点空载运行不低于 2min。

升速过程中，当驱动电机达到额定转速时，应观察电机运转情况，确认无异常现象后，再以适当的速度提高转速，直至规定的转速。超速试验后应仔细检查驱动电机的转动部分是否有损坏或产生有害的变形，是否出现紧固件松动以及其他不允许的现象。

3. 温升试验

1) 驱动电机绕组电阻的测量。电机绕组的温升采用电阻法测量，此方法依据试验期间驱动电机绕组的直流电阻随着温度的变化而相应变化的增量来确定绕组的温升。试验前，测量驱动电机某一绕组的实际冷态直流电阻（或者试验开始时的绕组直流电阻），如果各相绕组在电机内部连接，那么可以测量某两个出线端之间的直流电阻，并记录绕组温度。试验时，使驱动电机系统在一定的工作状态下运行，电机断能后立即停机，尽量降低停机过程对驱动电机绕组温度变化的影响。在断能时刻开始记录时间，并记录冷却介质温度。尽快测量驱动电机绕组的电阻随时间的变化情况，绕组电阻的测量点与试验前的绕组电阻测量点相同。第一个记录时间点应不超过断能时刻30s，从第一个记录点开始，最长每隔30s记录一次数据，直至绕组电阻变化平缓为止，记录时间总长度应不低于5min。

2) 驱动电机绕组温升计算。对于驱动电机绕组是铜绕组的情况，电机断能瞬间的温升由以下公式计算获得：

$$\Delta\theta = \frac{R_0 - R_c}{R_c}(235 + \theta_c) + \theta_c - \theta_0 \qquad (15\text{-}1)$$

式中　$\Delta\theta$——驱动电机绕组温升（K）；

　　　R_0——驱动电机断能时刻的绕组电阻（mΩ）；

　　　R_c——驱动电机开始试验前的实际冷态直流电阻（mΩ）；

　　　θ_0——驱动电机断能时刻冷却介质的温度（℃）；

　　　θ_c——对应实际冷态电阻测定时刻的绕组温度（℃）。

对于驱动电机绕组是铜以外的其他材料，应采用该材料在0℃时的电阻温度系数的倒数来代替公式中的数值235，对于铝质绕组，除另有规定外，应采用225。

3) 冷却介质温度的测定。对采用周围环境空气或气体冷却的驱动电机（开启式电机或无冷却器的封闭式电机），环境空气或气体的温度应采用不少于4个测温计测量。测温计应分布在驱动电机周围不同的地点，测点距离驱动电机1~2m，测点高度位于驱动电机高度1/2位置，并防止一切辐射和气流的影响。多个测温计读数的平均值作为当前温度。采用强迫通风或具有闭路循环风冷系统的驱动电机，应在驱动电机进风口处测量冷却介质温度。采用液体冷却的驱动电机，应取冷却液进口处作为绕组冷却介质的温度。试验结束时的冷却介质温度，应取断能时刻的冷却介质温度。

4) 驱动电机断能时刻绕组电阻的外推计算方法。利用测量得到的驱动电机断能后绕组电阻随时间的变化数据，绘制电阻与时间关系曲线。绘制曲线时，推荐采用半对数坐标，电阻标在对数坐标上，并在坐标图中将此曲线外推至驱动电机断能时刻，所获得的电阻即为驱动电机断能时刻的电阻。如果驱动电机停止转动后测得的电阻连续上升，则应以测得电阻的最高值作为断能时刻的电阻。通过外推法获得驱动电机断能时刻的电阻值，利用温升公式获得驱动电机断能时刻的绕组温升。

如果驱动电机断能后第一次测量得到绕组电阻读数的时间超过断能时刻30s，则本部分规定的方法只有在制造商与用户取得协议后才能采用。

4. 输入输出特性试验

（1）工作电压范围

台架试验时，将驱动电机系统的直流母线电压分别设定在最高工作电压处和最低工作电压处，在不同工作电压下，测试在不同工作转速下的最大工作转矩，记录稳定的转速和转矩数值。在驱动电机系统转速范围内的测量点数不少于10个，绘制转速-转矩特性曲线，检查转矩输出是否符合产品技术文件的规定。

（2）转矩-转速特性及效率

测试时，必须选择合适的转速、转矩测试点与测量参数，选取测试点和测量参数的规则如下：试验时，在驱动电机系统工作转速范围内一般取不少于10个转速点，最低转速点宜不大于最高工作转速的10%，相邻转速点之间的间隔不大于最高工作转速的10%；测试点选择时应包含必要的特征点，如额定工作转速点、最高工作转速点、持续功率对应的最低工作转速点以及其他特殊定义的工作点等。在驱动电机系统电动或馈电状态下，在每个转速点上一般取不少于10个转矩点，对于高速工作状态，在每个转速点上选取的转矩点数可以适当减少，但不宜低于5个；测试点选择时应包含必要的特征点，如持续转矩数值处的点、峰值转矩（或最大转矩）数值处的点、持续功率曲线上的点、峰值功率（或最大功率）曲线上的点以及其他特殊定义的工作点等。

1）试验时，根据试验目的，在相关的测试点处可以全部或者部分选择测量下列数据：

① 驱动电机控制器直流母线电压和电流。

② 驱动电机的电压、电流、频率及电功率。

③ 驱动电机的转矩、转速及机械功率。

④ 驱动电机、驱动电机控制器或驱动电机系统的效率。

⑤ 驱动电机电枢绕组的电阻和温度。

⑥ 冷却介质的流量和温度。

⑦ 其他特殊定义的测量参数等。

2）转矩-转速特性的试验方法如下：

① 测量仪表应具有足够准确度。

② 非特殊说明，应使用测功机或具备测功机功能的设备作为负载，被测驱动电机系统应处于热工作状态，驱动电机控制器的直流母线工作电压为额定电压。

③ 试验时，应根据试验目的设置试验条件，驱动电机系统可以在实际冷状态或者热状态条件下试验，驱动电机控制器的直流母线电压可以设置在最高工作电压、最低工作电压、额定工作电压或其他工作电压处，试验的转速和转矩可以是一个工作点，也可以是一条特性曲线或者全部工作区。必要时，需要在试验报告中记录相应的试验条件。

④ 试验时，驱动电机控制器输入输出功率可以通过测量驱动电机控制器输入或输出的电压和电流计算获得，测量时，电压和电流的测量点应在驱动电机控制器靠近接线端子处。控制器输入功率和输出功率也可以使用功率表直接测量获得。

⑤ 一般情况下，驱动电机控制器和驱动电机之间的电力传输线缆不会对测量结果产生明显影响，如果线缆的长度或阻抗严重影响被测系统的工作特性，则需要调整线缆，或者对测量结果予以修正，以避开或减少影响。

⑥ 试验过程中，为保证测量的精度，驱动电机的工作转矩和转速应直接在驱动电机轴端测量，此时，驱动电机轴端和转矩转速测量设备之间应是刚性连接。如果可以忽略联轴装置的传动效率和中间的风摩损耗，也可以在驱动电机轴端与转矩转速测量设备之间放置联轴环节，此时，转速转矩测量设备的读数即为驱动电机轴端的输出值。

⑦ 对于需要考虑联轴装置的传动效率和试验过程中的风摩损耗的情况，应按照标准对试验结果进行修正。

⑧ 试验过程中，应防止被试驱动电机系统过热而影响测量的准确性。必要时，转矩 - 转速特性曲线可以分段测量。

3）效率的测量。

① 驱动电机控制器效率分为驱动电机系统电动状态时控制器的效率和驱动电机系统馈电状态时控制器的效率。其值应根据驱动电机控制器输入功率和输出功率的比值计算确定，公式如下：

$$\eta_c = \frac{P_{co}}{P_{ci}} \times 100\% \quad (15\text{-}2)$$

式中　η_c——驱动电机控制器效率（%）；

　　　P_{co}——驱动电机控制器输出功率（kW）；

　　　P_{ci}——驱动电机控制器输入功率（kW）。

② 驱动电机效率分为驱动电机系统电动状态时的效率和驱动电机系统馈电状态时的效率。其值应根据驱动电机输入功率和输出功率的比值确定，公式如下：

$$\eta_m = \frac{P_{mo}}{P_{mi}} \times 100\% \quad (15\text{-}3)$$

式中　η_m——驱动电机效率（%）；

　　　P_{mo}——驱动电机输出功率（kW）；

　　　P_{mi}——驱动电机输入功率（kW）。

③ 驱动电机系统效率确定。将驱动电机系统一并在试验台架上进行试验，根据驱动电机系统输入输出参数的测量和计算获得驱动电机系统的效率。

驱动电机系统处于电动工作状态时，输入功率为驱动电机控制器直流母线输入的电功率，输出功率为驱动电机轴端的机械功率。驱动电机系统电动工作状态下的效率按下式求取：

$$\eta = \frac{Tn}{9.55UI} \times 100\% \quad (15\text{-}4)$$

驱动电机系统处于馈电工作状态时，输入功率为驱动电机轴端的机械功率，输出功率为驱动电机控制器直流母线输出的电功率。驱动电机系统馈电工作状态下的效率按下式求取：

$$\eta = \frac{9.55UI}{Tn} \times 100\% \quad (15\text{-}5)$$

式中　η——驱动电机系统的效率（%）；

　　　n——驱动电机转速（r/min）；

　　　T——驱动电机轴端转矩（N·m）；

　　　U——驱动电机控制器直流母线电压平均值（V）；

　　　I——驱动电机控制器直流母线电流平均值（A）。

4）关键特征参数的测量。

① 持续转矩：除非特殊说明，试验过程中，驱动电机控制器直流母线电压设定为额定电压，

驱动电机系统可以工作于电动或馈电状态。试验时，使驱动电机系统工作于 GB/T 18488.1—2015 中规定的转矩和转速条件下进行试验和测量，驱动电机系统应能够长时间正常工作，并且不超过驱动电机的绝缘等级和规定的温升限值。

② 持续功率：按照获得的持续转矩和相应的工作转速，利用下式即可计算获得驱动电机在相应工作点的持续功率。

$$P_\mathrm{m} = \frac{Tn}{9550} \tag{15-6}$$

式中 P_m——驱动电机轴端的持续功率（kW）。

③ 峰值转矩：可以在驱动电机系统实际冷态下进行峰值转矩试验。除非特殊说明，试验过程中，驱动电机控制器直流母线电压设定为额定电压，驱动电机系统可以工作于电动或馈电状态。试验时，使驱动电机系统工作于 GB/T 18488.1—2015 中规定数值的峰值转矩、转速和持续时间等条件下进行试验和测量，同时记录试验持续时间。驱动电机系统应能够正常工作，并且不超过驱动电机的绝缘等级和规定的温升限值。如果需要多次进行峰值转矩的测量，应将驱动电机恢复到实际冷态时，再进行第二次试验测量。作为峰值转矩的一种特殊情况，可以试验驱动电机系统在每个转速工作点的最大转矩，试验过程中，在最大转矩处的试验持续时间可以很短，一般情况下远低于 30s。根据试验数据，绘制驱动电机系统转速 - 最大转矩曲线。

④ 峰值功率：按照获得的峰值转矩和相应的工作转速，即可计算获得驱动电机系统在相应工作点的峰值功率，峰值功率应与试验持续时间相对应。

⑤ 堵转转矩：除非特殊说明，试验过程中，驱动电机控制器直流母线电压设定为额定电压。试验时，应将驱动电机转子堵住，驱动电机系统工作于实际冷状态下，通过驱动电机控制器为驱动电机施加所需的堵转转矩，记录堵转转矩和堵转时间。改变驱动电机定子和转子的相对位置，沿圆周方向等分取 5 个堵转点，分别重复以上试验，每次重复试验前，应将驱动电机恢复到实际冷状态。每次堵转试验的堵转时间应相同，取 5 次测量结果中堵转转矩的最小值作为该驱动电机系统的堵转转矩。

⑥ 最高工作转速：试验过程中，驱动电机控制器直流母线电压设定为额定电压，驱动电机系统应处于热工作状态。试验时，匀速调节试验台架，使驱动电机的转速升至最高工作转速，并施加不低于产品技术文件规定的负载，驱动电机系统工作稳定后，在此状态下的持续工作时间应不少于 3min。按照前述试验方法进行试验测量，每 30s 记录一次驱动电机的输出转速和转矩。必要时，可以按照标准对转矩试验结果予以修正。

⑦ 高效工作区：在驱动电机系统转速转矩的工作范围内，选择试验测试点，测试点应分布均匀，并且数量应不少于 100 个。被测驱动电机系统应达到热工作状态，驱动电机控制器的直流母线工作电压为额定电压，驱动电机系统可以工作于电动或馈电状态。在不同的转速和不同的转矩点进行试验，根据需要记录驱动电机轴端的转速、转矩，以及驱动电机控制器直流母线电压和电流、交流电压和电流等参数，并计算各个试验点的效率。必要时，可以按照标准对转矩予以修正。

按照 GB/T 18488.1—2015 中对高效工作区的要求，统计符合条件的测试点数量，其值和总的试验测试点数量的比值，即为高效工作区的比例。

⑧ 最高效率：按照制造商或产品技术文件提供的最高效率工作点进行测试得出最高效率，或者在高效工作区进行试验，选择所有测试点中效率最高值即可视为最高效率。

采用最高功率点测试时，被测驱动电机系统应达到热工作状态，驱动电机控制器的直流母线工作电压为额定电压，驱动电机系统可以工作于电动或馈电状态。驱动电机系统工作于试验测试点，记录转速、转矩、电压、电流以及冷却条件等参数并计算试验点的效率。必要时，可以按照标准对相关数据进行修正。

（3）控制精度

1）转速控制精度要求。试验时，驱动电机控制器直流母线电压应设定为额定电压，驱动电机系统应处于空载、热态、电动工作状态。

对具有转速控制功能的驱动电机系统，在10%~90%最高工作转速范围内，均匀取10个不同的转速点作为目标值。按照某一转速目标值设定驱动电机控制器或上位机软件，驱动电机由静止状态直接旋转加速，并至转速稳定状态，此过程中不应对驱动电机控制器或上位机软件做任何调整，记录驱动电机稳定后的实际转速，并计算实际转速与目标转速的差值，或者实际转速与目标转速的偏差占目标转速值的百分数，此值即为这一转速目标值对应的转速控制精度。

对每一个转速目标值均进行以上试验，选取转速控制精度中的误差最大值，作为驱动电机系统的转速控制精度。

对于无转速控制功能的驱动电机系统，不进行该项试验。

2）转矩控制精度。试验时，驱动电机控制器直流母线电压应设定为额定电压，驱动电机系统应处于热态、电动工作状态。

对具有转矩控制功能的驱动电机系统，在设定转速条件下的10%~90%峰值转矩范围内，均匀取10个不同的转矩点作为目标值。按照某一转矩目标值设定驱动电机控制器或上位机软件，驱动电机输出由零转矩直接工作至转矩和转速稳定状态，此过程中不应对驱动电机控制器或上位机软件做任何调整，记录驱动电机系统的实际转矩值，并计算实际转矩值与目标转矩的差值，或者实际转矩与目标转矩的偏差占目标转矩值的百分数，此值即为在特定转速条件下，这一转矩目标值对应的转矩控制精度。

对每一个转矩目标值均进行以上试验，选取转矩控制精度中的误差最大值，即为特定转速条件下驱动电机系统的转矩控制精度。

加载过程中，驱动电机的工作转速会发生变化，其设定转速可以由测功机设定并控制。

对于无转矩控制功能的驱动电机系统，不进行该项试验。

（4）响应时间

1）转速响应时间确定。试验时，驱动电机控制器直流母线电压应设定为额定电压，驱动电机系统应处于空载、热态、电动工作状态。

对具有转速控制功能的驱动电机系统，按照转速期望值设定驱动电机控制器或上位机软件，驱动电机由静止状态直接旋转加速，此过程中不应对驱动电机控制器或上位机软件做任何调整，记录驱动电机控制器从接收到转速期望指令信息开始至第一次达到规定容差范围的期望值所经过的时间。

试验时，应改变驱动电机定子和转子的相对起始位置，沿圆周方向等分取5个点，在同一转速期望值条件下分别重复以上试验，取5次测量结果中记录时间的最大值作为驱动电机系统对该转速期望值的转速响应时间。

对于无转速控制功能的驱动电机系统，不进行该项试验。

2）转矩响应时间确定。试验时，驱动电机控制器直流母线电压应设定为额定电压，驱动电机系统应处于堵转、热态、电动工作状态。

对具有转矩控制功能的驱动电机系统，在堵转状态下，按照转矩期望值设定驱动电机控制器或上位机软件，对电机进行转矩控制，使驱动电机输出转矩从零快速增大，此过程中不应对驱动电机控制器或上位机软件做任何调整，记录驱动电机控制器从接收到转矩期望指令信息开始至第一次达到规定容差范围的期望值所经过的时间。

试验时，应改变驱动电机定子和转子的相对起始位置，沿圆周方向等分取5个点，在同一转矩期望值条件下分别重复以上试验，取5次测量结果中记录时间的最大值作为该驱动电机系统对该转矩期望值的转矩响应时间。

对于无转矩控制功能的驱动电机系统，不进行该项试验。

（5）驱动电机控制器工作电流

1）试验方法。驱动电机控制器与对应的驱动电机连接后一并进行台架试验，组成的驱动电机系统可以工作于电动或馈电状态。

试验时，按照制造商或者产品技术文件的规定设置台架试验条件，如驱动电机控制器直流母线电压、驱动电机工作转速和转矩、试验持续时间等，驱动电机系统应能够在规定的试验时间内正常稳定地工作，并且不超过驱动电机的绝缘等级和规定的温升限值。

按照转速-转矩特性及效率试验方法测量驱动电机控制器工作电流的均方根值。

2）驱动电机控制器持续工作电流确定。在一定的台架试验条件下，驱动电机系统如果能够长时间持续稳定工作，此时测量得到的电流为驱动电机控制器持续工作电流。

3）驱动电机控制器短时工作电流确定。按照制造商或者产品技术文件的规定，通过改变台架试验条件增大驱动电机控制器的工作电流，使得驱动电机系统能够在较短的时间内正常稳定工作，此时测量得到的电流为驱动电机控制器在对应工作时间内的短时工作电流，驱动电机控制器短时工作电流的持续时间应不少于30s。

4）驱动电机控制器最大工作电流确定。按照制造商或者产品技术文件的规定，改变台架试验条件进一步增大驱动电机控制器的工作电流，试验持续时间可以很短，一般情况下远低于30s，此时测量得到的电流为驱动电机控制器最大工作电流。

（6）馈电特性

试验时，被测驱动电机系统由原动机（测功机）拖动，处于馈电状态。根据试验目的和测量参数的不同，驱动电机控制器工作于设定的直流母线电压条件下，驱动电机在相应的工作转速和转矩负载下进行馈电试验。

记录馈电状态时驱动电机控制器的直流母线电压、直流母线电流、驱动电机各相的交流电压、交流电流，以及驱动电机轴端的转速和转矩等参数，同时计算获得功率、馈电效率等数值，绘制相关曲线。必要时，应对试验结果进行修正。

5. 安全性试验

1）安全接地检查。测量被测驱动电机系统相应的接地电阻。量具推荐采用毫欧表。

2）控制器保护功能。保护装置检查主要包括以下项目：

①检查过电流保护装置的整定值。

②检查快速熔断器和快速开关的正确动作。

③检查过电压保护装置的性能。

④检查冷却设备流速、流量、压力、超温等保护器件动作的可靠性。

⑤检查安全接地装置和开关的正确设置及各种保护间的协调动作。

保护装置的检查应尽可能在设备中的部件不超过其额定值的应力下进行。

3）驱动电机控制器支撑电容放电时间。主要包括以下两项：

①被动放电时间。试验时，直流母线电压应设定为最高工作电压，电压稳定后，立即切断直流供电电源，同时利用电气测量仪表测取驱动电机控制器支撑电容两端的开路电压。试验期间，驱动电机控制器不参与任何工作。记录支撑电容开路电压从切断时刻直至下降到60V经过的时间，此数值即为驱动电机控制器支撑电容的被动放电时间。

②主动放电时间。对于具有主动放电功能的驱动电机控制器，试验时，直流母线电压应设定为最高工作电压，电压稳定后，立即切断直流电源，并且驱动电机控制器参与放电过程，利用电气测量仪表测取驱动电机控制器支撑电容两端的开路电压，记录支撑电容开路电压从切断时刻直至下降到60V经过的时间，此数值即为驱动电机控制器支撑电容的主动放电时间。

6. 环境适应性试验

（1）低温试验

进行低温贮存试验时，将驱动电机和驱动电机控制器正确连接，按照GB/T 2423.1—2008的规定，放入低温箱内，使箱内温度降至-40℃，并保持2h。试验过程中，驱动电机系统处于非通电状态，对于液冷式驱动电机及驱动电机控制器，不通入冷却液。低温贮存2h后，在低温箱内复测绝缘电阻，复测绝缘电阻期间，低温箱内的温度应保持在-40℃。

低温贮存2h后，低温箱内的温度继续保持在-40℃，在低温箱内为驱动电机系统通电，检查能否正常空载起动。对于液冷式驱动电机及驱动电机控制器，若要求在起动过程中通入冷却液，冷却液的成分、温度及流量应符合产品技术文件规定。

试验结束，按照GB/T 2423.1—2008的规定恢复常态后，将驱动电机控制器直流母线工作电压设定为额定电压，驱动电机工作于持续转矩、持续功率条件下，检查系统能否正常工作。

（2）高温试验

进行高温贮存试验时，将驱动电机和驱动电机控制器放入高温箱内，按照GB/T 2423.2—2008的规定，使箱内温度升至85℃，并保持2h。试验过程中，驱动电机系统处于非通电状态，对于液冷式驱动电机及驱动电机控制器，不通入冷却液。高温贮存2h后，检查驱动电机轴承内的油脂是否有外溢，同时在高温箱内复测绝缘电阻，复测绝缘电阻期间，高温箱内的温度应保持在85℃。

高温贮存2h后，按照GB/T 2423.2—2008的规定恢复常态后，将驱动电机控制器直流母线工作电压设定为额定电压，驱动电机工作于持续转矩、持续功率条件下，检查系统能否正常工作。

进行高温工作试验时，将驱动电机和驱动电机控制器正确连接，按照GB/T 2423.2—2008的规定，放入高温箱内，按照GB/T 18488.1—2015中的要求设置高温箱内的试验环境温度。驱动电机控制器直流母线工作电压设定为额定电压，驱动电机工作于持续转矩、持续功率条件下，检查驱动电机系统能否正常工作2h。对于液冷式驱动电机及驱动电机控制器，应在试验过程中通入冷却液，冷却液的成分、温度及流量应符合产品技术文件规定。高温工作2h后，在高温箱内复测绝缘电阻，复测绝缘电阻期间，高温箱内的温度应继续保持不变。

高温工作试验完成后，被试样品应按照GB/T 2423.2—2008的规定恢复常态。

（3）湿热试验

将驱动电机和驱动电机控制器放入温度为（40±2）℃、相对湿度为90%~95%的试验环境条件下，保持48h。试验过程中，驱动电机系统处于非通电状态，对于液冷式驱动电机及驱动电机控制器，不通入冷却液。48h后，复测绝缘电阻，复测绝缘电阻期间，试验环境条件应继续保持不变。

试验结束恢复常态后，将驱动电机控制器直流母线工作电压设定为额定电压，驱动电机工作于持续转矩、持续功率条件下，检查系统能否正常工作。

（4）耐振动试验

试验时，将被测样品固定在振动试验台上并处于正常安装位置，在不工作状态下进行试验，同时应将与产品连接的软管、插接器或其他附件安装并固定好。

进行扫频振动试验时，按照GB/T 18488.1—2015的要求设置严酷度等级，并按照GB/T 2423.10—2008的规定进行试验。

进行随机振动试验时，按照GB/T 18488.1—2015的要求设置严酷度等级，并按照GB/T 28046.3—2011的规定进行试验。

振动试验完成后，检查零部件是否损坏，紧固件是否松脱。恢复常态后，将驱动电机控制器直流母线工作电压设定为额定电压，驱动电机工作于持续转矩、持续功率条件下，检查系统能否正常工作。

（5）防水、防尘试验

按照GB/T 4942.1—2006和GB 4208—2008中所规定的方法进行试验。

（6）盐雾试验

按照GB/T 2423.17—2008的规定进行盐雾试验。驱动电机及驱动电机控制器在盐雾箱内应处于正常安装状态，试验周期应满足GB/T 18488.1—2015中的要求。

试验结束后，驱动电机及驱动电机控制器恢复1~2h后，将驱动电机控制器直流母线工作电压设定为额定电压，驱动电机工作于持续转矩、持续功率条件下，检查系统能否正常工作，但不考核驱动电机及驱动电机控制器的外观。

（7）电磁兼容性试验

电磁辐射骚扰试验和电磁辐射抗扰性试验应按照制造商或者用户提供的试验方法进行。

7. 可靠性试验

可靠性试验中应当明确以下几个定义。

1）持续转矩：车用驱动电机系统在额定电压、额定转速条件下，规定的S1工作制（连续工作制）下的最大、长期工作的转矩。

2）最高工作转速：相应于电动汽车最高行驶车速的电机转速，车用驱动电机系统在额定电压条件下，在该转速时应能以额定功率运行。

3）峰值功率：车用驱动电机系统在额定电压，额定转速条件下，在一定的持续时间内能输出的最大功率。对于纯电动商用车用驱动电机系统，持续时间规定为60s；对于纯电动乘用车和混合动力车用驱动电机系统，持续时间规定为30s。

电动汽车用驱动电机系统一般可靠性试验在台架上进行，其可靠性试验负荷规范及可靠性评定方法如下。

（1）试验条件

1）基本条件：被测装置应是完整的车用驱动电机系统，符合制造厂技术条件的规定；驱动电机系统外观检查应符合产品标准的有关规定。

2）试验电源要求：试验过程中，试验电源由动力直流电源提供，或者由动力直流电源和其他储能（耗能）设备联合提供；试验电源的工作直流电压不大于250V时，其稳压误差应不大于±2.5V；试验电源的工作直流电压大于250V时，其稳压误差应不超过被测驱动电机系统直流工作电压的±1%；试验电源应能够满足被测驱动电机系统的功率要求，并能够工作于额定工作电压、最高工作电压、最低工作电压或其他工作电压。

3）冷却条件要求：对于风冷的电机或者控制器，试验过程中应带有实际装车时的风冷电机；对于自然冷却的电机或者控制器，可以外加风机对电机或控制器进行冷却；对于液冷的电机或者控制器，应尽量采用制造商规定的冷却液；冷却条件应满足产品规格说明书或制造商的规定，并在试验报告中注明。

（2）试验程序和方法

1）试验前准备。控制器和电机之间连接线应和实际车辆一致，同时安装好监测系统。为确保系统能正常工作，应对必要的关联信号进行模拟或者通过其他方法进行屏蔽。供电电源、试验台架及监测系统的工作状态应正常。

2）性能初试。测得的性能应符合被测驱动电机系统的技术条件要求（性能初试按照 GB/T 18488.1—2015 和 GB/T 18488.2—2015 的规定进行）。

3）可靠性试验程序与过程。可靠性试验规范要求按照驱动电机系统所应用的车辆类型进行可靠性试验，转矩负荷循环按照图 15-7 和表 15-2 进行。总计运行时间为 402h，按照顺序连续试验。

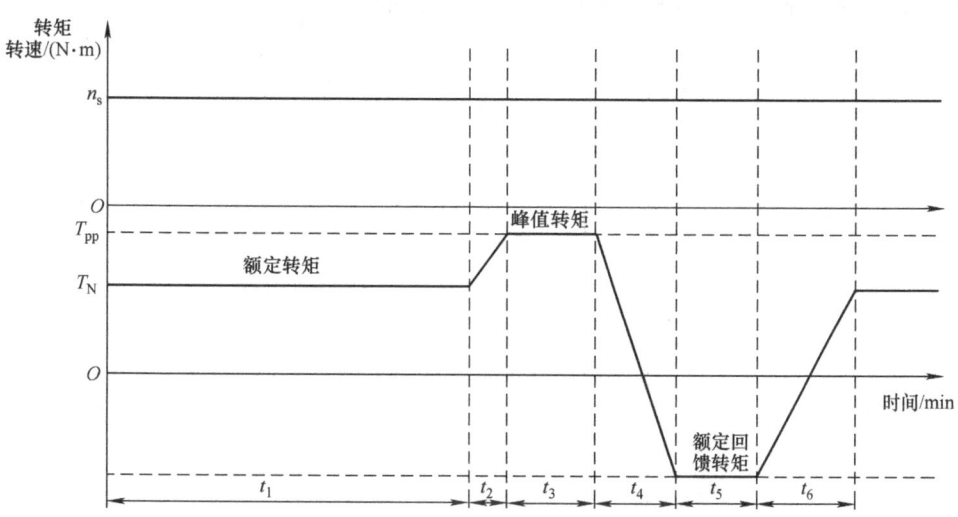

图 15-7 驱动电机系统可靠性测试循环示意图

在图 15-7 中，T_N 表示持续转矩（N·m）；T_{pp} 表示峰值转矩，其中，被测驱动电机系统工作于额定工作电压或者最高工作电压状态时，$T_{pp}=\dfrac{峰值功率}{n_p}$，被测驱动电机系统工作于最低工作电压状态时，$T_{pp}=\dfrac{峰值功率}{n_M}$。

表 15-2 驱动电机系统可靠性测试循环参数表

序号	负载转矩	运行时间 /min		
		纯电动商用车	纯电动乘用车	混合动力汽车
1	持续转矩 T_N	23.5	22	6.5
2	T_N 过渡到 T_{pp}	0.5	0.5	0.5
3	峰值转矩 T_{pp}	1	0.5	0.5
4	T_{pp} 过渡到 $-T_N$	1	1	0.5
5	持续回馈转矩 $-T_N$	3	5	6.5
6	$-T_N$ 过渡到 T_N	1	1	0.5
	单个循环累计时间	30	30	15

试验顺序与步骤如下：

① 被测驱动电机系统工作于额定工作电压，试验转速 n_s 保持为 1.1 倍的额定转速 n_N，即 $n_s = 1.1n_N$，此负荷下循环 320h。

② 被测驱动电机系统工作于最高工作电压，试验转速 $n_s = 1.1n_N$，此负荷下循环 40h。

③ 被测驱动电机系统工作于最低工作电压，试验转速 $n_s =$（最低工作电压 / 额定工作电压）n_N，此负荷下循环 40h。

④ 被测驱动电机系统工作于额定工作电压、最高工作转速和额定功率状态，持续运行 2h。

⑤ 性能复试，即按照性能初试的要求进行基本技术条件测试。

4）可靠性评定。被测驱动电机系统实际运行时间应不少于 402h，可靠性试验故障用平均首次故障时间、故障停车次数及故障平均间隔时间来评定。

项目 16
电动汽车电池包性能试验

本项目主要学习典型电池包结构，了解电池包性能试验评价指标与测试方法，培养学生试验方案设计能力和创新能力。

16.1 案例育人

宁德时代创始人曾毓群的故事

比亚迪名声在外。比起比亚迪，宁德时代的确低调太多，以至于很多人都不知道宁德时代是干什么的。宁德时代成立于 2011 年，专注于新能源汽车动力电池系统、储能系统的研发、生产和销售，致力于为全球新能源应用提供一流解决方案，主要产品包括动力电池系统、锂电池材料和储能系统。目前，宁德时代在全球动力电池市占率连续七年排名第一。

宁德时代之所以在短短十余年内就成长为全球动力电池行业的"独角兽"企业，与创始人曾毓群的奋斗精神密不可分。有一个例子能很好地展现曾毓群的主动意识和好学精神。

20 世纪 90 年代初，氟利昂被认为是破坏臭氧层的罪魁祸首，在全球遭到抵制。新科磁力公司（曾毓群在创建宁德时代之前工作过的公司）的主要客户之一 IBM，要求新科停止使用氟利昂清洗剂，改为去离子水洗剂，否则就要在新科产品上贴上"本产品使用了破坏臭氧层的清洗剂"的特殊标签。

本来这个事情是由另一个叫 cleanness（清洁）的部门负责的，但曾毓群觉得自己的产品如果被贴上特殊标签太丢人了，便主动请缨去解决这个问题。

那段日子，曾毓群一边要完成本职工作，一边还要研究如何解决这个困扰全球的业界技术难题，忙得不可开交。但最终，这个技术问题还真被他解决了。从那以后，全公司的磁头清洗摆脱了氟利昂，全部改为去离子水。曾毓群也因此被提拔，接管了 cleanness 部门。

16.2 项目目标

16.2.1 技能目标

1）培养学生归纳和学习相关资料的能力。
2）培养学生试验方案设计能力和创新能力。

16.2.2 项目内容

1）典型电池包结构介绍。
2）电池包性能试验评价指标。

16.3 相关知识

16.3.1 典型电池包结构介绍

动力电池包是电动汽车的动力源泉，其内部结构通常由多个电池单体组成的电池模组串联或并联而成。其中，电池模组指的是将多个电池单体采用相互机械固定与电连接的方式，组合成具有较大电流与电压的电池组合体。一般情况下，电池模组具有质量较轻、便于移动更换等特点。除电池模组之外，电池包内还必须包括电池热管理系统、开关控制器以及电池管理系统（BMS）等辅助系统，其整体结构如图16-1所示。

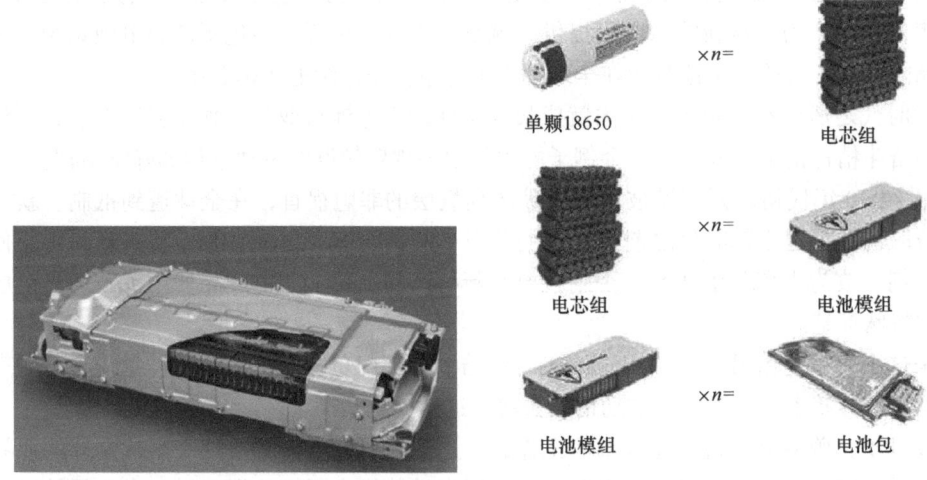

图16-1 典型的电池包整体结构图

动力电池包通常要根据电动汽车整体的空间结构与布局来进行合理的布置。同时，电池包的布置还需考虑电动汽车整车的驱动形式、载荷匹配以及电池包最小离地间隙等方面因素。在早期的电动汽车中，通常是基于传统的燃油汽车进行改装，将原发动机、变速器、油箱等位置腾出空间布置电动汽车的动力电池。通常，布置部位主要为汽车发动机舱、行李舱、座椅下部和汽车地板下部。其布置形式分类及各自的特点见表16-1。

表 16-1　电池包布置形式分类及各自的特点

布置区域	重心匹配	碰撞安全性	最小离地间隙	电池容量	拆装性能
发动机舱	☆	☆	☆☆☆	☆☆☆☆	☆
行李舱	☆☆	☆☆	☆☆☆	☆☆☆☆	☆☆☆
座椅下部	☆☆☆	☆☆☆	☆☆	☆☆☆	☆
地板下部	☆☆☆☆	☆☆☆☆	☆	☆☆☆☆	☆☆☆☆

如今，随着电动汽车技术的不断成熟，电池包的布置形式也逐渐更加合理与科学。其布置形式主要采用车身后置和车身地板下置两种形式，如图 16-2 和图 16-3 所示。

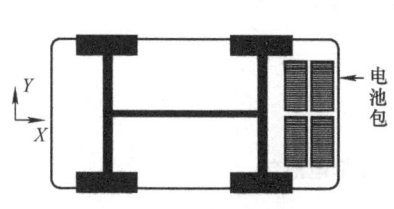 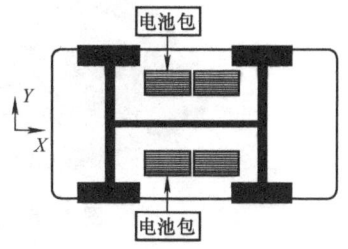

图 16-2　车身后置电池包分布　　图 16-3　车身地板下置电池包分布

其中，电池包后置的电动汽车有日本丰田 Prius、瑞典沃尔沃 S60 以及福特福克斯 EV，其电池包均布置于汽车行李舱处。但该布置形式将会使得整车质心后移，当电池包质量较大时，会严重影响电动汽车整车的操纵稳定性。再加上受车身后部的空间限制等因素，通常布置的后置电池包体积较小、电池模组较少，这极大地限制了电动汽车的续驶里程。因此，该布置一般适用于混合动力汽车和续驶里程要求较低的电动汽车。

而地板下置布置电池包，则是目前电动汽车采用的主要布置形式。其优点主要在于车身地板下部空间大，能放置体积较大、模组较多的动力电池包，并且由于电池包的加入，整车质心会随之下移，从而有效提升电动汽车操纵稳定性与整车动力性。同时，地板下置的布置形式也有效改善了电动汽车的碰撞安全性能，有利于改善前后轴载荷的分配，使得车身的整体刚度得以提高。

目前，由于电动汽车车型的差异，其动力电池包的形状也是千差万别。例如，雪佛兰 Volt 为了便于电池组在汽车地板下的布置，采用由 4 个电池模组组成"T"字形的电池包结构，并置于后座以下及前座的中通道内，如图 16-4 所示。但 Volt 仍是由燃油车改装而成，可布置空间较小，装载的电池包体积与重量受到较大限制。

图 16-4　雪佛兰 Volt "T"字形电池包

大众 e-Golf 充分利用其车身的结构特征,在原有车身上装配了一种典型的"土"字形电池包,如图 16-5 所示,使得电动汽车的续驶里程因电池容量的提升而得到明显改善。

图 16-5　大众 e-Golf "土" 字形电池包

日产 Leaf 电池包结构呈"凹"字形,其结构与座舱地板完美贴合,充分利用了电动汽车地板与地面之间的空间结构,如图 16-6 所示。电池包中共有 48 个电池模组,通过串联的形式放置在电池包箱体内。其中,每个电池模组由 4 节锂离子单体电池采用两并两串的连接方式组成。而在结构方面,其外壳采用了较薄的钢制壳体,并通过点焊工艺进行连接,从而使得电池包的重量与电池包几何特征结构明显降低,极大提高了电池包的密封性及其结构强度。同时,外壳上的加强筋也大幅提升了电池包的结构刚度。

图 16-6　日产 Leaf "凹" 字形电池包

受于传统汽车结构的局限性,不论如何挖掘可用空间,电动汽车的动力电池包始终不能实现最优设计。并且随着电动汽车需求增大,其续驶里程要求也远不能只限于 200km,而是要往 400km 甚至更高要求发展。对此,特斯拉电动汽车采用全新的产品设计思路,整车设计围绕电池包展开,将电池包进行模块化设计,平铺在车身地板以下,使得电池包与车身地板融为一体,以最大限度地获得可用空间,如图 16-7 所示。同时,利用白车身的框架强化对电池包结构的保护,大大提高了电池包的安全性能。并且车身地板通过电池包结构的设计,有效地提升了各载荷工况下的车身刚度性能。因此,目前该形式的电池包结构已成为各类电动汽车电池包设计的主要趋势,如雷诺 ZOE、雪佛兰 Bolt 和宝马 i3 等。

图 16-7 特斯拉电池包

16.3.2 电池包性能试验评价指标

1. 碰撞安全性要求

电池箱体在车辆发生碰撞时，应满足下列要求：

1）若动力电池组固定在驾驶室的外部，则动力电池组的其他零部件如电池模组、电解液、正负极连接线等不得进入驾驶室内。

2）若动力电池组固定在驾驶室内部，如座椅下面，则电池箱体的移动必须保证车内乘员的安全。通常电池箱的设计优先考虑人电分离，即动力电池箱体不布置在驾驶室内。

3）如果发生碰撞，电池模组要保证其结构的完整性，即碰撞时禁止电池箱体内电池模组或单体散落，更不允许其甩出车外。

4）如果发生碰撞，电池组的过电流断开装置必须迅速切断连接，阻止动力电池组内部发生短路。

5）如果发生碰撞，电池箱体的刚度要确保电池模组和电池单体产生的挤压变形量在一定的安全范围之内。

2. 绝缘与防水性能要求

纯电动汽车动力电池组的输出电压一般在 200 ~ 750V 之间，电池箱体不仅要容纳和保护电池组，还要有效隔绝操作人员及乘员与电池组的接触；电池箱体结构确保密封防尘防水，杜绝因进水而产生的高压短路；电池箱体设计的强度、刚度要求和电气设备外壳防护等级，要求满足 IP67。具体的设计要求如下：

1）动力电池组的正负两极以及两极的导线，或者连接板和电池箱体的最小距离必须大于 10mm，防止发生击穿放电的现象。

2）整个电池箱体必须进行电泳喷涂，电池箱内部要喷涂绝缘漆或者在内部表面安装绝缘板。

3）电池箱体的焊缝处一定要喷涂密封胶，电池箱体上壳体与下壳体配合处要安装密封圈或者喷涂密封胶，另外接插件固定处也必须采取密封措施。

4）电池箱体布置在车身底部，不能与车身或底盘的零部件产生运动干涉，特别是与底盘的运动件要保持 25mm 以上间隙，还要满足整车的最小离地间隙要求，满足不同工况下的越野性或通过性，避免刺破或刮伤电池箱体外壳。

5）电池箱体的正负极接插件及整车的通信连接件安装孔，最好布置在电池箱体 1/2 高度以上的区域。

3. 通风与散热性能要求

电动汽车长时间运行时，特别是在夏季高温天气持久高负荷快速行驶时，电池组在高倍率放电的同时也会产生大量热量；电动汽车在城市工况行驶时，制动能量回收系统运行时，也会伴随电池组释放热量；电动汽车快充时，也会产生巨大的热量。大量的热量聚集在电池箱体内部，若不及时散发，可能会导致热失控，严重时会发生起火爆炸。因此为确保电池组的安全和使用寿命，电池箱体要具备良好的散热能力。具体的设计要求如下：

1）在不影响箱体内总布置空间的情况下，电池模组之间应保留一定的安全间隙。一方面，满足电池组自身散热的要求；另一方面，为电池组工作时产生的热膨胀预留空间，避免过度挤压。

2）电池箱内部要合理布置温度传感器和信息采集板，实时监测箱体内电池的温度及单体的均衡电压。

3）根据电池箱体内总容量的大小及电池的热特性，合理设计散热风流量，并设置一定的安全系数。

4）合理的在电池箱体内部布置扰流板，引导内部气流方向，确保电池模组的每个单体电池都能充分散热。

5）如果遇突发故障，必须保证切断电池电源后过一段时间，再断开散热风扇，设置一段延迟时间。

高职高专汽车制造类立体化创新教材

汽车试验技术
任务工单

主 编 张 宇 董俊红 陈卫东
参 编 肖 波 秦效辉 王 霞
　　　白 果 冉 洪

机械工业出版社

目录

项目 1　汽车试验概述　…………………………………………　1

项目 2　试验数据采集与处理　…………………………………　3

项目 3　整车刚度强度试验　……………………………………　4

项目 4　CAE 虚拟试验技术　……………………………………　5

项目 5　整车耐久性试验　………………………………………　6

项目 6　整车碰撞安全性能试验　………………………………　7

项目 7　NVH 性能试验　…………………………………………　8

项目 8　整车风洞试验　…………………………………………　10

项目 9　整车排放试验　…………………………………………　11

项目 10　整车盐雾试验　…………………………………………　13

项目 11　汽车动力性试验　………………………………………　15

项目 12　悬架系统性能试验　……………………………………　17

项目 13　整车制动性试验　………………………………………　19

项目 14　发动机性能试验　………………………………………　21

项目 15　电动汽车驱动电机性能试验　…………………………　23

项目 16　电动汽车电池包性能试验　……………………………　25

项目 1
汽车试验概述

学习信息

一、简述试验与实验的区别。

二、简述汽车试验的分类。

三、简述汽车试验标准分类。

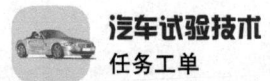

四、简述汽车产品研发五个阶段与各阶段主要任务。

五、简述汽车产品研发各阶段主要试验项目。

项目 2
试验数据采集与处理

学习信息

一、描述时间分辨率 Δt、采样频率、谱线、频率分辨率 Δf 的概念和相互关系。

二、使用 LMS 测试系统,完成某乘用车怠速振动试验数据采集,并结合实测数据,加深对以下信号处理相关知识的认识。

(1) 时域信号和频域信号的区别与联系。

(2) 了解带宽、分辨率、谱线等对试验数据采集精度的影响。

项目 3
整车刚度强度试验

学习信息

一、刚度和强度的概念是什么？

二、车辆碰撞时发生变形，是由于刚度不足还是由于强度不足？

三、车辆耐久性试验是与结构静强度有关还是与结构疲劳强度有关？

四、一张平整的 A4 纸由于刚度太小，在物体的重力作用下发生明显变形见下图。

对学生进行分组，各组同学分别提出一种让 A4 纸能够在物体的压力下不发生变形的方案。

项目 4
CAE 虚拟试验技术

学习信息

一、CAE 仿真分析的概念和优势是什么？

二、列举 CAE 仿真分析在汽车工程中的应用。

三、制定某摩托车强度刚度 CAE 分析方案。

项目 5
整车耐久性试验

学习信息

一、简述整车耐久性试验测试的意义。

二、列举常用耐久性试验测试设备。

三、列举常见疲劳试验类型。

四、针对图 5-21 所示车型，描述其在常见类型试验道路环境下 10 万 km 里程的整车耐久性试验测试基本过程。

项目 6
整车碰撞安全性能试验

学习信息

一、简述整车碰撞安全试验测试的意义。

二、列举常用碰撞安全试验测试设备。

三、设计一辆乘用车正面碰撞安全试验测试方案。

项目 7
NVH 性能试验

学习信息

一、简述 NVH 试验测试的意义。

二、列举常用 NVH 试验测试设备。

三、以汽车为背景，分别举例说明哪些现象是强迫振动和自激振动。

四、简述整车 NVH 性能试验测试基本流程。

五、采用 LMS 系统，完成某乘用车怠速振动噪声试验测试，并结合实测数据，加深对以下振动噪声相关知识的认识。
（1）声压、声阻抗、声功率。
（2）车内振动和噪声之间的关联性。

项目 8
整车风洞试验

学习信息

一、简述整车风洞试验测试的意义。

二、简述风洞的结构组成。

项目 9
整车排放试验

学习信息

一、简述汽车排放主要污染物及危害。

二、简述轻型汽车国五与国六排放限值的主要差异。

三、简述常用排放试验仪器。

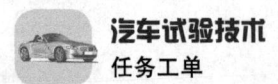

四、简述轻型汽油车排放污染物测量现行国家标准与试验项目。

五、简述轻型汽油车排放污染物测量过程与限值要求。

项目 10
整车盐雾试验

学习信息

一、简述汽车盐雾试验的意义。

二、简述汽车盐雾试验的四种类型。

三、简述常用的汽车盐雾试验设备。

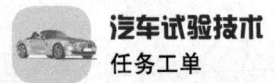

四、简述整车盐雾试验结果的评价与评级。

五、依据标准制订一个汽车盐雾试验流程作业指导书。

项目 11
汽车动力性试验

学习信息

一、简述汽车动力性试验的意义以及影响汽车动力性的主要因素。

二、简述汽车动力性主要评价指标。

三、列举汽车动力性试验方法。

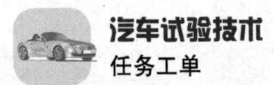

四、简述汽车动力性最高车速试验对试验条件和试验过程的要求。

五、简述汽车动力性加速试验对试验条件和试验过程的要求。

项目 12
悬架系统性能试验

学习信息

一、简述汽车悬架系统性能试验的意义。

二、简述汽车悬架系统的类型。

三、列举汽车悬架系统常用试验设备。

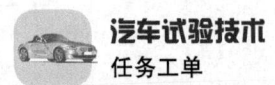

四、简述按激振方式不同汽车悬架系统性能特性试验台的主要类别。

五、简述汽车悬架系统性能评价指标。

项目 13
整车制动性试验

学习信息

一、简述汽车制动性能试验测试的目的和意义。

二、简述按 GB 21670—2008 的标准要求，整车制动性能道路试验的具体内容。

三、道路制动试验的制动性能评价指标都有哪些？

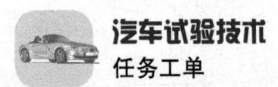

四、汽车制动性能试验,平均减速度的计算公式是什么?

五、对于前盘式/后鼓式制动系统,其整车制动性能试验方法是什么?

项目 14
发动机性能试验

学习信息

一、简述发动机性能试验的主要内容。

二、简述发动机性能试验常用测试参数。

三、简述发动机台架系统的主要构成。

四、简述电涡流型测功机的结构和工作原理。

五、简述发动机可靠性试验项目交变负荷试验的主要试验方法。

项目 15
电动汽车驱动电机性能试验

学习信息

一、简述电动汽车驱动电机较发动机有何明显的差异。

二、简述驱动电机性能试验常用的试验设备。

三、列举驱动电机性能试验的主要内容。

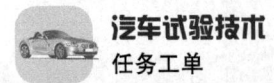

四、简述驱动电机性能试验前应做哪些试验准备工作。

五、简述驱动电机可靠性试验顺序与步骤。

项目 16
电动汽车电池包性能试验

学习信息

一、电池包布置形式有哪些？各自有什么优缺点？

二、电池包性能的试验评价指标有哪些？